高等职业教育汽车类专业校企合作"互联网+"创新型教材

新能源汽车结构原理与检修

深圳风向标教育资源股份有限公司　组　编

主　编　李怀俊　杨俊伟

副主编　黄景鹏　蒋翠翠

参　编　郑少鹏　严朝勇　谢瑜东　彭杰辉

　　　　蔡明权　黄俊综　覃桂蕊　刘　琪

机 械 工 业 出 版 社

本书以任务驱动的方式进行编写，全书总共分为 7 个项目，包括新能源汽车维修安全操作、纯电动汽车动力蓄电池及其管理系统的原理与检修、纯电动汽车驱动电机及其控制系统的原理与检修、纯电动汽车充电系统的原理与检修、纯电动汽车整车控制系统的原理与检修、纯电动汽车热管理系统的原理与检修、纯电动汽车辅助系统的原理与检修。每个项目由若干个学习任务组成，总共 15 个学习任务，任务包括学习目标、任务导入、知识准备和操作技能 4 个部分。

本书作者深入企业进行学习、交流，收集大量的故障案例，书中内容以一线企业实际故障维修案例为基础，按照实际工作任务进行总结、整理，并结合维修的方案、思路、流程进行安排。

本书配备了大量的教学资源可供下载（含教学 PPT、微课视频、动画、学习工作页、教学文件等），通过扫描本书二维码可链接教学资源，方便教师授课和学生课外学习。

图书在版编目（CIP）数据

新能源汽车结构原理与检修/深圳风向标教育资源股份有限公司组编；李怀俊，杨俊伟主编. —北京：机械工业出版社，2022.2（2023.8 重印）
高等职业教育汽车类专业校企合作"互联网+"创新型教材
ISBN 978-7-111-70125-5

Ⅰ.①新… Ⅱ.①深… ②李… ③杨… Ⅲ.①新能源-汽车-构造-高等职业教育-教材②新能源-汽车-车辆检修-高等职业教育-教材 Ⅳ.①U469.7

中国版本图书馆 CIP 数据核字（2022）第 017691 号

机械工业出版社（北京市百万庄大街 22 号　邮政编码 100037）
策划编辑：蓝伙金　　　　　责任编辑：蓝伙金
责任校对：张　征　王　延　封面设计：鞠　杨
责任印制：常天培
北京机工印刷厂有限公司印刷
2023 年 8 月第 1 版第 4 次印刷
184mm×260mm·16.25 印张·398 千字
标准书号：ISBN 978-7-111-70125-5
定价：49.80 元

电话服务　　　　　　　　　　网络服务
客服电话：010-88361066　　　机 工 官 网：www.cmpbook.com
　　　　　010-88379833　　　机 工 官 博：weibo.com/cmp1952
　　　　　010-68326294　　　金 书 网：www.golden-book.com
封底无防伪标均为盗版　机工教育服务网：www.cmpedu.com

序

　　教材是教学过程的主要载体。加强教材建设是深化教学改革的有效途径，推进人才培养模式改革的重要条件，也是保障教学基本质量、培养高端技能型人才和技术应用型人才的重要基础。

　　为了落实党中央、国务院关于教材建设的决策部署和《国家职业教育改革实施方案》的有关要求，弘扬劳动光荣、技能宝贵、创造伟大的时代风尚，深化职业教育"三教"改革，突出职业教育的类型特点，统筹推进教师、教材、教法改革，深化产教融合、校企合作，适应新时期汽车行业的快速发展和汽车产业转型升级需要，实现"专业设置与产业需求对接、课程内容与职业标准对接、教学过程与生产过程对接"，推进高等职业教育汽车类专业的高质量发展，我们在市场调研和专家论证的基础上，组织了一批优秀高职院校名师和一线企业专家组成编写委员会，以校企合作形式，共同编写了本套"高等职业教育汽车类专业校企合作'互联网+'创新型教材"。

一、编写依据、指导思想和编写原则

1. 编写依据

　　以教育部《关于组织开展"十三五"职业教育国家规划教材建设工作的通知》（教职成司函〔2019〕94号）文件精神和2018年《普通高等学校高等职业教育（专科）专业目录》为依据，结合汽车行业发展，重点开发有关新能源汽车、智能网联汽车等急需紧缺的战略性新兴领域教材。

2. 指导思想

　　本套教材以"一主线三融合四服务"的思路进行构建。"一主线"即以能力培养目标为主线；"三融合"即融合企业职业标准，融合知识、能力及素质培养，融合线上线下+课内课外学习；"四服务"即内容体系为认识规律服务，理论基础为技术应用服务，媒体资源为教学（自主学习）服务，教学模式为教学目标达成服务。

3. 编写原则

　　以"必需、够用"为编写原则，以企业需求为基本依据，兼顾行业升级需要和降低城市雾霾等环境保护的新要求，突出新能源汽车和智能网联汽车等新知识、新技术、新工艺和新方法。

二、教材特色

以企业实际出发，以培养技术应用型技术人才为主，在总结教学经验和已有教材特点的基础上，充分吸取先进职教理念和方法，形成如下特点：

1. 突出职教特色，坚持质量为先

遵循技术技能人才成长规律，知识传授与技术技能培养并重。配合推进三教（教师、教材、教法）改革，创新新编写模式。以"理实一体"为编写理念，以企业需求和岗位需要为依据，对接职业标准和岗位要求，突出职业岗位核心能力的培养，加强技能训练。

2. 突出"校企合作，产教融合"，提高与行业企业的契合度

坚持产教融合，校企双元开发。强化行业指导、企业参与，注重吸收行业企业技术人员、能工巧匠等深度参与教材编写。课程以最新专业目录为依据，结合产业转型升级需要，及时将产业发展的新技术、新工艺、新规范，包括智能网联汽车、新能源汽车技术、汽车智能制造技术等融入教材。

3. 体现"互联网+职业教育"，提高师生的满意度

围绕"互联网+职业教育"发展需求，探索配套资源开发、信息技术应用，统筹推进的新形态一体化教材，配套多种形式的数字化教学资源教材，为教学组织提供较大的选择空间。

三、教材编写队伍

本系列教材由机械工业出版社、广东交通职业技术学院、哈尔滨工业大学（威海）、深圳职业技术学院、韶关学院、顺德职业技术学院、广东机电职业技术学院、广州科技贸易职业学院、东莞职业技术学院、河源职业技术学院、广东农工商职业技术学院等10多所职业院校和广州丰田汽车特约维修有限公司、深圳深业实业集团、柯柏文（深圳）科技有限公司、南京奥吉汽车技术研究院有限公司、深圳风向标教育资源股份有限公司等一线企业、研究单位组织编写。编写团队包括院校院/校长、专业名师、学科带头人、骨干教师和企业高管、企业专家、技术骨干，编写过程结合高职院校"双高计划"、一流专业等建设项目，充分体现"产教结合，校企合作"的开发特色，有利于反映最新的技术和最新的教学成果，为保证教材的质量奠定了良好基础。

高等职业教育汽车类专业校企合作"互联网+"创新型教材
编写委员会

前　言

　　随着传统能源日益紧缺，新能源的开发与利用得到世界各国的广泛关注，越来越多的国家采取鼓励新能源发展的政策和措施，新能源汽车的生产规模和使用范围正在不断扩大。我国政府非常重视新能源汽车的发展，国务院发布的"十三五"国家战略性新兴产业发展规划中，明确提出要进一步发展壮大以新能源汽车为代表的战略性新兴产业，要推动新能源汽车等节能环保产业快速壮大。在国家多项新能源汽车支持与补贴政策的推动下，我国新能源汽车自主品牌，如比亚迪、吉利、北汽等生产企业取得了优异成绩，截至2020年底，全国新能源汽车保有量达492万辆，占汽车总量的1.75%，比2019年增加111万辆，增长29.18%。其中，纯电动汽车保有量400万辆，占新能源汽车总量的81.32%。新能源汽车增量连续3年超过100万辆，呈持续高速增长趋势。

　　随着我国新能源汽车保有量的快速增长，行业人才需求量也逐渐增加。到目前为止，新能源汽车人才约18万人，到2020年底，国内新能源汽车人才缺口约70万人。本书的目的是希望能对新能源汽车技术知识的普及和人才培养起到一定的促进作用。

　　本书以比亚迪汽车为主要车型，结合北汽、吉利等其他汽车品牌，以新能源汽车维修岗位的实际工作任务为导向，按照相关岗位所需掌握的技术、技能、知识进行全书的编写，使得读者能够通过本书的学习，掌握新能源汽车维修的主流技术和维修流程、方法。本书以任务驱动的方式进行编写，全书总共7个项目，包括新能源汽车维修安全操作、纯电动汽车动力蓄电池及其管理系统的原理与检修、纯电动汽车驱动电机及其控制系统的原理与检修、纯电动汽车充电系统的原理与检修、纯电动汽车整车控制系统的原理与检修、纯电动汽车热管理系统的原理与检修、纯电动汽车辅助系统的原理与检修。每个项目由若干个学习任务组成，总共15个学习任务，任务包括学习目标、任务导入、知识准备和操作技能4个部分。

　　本书作者深入企业进行学习、交流，收集大量的故障案例，书中内容以一线企业实际故障维修案例为基础，按照实际工作任务进行总结、整理，并结合维修的方案、思路、流程进行安排。

　　党的二十大报告指出："推进教育数字化，建设全民终身学习的学习型社会、学习型大国。"本书深入贯彻落实教育数字化的理念，用"互联网+汽车专业"的创新模式编写。书中配备了大量的教学资源可供下载（含教学PPT、微课视频、动画、学习工作页、教学文件等），通过扫描本书二维码可链接教学资源，方便教师授课和学生课外学习。教学资源由深圳风向标教育资源股份有限公司组编，联合多家高职院校进行制作。

　　本书由李怀俊、杨俊伟担任主编，黄景鹏、蒋翠翠担任副主编，郑少鹏等参与编写。具体编写分工如下：李怀俊编写项目四，并进行全书统稿，杨俊伟编写项目一，黄景鹏编写项目二及项目五，蒋翠翠编写项目三、项目六，郑少鹏等参与本书项目七的编写。

　　本书内容新颖，知识面广，限于作者水平和能力，书中难免有错漏之处，诚恳期望得到同行专家和广大读者的批评指正。

编　者

二维码索引

（续）

目　录

项目一

新能源汽车维修安全操作

学习任务一　触电事故的防护与救助

【学习目标】

1. 了解电对人体的危害。

2. 预防触电事故及正确进行触电急救。

3. 对新能源汽车进行安全规范的高压系统断电操作。

4. 掌握新能源汽车高压电安全操作规程并对车辆进行检修。

5. 掌握基本的触电急救方法。

【任务导入】

　　一名技师在维修纯电动汽车高压电系统时，没有按照安全操作规程进行操作，导致触电。作为车间的技术人员请你对这名技师进行现场救助。

【知识准备】

一、电气事故及其原因

由于电气原因而造成的人身伤亡和设备损坏的事故，叫作电气事故。它包括人身事故（触电事故）和设备事故。人身事故包括电流伤害、电磁伤害、静电伤害、雷电伤害、电气设备故障造成人身伤害等；设备事故包括短路、漏电和操作事故等。发生人身事故和设备事故，大多数是由于违反安全操作规程或安全技术规程造成的。

1. 违规操作

违规操作是引起触电事故的原因之一。如违反停电检修安全工作制度，因误合电闸造成维修人员触电；违反带电检修安全操作规程，使操作人员触及电气的带电部分；在带电情况下移动电气设备导致触电；用水冲洗或用湿布擦拭电气设备；违章救护他人触电，造成救护者一起触电；对有高压电容的电路检修时未进行放电处理导致触电。

2. 施工不规范

电气操作中施工不规范也能引起电气事故。如误将电源保护搭铁与零线相接，插座相线（俗称火线）、零线位置接反，使机壳带电；插头接线不合理，造成电源线外露，导致触电；电路的中线接触不良或安装熔断器，造成中线断开，导致电器损坏；电路布置不合规范造成连接物带电；随意加大熔丝的规格，失去短路保护作用，导致电器损坏；施工中未对电器设备进行搭铁保护处理。

3. 产品质量不合格

使用了不合格的电气产品，也能导致电气事故。如电气设备缺少保护设施造成电器正常情况下损坏和触电；当带电作业时，使用不合理的工具或绝缘设施造成维修人员触电；产品使用劣质材料，使绝缘等级、抗老化能力降低，容易造成触电；电热器具使用塑料电源线造成触电。

二、电对人体的伤害

人碰到带电的导线，电流通过人体叫作触电。触电后，会对人体及人体内部组织造成不同程度的损伤。触电时，让人体受伤的是电流而不是电压。电流对人体的伤害有3种：电击、电伤和电磁场伤害。电击是指电流通过人体，破坏人体心脏、肺及神经系统的正常功能；电伤是指电流的热效应、化学效应和机械效应对人体的伤害，主要是指电弧烧伤、熔化金属溅出烫伤等；电磁场伤害是指在高频磁场的作用下，人会出现头晕、乏力、记忆力减退、失眠和多梦等神经系统的症状。

1. 电击电流的大小及危害

电击是由于电流流过人体造成的。当电流流过人体时，对人体造成的伤害程度与很多因素有关，比如个体的体质、心情状况、电流的大小和持续时间等。当人体通过大约 0.6mA 的电流就会引起人体麻刺的感觉；通过 50mA 的电流就会有生命危险。一般人体流过不同的电流后，身体的反应情况见表 1-1。

表 1-1 流过人体的电流与人体反应

流过人体的电流/mA	人体的反应
0.6~1.5	手指开始感觉发麻
2~3	手指感觉强烈发麻
5~7	手指肌肉感觉痉挛,手指感觉灼热和刺痛
8~10	手指关节与手掌感觉疼痛,手已难以脱离电源
20~25	手指感觉剧痛,迅速麻痹,不能摆脱电源,呼吸困难
50~80	呼吸麻痹、困难,心房开始震颤、强烈灼痛
90~100	呼吸麻痹,持续 3s 或更长时间后,心脏停搏或心房停止跳动

2. 摆脱电流

摆脱电流是指人在触电后能够自行摆脱带电体的最大电流。成年男性平均摆脱电流约为 16mA,成年女性平均摆脱电流约为 10mA,儿童的摆脱电流较成人要小。摆脱电流是人体可以忍受而一般不会造成危险的电流。若通过人体的电流超过摆脱电流且时间过长,会造成昏迷、窒息,甚至死亡。

电流强度对人体随时间的伤害如图 1-1 所示。在强度范围①内,不论多长时间对人体都无不良影响;在强度范围②内(0.5~2mA 能感觉到电流,3~5mA 开始有痛感,10~20mA 松手极限),一般来说,流经身体不会有什么危险;在强度范围③内,电流使人体肌肉痉挛、呼吸困难或心律不齐,可能会导致器官受伤;在强度范围④内,电流可能会导致生命危险。

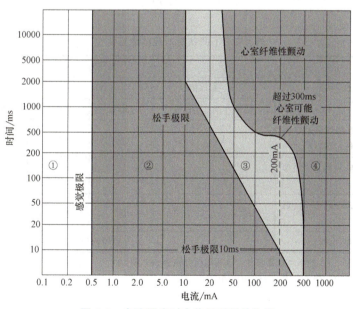

图 1-1 电流强度对人体随时间的伤害

3. 致命电流

在短时间内危及生命的最小电流为致命电流,其最小电流即致命阈值。致命电流与电流持续时间关系密切。当电流持续时间超过心脏周期时,致命电流仅为 50mA 左右;当电流持续时间短于心脏周期时,致命电流为数百毫安。通过人体的电流所引发的后果取决于接触位

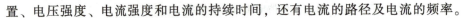

置、电压强度、电流强度和电流的持续时间，还有电流的路径及电流的频率。

4. 交流电对人体的危害

工频（额定频率为50Hz）交流电的危害性大于直流电，因为交流电主要是麻痹破坏神经系统，往往难以自主摆脱。一般认为40～60Hz的交流电对人体最危险。随着频率的增加，危险性将减低。当电源频率大于2000Hz时，所产生的损害明显减小，但高压高频电流对人体仍然十分危险。对于交流电，如果电流在心脏的滞留时间大约10～15ms，就会致命（心室纤维性颤动）。交、直流电流对人体的损伤也不同：直流电一般引起电伤，而交流电则是电伤与电击同时发生。

5. 安全电压

虽然电流是让人受伤的主要原因，但人体可等效成一个阻抗，根据以时间为函数的接触电压（即通过人体的电流与人体阻抗的乘积）作为判断依据，人体的阻抗随接触电压的变化而变化，所以电压也是能够让人受到伤害的重要原因之一。

国家标准GB/T 3805《特低电压限值》规定的电压限值是指由其内阻抗远低于人体阻抗的电源供电的电压限值，且对于接触面积不大于80cm²的情况是保守的。对于频率不大于100Hz交流电的小接触面积情况，规定了更高的限值。电压限值的规定是针对正常和故障（单故障和双故障）两种状态。这些限值与直接和间接接触无关，也不用于区分搭铁和非搭铁电路。可认为这些限值及低于限值的电压在规定的条件下对人体不构成危险。该标准考虑了影响限值电压因素的4种状况，以及对应4种状况的稳态直流电压和频率范围为15～100Hz的稳态交流电压限值，见表1-2。对于接触面积小于1cm²的不可握紧部分，给出了更高的电压限值。

表1-2　不同状况对应的电压限值

环境状况	电压限值/V					
	正常(无故障)		单故障		双故障	
	交流	直流	交流	直流	交流	直流
皮肤阻抗和对地电阻均可忽略不计(例如人体浸没条件)	0	0	0	0	16	35
皮肤阻抗和对地电阻降低(例如潮湿)	16	35	33	70	不适用	
皮肤阻抗和对地电阻均不减低(例如干燥条件)	33[①]	70[②]	55[①]	140[②]	不适用	
特殊状况(例如电焊、电镀)	特殊应用					

① 对接触面积小于1cm²的不可握紧部件，电压限值分别为66V和80V。
② 在电池充电时，电压限值分别为75V和150V。

6. 人体阻抗

人体的不同部分如皮肤、血液、肌肉、其他的组织和关节对电流呈现的阻性和容性分量组成了人体阻抗。人体阻抗的数值取决于若干因素，特别是电流路径，接触电压、电流的持续时间、频率，皮肤潮湿程度，接触表面积，施加的压力和温度。

人体的内阻抗（Z_i）是指与人体两个部位相接触的两个电极间的阻抗，不计皮肤阻抗，大部分可认为是阻性的，其数值主要由电流路径决定，与接触表面积的关系较小。经测定表明，人体内阻抗存在很少的电容分量。

皮肤阻抗（Z_s）是指皮肤上的电极与皮下可导电组织之间的阻抗，可视为由半绝缘层和许多小的导电体（毛孔）组成的电阻和电容的网络。当电流增加时皮肤阻抗下降。对较低的接触电压，即使是同一个人，其皮肤阻抗值也会随着条件的不同而具有很大的变化，如接触的表面积和条件（干燥、潮湿、出汗）、温度、快速频率等；对于较高的接触电压，皮肤阻抗显著地下降，而当皮肤击穿时，皮肤阻抗相当于被忽略。对于频率的影响，当频率增加时，皮肤阻抗减小。

人体总阻抗（Z_T）是指人体内阻抗与皮肤阻抗的矢量和，由电阻性和电容性分量组成。对于较低的接触电压，皮肤阻抗 Z_s 具有显著的变化，而人体总阻抗 Z_T 也随之有很大的类似变化。对于较高的接触电压，则皮肤阻抗对总阻抗的影响越来越小，而它的数值接近于内阻抗 Z_i 的值。对于频率的影响，人体总阻抗在直流时较高，且随着频率增加而减小。

人体初始电阻（R_o）是指在接触电压的瞬间，限制电流峰值的电阻。人体直流总电阻 R_T 在接触电压约 200V 及以下时，由于人的皮肤电容有阻塞作用，比交流人体总阻抗 Z_T 高。在干燥条件、大的接触面积、电流路径为手到手、50Hz/60Hz 交流和直流接触电压 U_T 至 700V 时，50% 被测对象的人体总阻抗 Z_T 和总电阻 R_T 测定的统计曲线如图 1-2 所示。

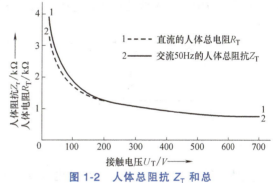

图 1-2　人体总阻抗 Z_T 和总电阻 R_T 测定的统计曲线

7. 电击的危害

国家标准 GB/T 17045—2020《电击防护　装置和设备的通用部分》中定义，电击是指电流流经人体或家畜而引起的生理效应。当人体发生被电击事故时，会产生休克效应、热效应、化学效应和肌肉刺激效应 4 种情况。

（1）休克效应　休克效应是指摆脱阈值以下的休克反应和因失控的行为及平衡障碍而导致的受伤危险，无法将紧握的拳头松开，人不能再自由活动。如果电流穿过胸腔，则会引发肺部痉挛（呼吸中断），心脏不能正常工作（心室纤维颤动，供血运动终止）。

（2）热效应　热效应是指电流导入导出点处会发生烧伤和焦化，也会发生内部烧伤。结果是导致肾脏负荷过大，甚至造成致命的伤害。

（3）化学效应　电击伤害的化学反应是当电流流经身体时，血液和细胞液成为电解液并被电解，结果是发生严重的中毒，中毒情况在几天后才能被发现，因此伤害极大。

（4）肌肉刺激效应　所有的身体功能和人体肌肉运动都是由大脑通过神经系统的电刺激来控制的。如果通过人体的电流过高，肌肉开始抽搐，大脑再也无法控制肌肉组织。

8. 电弧的危害

当用电系统切断电路，电压和电流达到一定值时，触点刚刚分离后，触点之间就会产生强烈的白光，称为电弧。电弧的实质是一种气体放电现象，具有很高的温度。电弧的存在延长了开关电器切断故障电路的时间，加重了系统短路故障的危害性。

电弧产生的高温，可以使触点表面熔化和蒸发，烧坏绝缘材料。由于电弧在电场力、热力的作用下能移动，容易造成飞弧短路和伤人或引起事故的扩大。

三、人体触电的方式

人体触电有直接触电（单线触电、两线触电）和间接触电（跨步电压触电、其他触电形式）两种方式。直接触电是指人体直接接触或过分靠近电气设备及电路的带电导体而发生的触电现象。间接触电指人体触及了在正常运行时不带电，而在意外情况下带电的金属部分。其他触电形式还有感应电压触电、剩余电荷触电、经典触电和雷电电击。

1. 单线触电

单线触电是人体某一部分触及一相电源或接触到漏电的电气设备，电流通过人体流入大地造成触电，分为电源中性点接地的单线触电（占多数）和电源中性点不接地的单线触电。图 1-3 所示为中性点接地的单线触电的方式，图 1-4 所示为中性点不接地的单线触电的方式。

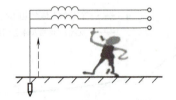
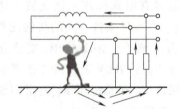

图 1-3　中性点接地的单线触电的方式　　　　图 1-4　中性点不接地的单线触电的方式

人体接触某一相时，通过人体的电流取决于人体电阻与输电线对地绝缘电阻的大小。若输电线绝缘良好，绝缘电阻较大，对人体的危害性就减小。但导线与地面间的绝缘可能不良，甚至有一相接地，这时人体中就有电流通过。

2. 两线触电

两线触电也叫作相间触电，这是指人体与大地绝缘的情况下，同时接触到两根不同的相线，或者人体同时触及电气设备的两个不同相的带电部位时，电流由一根相线经过人体到另一根相线，形成闭合回路。人体承受的线电压将比单线触电时高，危险性更大。图 1-5 所示为两线触电方式。

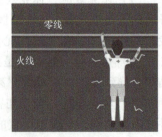

图 1-5　两线触电方式

3. 接触正常不带电的金属体

当电气设备内部绝缘损坏而与外壳接触，将使其外壳带电。当人触及设备的带电外壳时，相当于单相触电，大多数触电事故属于这一种。

4. 跨步电压触电

跨步电压是指高压电网接地点或防雷接地点及高压相线断落或绝缘损坏处，有电流流入地下时，强大的电流在接地点周围的土壤中产生电压降。如果误入接地点附近，应双脚并拢或单脚跳出危险区。从安全防护的角度而言，在查找接地故障点时，应穿绝缘靴，以防跨步电压触电，如图 1-6 所示。

四、触电预防技术

根据触电原因的不同，对其采取的防护措施也不同，可分为直接接触防护和间接接触防护。直接接触防护在设计上一般可采用绝缘、屏护和间距等措施。这些措施可以防止人体触及或者过分接近带电体造成触电事故以及短路、故障接地等电气事故。

图 1-6　跨步电压触电

1. 绝缘防护

绝缘是指利用绝缘材料对带电体进行封闭和隔离的措施。绝缘材料又称为电介质，是指电阻率不低于 $1\times10^7\Omega\cdot m$ 的材料，其导电能力很小，但并非绝对不导电。

绝缘材料包括气体、液体和固体 3 种。气体绝缘材料有空气、氮、氢等；液体绝缘材料有绝缘矿物油、硅油、十二烷基苯等；固体绝缘材料有绝缘漆、纸、纸板等纤维制品，电工用薄膜、复合制品和黏带等，电工用塑料、玻璃、橡胶、陶瓷等。

2. 屏护和间距防护

屏护和间距是最为常用的电气安全防护措施之一，从防止电击伤害的角度而言，屏护和间距属于防止直接电击的安全措施。此外，屏护和间距还是防止短路故障接地等电气事故的安全措施之一。

屏护是指利用遮拦、护罩、护盖或者箱匣等，把危险的带电体与外界隔离开来的安全防护措施，它主要用于电气设备不便于绝缘或者绝缘不足以保证安全的场合。屏护装置不直接与带电体接触，对所用材料的电气性能无严格要求，但要具有足够的机械强度和良好的耐火性能。

在高压带电部件设计中，如果由遮拦或外壳提供防护，带电部件应放在外壳内或遮拦后。正常工作状态下，这些防护应牢固可靠，并耐机械冲击，在不使用工具或无意识的情况下，它们不能被打开、分离或移开。一般依据外壳或遮拦开口尺寸和

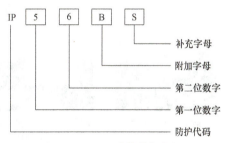

图 1-7　IP67 防护等级标记

到带电部件的距离来确定防护等级。GB/T 4208—2017《外壳防护等级（IP 代码）》标准中对外壳防护等级按图 1-7 所示方法标记。

第一位数字表示异物进入的防护等级，用数字 0~6 或字母 X 表示。第二位数字表示防止水进入的防护等级，用数字 0~9 或字母 X 表示。第一位和第二位数字越大表示防护等级越高；不要求规定特征数字时，可用字母"X"代替。附加字母（可选择）表示对人接近危险部件的防护等级。补充字母表示补充的内容，例如 S 表示防水试验在设备的可动部件（如旋转电机的转子）静止时运行，H 表示高压设备。如无特别说明，附加字母及补充字母可以省略。

在电池系统外壳防护设计时，最常选择使用的是 IPXXB/IPXXD 的防护等级。

GB/T 18384—2020《电动汽车安全要求》要求在乘客舱及货舱中，带电部件在任何情况下都应由至少能提供 IPXXD 防护等级的壳体来防护，同时规定在打开上盖后，与系统连

接的部件应具有 IPXXB 防护等级（GB/T 4208—2017 中 IPXXB 和 IPXXD 防护等级分别指通过铰接试指、试具与危险部件的接触）。

IPXXB：附加字母 B 表示防止手指接近带电危险部件。将直径 12mm、长 80mm 的铰接试指以（10±1）N 的力推向外壳的任何开口，试具可进入其全部长度，但挡盘不得通过开口；试指可在 90° 范围内自由弯曲，不得触碰带电高压部件。

IPXXD：附加字母 D 表示防止金属线接近带电危险部件。将直径 1.0mm、长 100mm 的试具以（1±0.1）N 的力推向外壳的任何开口，试具可进入其全部长度，但挡盘不得通过开口，试具插入部分不得触碰带电高压部件。

3. 电气间距

在电池系统的绝缘配合中，可以通过电气间隙和爬电距离的方式来实现高压电气隔离。电气间隙和爬电距离是两个非常重要的指标，它们将直接影响电池系统的安全性能。

（1）电气间隙　在两个导电零部件之间或导电零部件与设备防护界面之间测得的最短空间距离称为电气间隙，即在保证电气性能稳定和安全的情况下，通过空气能实现绝缘的最短距离，如图 1-8 所示。电气间隙过小就有可能因为瞬时冲击电压过大导致电弧产生电火花带来危害。电气间隙应以承受所要求的冲击耐受电压来确定。

（2）爬电距离　因结构设计的需要，当高压带电部件无法通过电气间隙来隔离时，此时就需要通过爬电距离的设计将带电部件与不带电的可导电部件进行隔离，确保系统绝缘设计满足要求。爬电距离是两导电部件之间沿固体绝缘材料表面的最短距离，如图 1-9 所示。

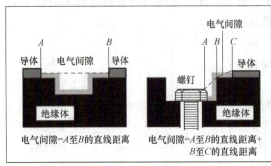

电气间隙=A至B的直线距离　　电气间隙=A至B的直线距离+B至C的直线距离

图 1-8　电气间隙

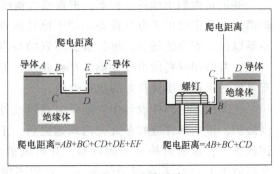

爬电距离=AB+BC+CD+DE+EF　　爬电距离=AB+BC+CD

图 1-9　爬电距离

4. 间接接触防护

间接接触防护在设计上一般可采用等电位（保护接地）、保护切断、漏电保护等措施。

（1）等电位连接　所谓"地"，在电气领域有 2 种含义：其一是实指大地；其二是泛指电气系统中的参考点或等电位点。这个参考点或等电位点可以不与大地相连接，它只是象征意义上的"地"，是指能供给或接受大量电荷，并可作为良好的参考电位的物体。"接地"是将电力系统或电气装置的某些可导电部分，经接地线连接至"地"，形成一等电位体，也称等电位连接。

在电气安全技术不断发展和更新的进程中，大量的电气事故是由过大的电位差引起的，为防止因电位差带来的电气事故，IEC 标准将等电位连接作为电气装置的最基本保护。等电位连接是使电气装置各外露可导电部分和装置外可导电部分间的电位保持基本相等的一种电气连接。外露可导电部分是指平时不带电压，但在绝缘失效等故障下可能带电的容易触及的装置外露导电部分；装置外可导电部分是指不属于电气装置组成部分的可导电部分（如整车车身，它不属于电气装置）。

（2）等电位连接的作用

1）人体触电防护。等电位连接的作用更多的是为了保护人员安全，可以在很大程度上降低整车外露可触及的可导电部分任意两点间的电压。在电池系统或整车发生绝缘故障时，即使有故障电流流过外露可导电部分时，人体无意或有意地触及任意两点，两点间基本维持等电位状态，可以保证其电压不大于人体的安全电压。

2）静电防护。静电是指分布在电介质表面或体积内，以及在绝缘导体表面处于静止状态的电荷。静电电量虽然不大，但电压很高，容易产生火花放电，若电池系统内存在电芯漏液，静电产生的火花容易引起电解液起火。等电位连接可以将静电电荷收集并传送到接地网上，从而消除和防止静电带来的危害。

3）电磁干扰防护。在高压系统故障时，较大的脉冲电流对周围的金属物或导线形成电磁感应，敏感电子设备处于其中，可能造成数据丢失、系统崩溃等。通常，屏蔽是减少电磁波破坏的基本措施，整车高压设备外壳进行等电位连接后，由于保证了所有屏蔽和设备外壳之间实现良好的电气连接，最大限度减小了电位差，可以有效地降低电磁干扰带来的损害。

（3）等电位连接的设计　国家标准 GB/T 18384—2020 要求电位均衡电路中任意 2 个可以被人同时触碰到的外露可导电部件之间的电阻应不超过 0.2Ω。

首先，电池箱的壳体必须与车辆的地（车身作为壳体地，汽车上"搭铁"）实现等电位连接，可以采用地线连接的方式，也可以采用螺栓连接的方式，这取决于车辆的整体设计方案，优先推荐采用地线连接的方式设计，连接可靠且方便维护。其次，电池箱壳体上面的所有可接触的导电金属部件（比如盖板、支架、水冷管等），都必须与壳体是等电位连接的，可以通过焊接、压接、螺栓连接等各种方式实现。

其次，对于等电位连接所用的导体（比如接地线等），要求其颜色是黑色，便于维修和拆卸时辨认。等电位连接的螺栓或线束还需满足一定截面积大小的要求。一般要求等电位连接的导线或螺栓其截面积总和需大于或等于电池系统中高压导线截面积，原因在于当动力电池系统高压回路出现双点绝缘失效而带来电池外部短路时，至少需要保证动力电池系统内部导线或短路回路内的熔断器先于等电位连接线断开。若等电位连接点先于内部导线断开，则等电位连接将失去其应有的作用，等电位点两端的可导电部件将存在电位差，人体误触碰到等电位点的两端会有触电危险。

【操作技能】

五、人体触电急救方法

触电急救方法

1. 触电急救的要点

触电急救的要点主要有抢救迅速和救护得法。用最快的速度在现场采取急救措施，保护触电者生命，减轻伤情，减少痛苦，并根据伤情迅速联系医疗救护等部门救治。一旦发现有人触电后，周围人员首先应迅速拉闸断电，尽快使其脱离电源。

2. 触电急救者脱离电源的方法

触电急救的第一步是使触电者迅速脱离电源，因为电流对人体的作用时间越长，对生命的威胁越大。具体方法如下：

（1）低压电源触电脱离电源的方法　脱离低压电源可用"拉""切""挑""拽""垫"5个字来概括：

拉：附近有电源开关或插座时，应立即断开开关或拔掉电源插头。

切：若一时找不到断开电源的开关，应迅速用绝缘完好的钢丝钳或断线钳剪断电线，以断开电源。

挑：对于由导线绝缘损坏造成的触电，急救人员可用绝缘工具、干燥的木棒等将电线挑开。

拽：急救人员可戴上手套或在手上包缠干燥的衣服等绝缘物品拖拽触电者；也可站在干燥的木板、橡胶垫等绝缘物品上，用一只手将触电者拖拽开来。

垫：如果电流通过触电者流入地面，并且触电者紧握导线，可设法用干燥的木板塞到触电者身下，与地隔离。

（2）高压电源脱离电源的方法　由于装置的电压等级高，一般绝缘物品不能保证救护人员的安全，而且高压电源开关距离现场较远，不便拉闸。因此使触电者脱离高压电源的方法与脱离低压电源的方法有所不同。通常的做法是：

1）立即电话通知有关供电部门拉闸停电。

2）如果电源开关离触电现场不太远，则可戴上绝缘手套，穿上绝缘靴，拉开高压断路器或用绝缘棒拉开高压跌落熔断器以切断电源。

3）往架空电路抛挂裸金属软导线，人为造成电路短路，迫使继电器保护装置动作，从而使电源开关跳闸。抛挂前，将短路线的一端先固定在搭铁或接地引下线，另一端系重物。抛掷短路线时，应注意电弧伤人或断线危及人员安全，也要防止重物砸伤人。

4）如果触电者触及断落在地上的带电高压导线，且尚未确认电路无电之前，救护人员不可进入断线落地点8~10m的范围内，以防止跨步电压触电。进入该范围的救护人员应穿上绝缘靴或临时双脚并拢跳跃地接近触电者。触电者脱离带电导线后应迅速将其带至8~10m以外，立即开始触电急救。

（3）使触电者脱离电源的注意事项

1）救护人不得采用金属和其他潮湿物品作为救护工具。

2）未采取绝缘措施前，救护人不得直接触及触电者的皮肤和潮湿的衣服。

3）在拉拽触电者脱离电源的过程中，救护人要用单手操作，这样比较安全。

4）当触电者位于高位时，应采取措施预防触电者在脱离电源后坠地摔死。

5）夜间发生触电事故时，应考虑切断电源后的临时照明问题，以利救护。

3. 触电急救措施

根据触电者受伤害的轻重程度，现场救护有以下几种措施。

（1）触电者未失去知觉的救护措施　如果触电者所受的伤害不太严重，神志尚清醒，只是心悸、头晕、出冷汗、恶心、呕吐、四肢发麻、全身乏力，甚至一度昏迷但未失去知觉，则可先让触电者在通风暖和的地方静卧休息，并派人严密观察，同时请医生前来或送往医院救治。

（2）触电者已失去知觉的抢救措施　如果触电者已失去知觉，但呼吸和心跳尚正常，则应使其舒适地平卧着，解开衣服以利呼吸，四周不要围人，保持空气流通，天气寒冷时应注意保暖，同时立即请医生前来诊治或送医院诊治。若发现触电者呼吸困难或心跳失常，应立即施行人工呼吸或胸外心脏按压。

（3）对"假死"者的急救措施 如果触电者呈现"假死"现象，则可能有 3 种临床症状：一是心跳停止，但尚能呼吸；二是呼吸停止，但心跳尚存（脉搏很弱）；三是呼吸和心跳均已停止。"假死"症状的判定方法是"看""听""试"。"看"是观察触电者的胸部、腹部有无起伏动作；"听"是用耳贴近触电者的口鼻处，听有无呼吸气息声音；"试"是用手或小指测试口鼻有无呼吸的气流，再用两手指轻压一侧喉结旁凹陷处的颈动脉有无搏动感觉。若既无呼吸又无颈动脉搏动感觉，则可判定触电者呼吸停止，或心跳停止，或呼吸、心跳均停止。

六、心肺复苏急救

当判定触电者呼吸和心跳停止时，应立即进行心肺复苏就地抢救。以通畅气道、口对口（鼻）人工呼吸、胸外按压的方法实施就地抢救。图 1-10 所示为心肺复苏的规范动作示意图。

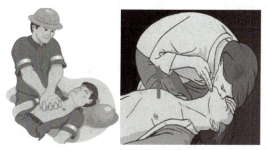

图 1-10 心肺复苏的规范动作

1. 通畅气道

若触电者呼吸停止，要紧的是始终确保气道通畅，其操作要领是：

（1）清除口中异物 使触电者仰面躺在平硬的地方，迅速解开其领口、围巾、紧身衣和裤带。如发现触电者口内有食物、义齿、血块等异物，可将其身体及头同时侧转，迅速用一个手指或两个手指交叉从中取出异物。要注意防止将异物推到咽喉深处。

（2）采用仰头抬颌法通畅气道 一只手放在触电者前额，另一只手的手指将其颌骨向上抬起，气道即可通畅。为使触电者头部后仰，可于其颈部下方垫适量厚度的物品，但严禁垫在头下，因为头部抬高前倾会阻塞气道，还会使施行胸外按压时流向脑部的血量减小，甚至完全消失。

2. 口对口（鼻）人工呼吸法

救护人员在完成气道畅通的操作后，应立即对触电者施行口对口或口对鼻人工呼吸。口对鼻呼吸用于触电者嘴巴紧闭的情况下采用。

人工呼吸的操作要领如下：

（1）先大口吹气刺激起搏 救护人蹲跪在触电者一侧，用放在前额上的手指捏住鼻翼，另一只手的食指和中指轻轻托住下巴；救护人深吸气后，与触电者口对口紧合不漏气，先连续大口吹气两次，每次 1~1.5 s，然后用手指测试其颈动脉是否有搏动，如仍无搏动，可判断心跳确已停止。在施行人工呼吸的同时，应进行胸外按压。

（2）正常口对口人工呼吸 大口吹气两次测试搏动后，立即转入正常的口对口人工呼吸阶段。正常的吹气频率是每分钟约 12 次，吹气量不需过大。以免引起胃膨胀。对儿童则每分钟 20 次，吹气量亦小些，以免肺泡破裂。救护人换气时，应将触电者的口或鼻放松，让其借助自己胸部的弹性自动吐气。吹气和放松时要注意触电者胸部有无起伏的呼吸动作。

吹气时如有较大的阻力，可能是头部后仰不够，应及时纠正，使气道保持畅通。

（3）口对鼻人工呼吸　触电者如牙关紧闭可改成口对鼻人工呼吸。吹气时要将其嘴唇紧闭，防止漏气。

3. 胸外按压

胸外按压是借助人力使触电者恢复心脏跳动的急救方法，其有效性在于确定正确的按压位置和采取正确的按压姿势。

（1）确定正确的按压位置　右手的食指和中指沿触电者的右侧肋弓下缘向上，找到肋骨和胸骨接合处的中点。右手的两手指并齐，中指放在切迹中点（剑突底部），食指平放在胸骨下部，另一只手的掌根紧挨食指上缘，置于胸骨上，掌根处即为正确按压位置。

（2）采取正确的按压姿势　使触电者仰面躺在平硬的地方并解开其衣服。仰卧姿势与口对口人工呼吸法相同。

救护人立或跪在触电者一侧肩旁，两肩位于其胸骨正上方，两臂伸直肘关节固定不动，两手掌相叠，手指翘起，不接触其胸壁。

以髋关节为支点，利用上身的重力，垂直将正常人胸骨压陷 3~5cm（儿童和瘦弱者酌减）。

压至要求程度后，立即全部放松，但救护人的掌根不得离开触电者的胸部。

（3）恰当的按压频率　胸外按压要以均匀速度进行，操作频率以每分钟 80 次为宜，每次包括按压和放松一个循环，按压和放松的时间相等。

当胸外按压与口对口（鼻）人工呼吸同时进行时，操作的节奏为：单人救护时，每按压 15 次后吹气 2 次（15∶2），反复进行；双人救护时，每按压 5 次后由另一人吹气 1 次（5∶1），反复进行。

学习任务工单

实训：触电急救			
专业		班级	
姓名		学号	
一、接收任务			
今天学校刚买了一辆纯电动汽车作为实训车辆，在实训前需要掌握纯电动汽车高电压的危险性，以及发生高压触电事故后如何进行急救处理。			
二、收集信息（25 分）		成绩：	
1）电气事故包括_____和_____。 2）电流对人体的伤害有 3 种，分别为_____、_____和_____伤害。 3）当电流流过人体时，大约_____mA 的电流就会引起人体麻剌的感觉；通过_____mA 的电流就会有生命危险。			

4）摆脱电流是指人在触电后能够自行摆脱带电体的最大电流。成年男性平均摆脱电流约为_____ mA，成年女性平均摆脱电流约为_____ mA。

5）当人体发生被电击事故时，会产生_____效应、_____效应、_____效应和热效应4种情况。

6）人体触电有_____触电和_____触电2种方式。

7）直接接触防护在设计上一般可采用_____、_____和_____等措施。这些措施可以防止人体触及或者过分接近带电体造成触电事故以及短路、故障接地等电气事故。

8）请观察下图，补充连接图空格框。

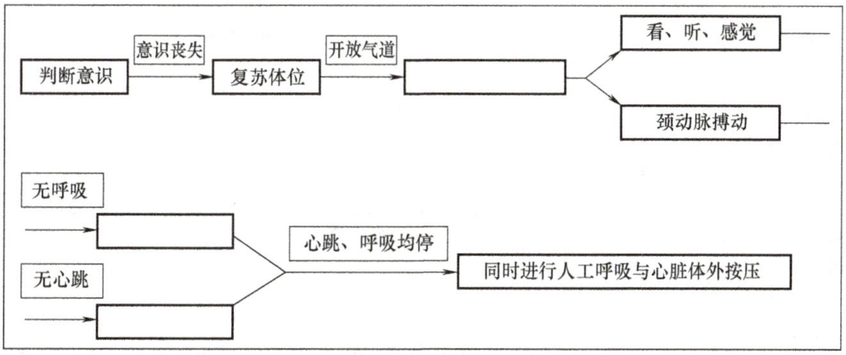

9）胸外按压要以均匀速度进行，操作频率以每分钟_____次为宜，每次包括按压和放松一个循环，按压和放松的时间相等。

10）当胸外按压与口对口（鼻）人工呼吸同时进行时，操作的节奏为：单人救护时，每按压____次后吹气_____次，反复进行。

11）双人救护时，每按压_____次后由另一人吹气_____次，反复进行。

三、制定计划（计划 10 分、分工 5 分、准备 5 分）　　　成绩：

1）根据触电急救流程规范和要求，制定触电急救实训计划

实训计划		
序号	计划项目	操作要点
计划审核：	审核意见：	
		时间：　　　　签字：

2）任务分工

操作员		记录员	
监护员		展示员	

作业注意事项

①着装统一、整洁规范。
②思想集中,正确使用安全器具。
③心肺复苏频率符合要求。
④按压位置正确。
⑤操作完毕后,应清洁物品,放置原位。

四、实施计划（45分）　　　　　　　　　　　　成绩:

1. 脱落电源(10分) 　1)使用工具不对扣5分。 　2)动作迟缓、操作时间长扣5分。	操作记录:
2. 判断触电者意识(10分) 　1)脱离电源后体位不正确扣5分。 　2)未解松衣物扣2分。 　3)操作不规范和超时扣3分。	操作记录:
3. 开放气道(5分) 　1)操作不规范扣3分。 　2)未清理异物扣2分。	操作记录:
4. 心肺复苏(20分) 　1)人工呼吸动作和频率不规范扣5分。 　2)心肺按压动作和频率不规范扣5分。 　3)150s内完成5个循环动作,未完成扣10分。	操作记录:

五、检查与点评(教师点评)

六、反思与评价(10分)　　　　　　　　　　　成绩:

自我反思:	
自我评价:	

【课后思考】

1. 站在高压电线上的小鸟为什么不会触电?

2. 触电急救流程与溺水急救流程有什么区别?

学习任务二 新能源汽车高压系统安全断电操作

【学习目标】

1. 了解新能源汽车电气防护知识。
2. 了解新能源汽车自身防护措施。
3. 了解新能源汽车维修从业要求。
4. 了解新能源汽车维修注意事项。
5. 能独立完成新能源汽车作业前的准备工作。
6. 能独立完成新能源汽车高压系统安全操作规程。

【任务导入】

某新能源汽车4S店机电维修车间技术内训师带领新员工进行新能源汽车维修作业培训，让新员工掌握新能源汽车高压系统安全断电操作规程。

【知识准备】

一、新能源汽车的电气防护

在新能源汽车上存在高压电，为了保证驾驶和维修安全，必须进行必要的电气防护。防护的主要措施有：高压正极和负极使用各自单独的高压线；系统带有等电位线，用于引开接触电压；相关的插接件均有接触保护；动力蓄电池上有可控的高压正极接触点和高压负极接触点；动力蓄电池上安装有维修开关，在拔下维修开关后高电压断电或电压下降；采用电绝缘式 DC/DC 变换器；高压部件内的中间电容器会进行放电；高压元件上有互锁安全线；高压元件采用绝缘监控；在识别出碰撞时，动力蓄电池上电的高压触点就会断开。

1. 高压电气网络防护

对于电动汽车的高压部分，电气网络结构就决定了从供电器（比如动力蓄电池）到用电器（比如驱动电机）的电能传输路径。图 1-11 所示为一般的电气网络结构类型。电气网络的结构说明见表 1-3。

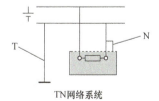
TN网络系统

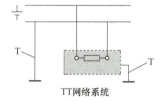
TT网络系统

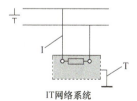
IT网络系统

图 1-11 电气网络的结构类型

表 1-3 电气网络的结构说明

第一个字母	第二个字母
电源端是否与车身连接	动力电池壳体是否与车身连接

(续)

第一个字母	第二个字母
T 是,已连接	N 否,但与起保护作用的不带电搭铁线连接
I 否,绝缘的	T 是,以电位补偿方式(等电位)连接

对于 TN 网络系统和 TT 网络系统,如果从正极到壳体的导线出现故障,那么无论当前行驶状态是什么,高压系统都会立即被切断 (断电),图 1-12 所示说明了这种情况。

车辆中所用的高压网络是 IT 网络系统,如图 1-13 所示。对于 IT 网络系统,由于高压电有单独的回路,与壳体绝缘,所以就不会有电流流经车身或者流向动力电池。IT 网络系统的优点是如果从正极到壳体的导线出现故障,系统网络不会被断电。

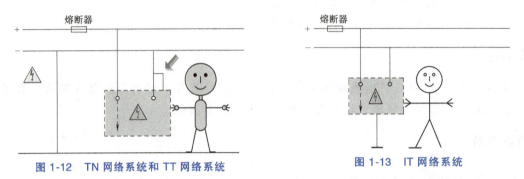

图 1-12　TN 网络系统和 TT 网络系统　　　　图 1-13　IT 网络系统

IT 网络系统出现等电位连接故障如图 1-14 所示。第一个故障在车上出现时,系统仍能工作,组合仪表上有相应的警报信息。第二个故障出现时动力蓄电池管理系统 (Battery Management System,BMS) 会将高压系统切断 (断电),同时系统内会短路,功率电子装置内和维修开关内的熔断器会断开,组合仪表上会有相应的警报信息,高压系统无法工作,也无法重新起动。

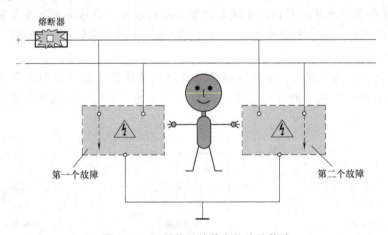

图 1-14　IT 网络系统等电位连接故障

IT 网络系统出现非等电位连接故障,如图 1-15 所示,第一个故障无安全风险,第二个故障出现时电流可能会流经全身。电流的路径为正极电路→第一个用电器壳体→人体→第二个用电器壳体→负极电路。

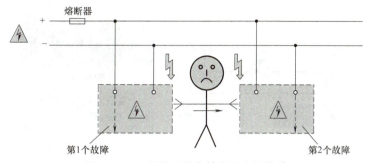

图 1-15　IT 网络系统非等电位连接故障

高压线束认知

2. 高压电缆防护

高压正极和高压负极使用各自单独的高压电缆（高压线）。高压正极和高压负极通过各自单独的电缆与高压部件相连接，车身不用作搭铁。电动汽车的高压电缆一般都是橙色的。某电动汽车单芯高压电缆的结构如图 1-16 所示，双芯高压电缆的结构如图 1-17 所示。

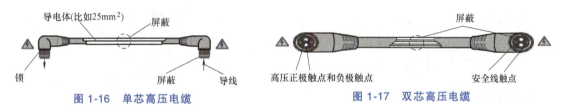

图 1-16　单芯高压电缆　　　　　　　　　图 1-17　双芯高压电缆

3. 插接件的接触保护

电动汽车的高压插头和插座都具有特殊的结构形式。某电动汽车高压插头的结构如图 1-18 所示，高压插座的结构如图 1-19 所示。

图 1-18　高压插头的结构　　　　　　　图 1-19　高压插座的结构

4. 维修开关

电动汽车上都安装有维修开关，在维修时将插头拔下，保证维修时断开高压电。拔下维修开关，安全线就中断了，动力蓄电池内部的连接就断开。某车型动力蓄电池内部维修开关电路和维修开关的熔断器实物如 1-20 所示。

5. 高压系统的高压互锁

高压互锁安全回路线是个环形电路，通过 12V 电网元件来监控高电压电网。不可在未断开安全线的情况下就拔下高压插头。如果安全回路断路，会导致高压系统立即被切断，对高压系统进行保护。某车型高压互锁回路如图 1-21 所示。

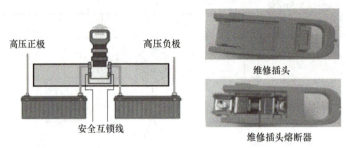

图 1-20　维修开关电路和实物

6. DC/DC 变换器内的安全防护

电气分离装置会将 DC/DC 变换器的一次线圈和二次线圈分离。与车身搭铁的连接仍是接在 12V 车载供电网络上。因此，一次线圈和二次线圈之间就不会有电压了。某车型 DC/DC 变换器内的安全防护原理如图 1-22 所示。

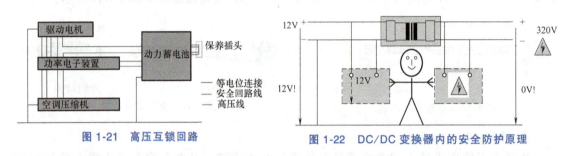

图 1-21　高压互锁回路　　　　　　图 1-22　DC/DC 变换器内的安全防护原理

7. 电容器放电

在电机控制器或功率电子装置内安装有电容器。电容器具有储存电能的作用，通过放电可以消除功率电子装置内电容器上的残余电压。主动放电是指当驱动电机控制器被切断电源，自动切入专门的放电回路后，控制器支撑电容快速放电的过程。被动放电是指当驱动电机控制器被切断电源后，不切入专门的放电回路，控制器支撑电容自然放电的过程，保证在把高压部件拆卸的情况下可以把残余电压消除掉。为了能把残余电压可靠消除掉，在切断 12V 车载供电之后，需要等待一段时间，再拔下维修开关后，然后才可以开始高压部件的检修工作。

二、新能源汽车高压部件的绝缘设计

动力蓄电池系统高压电绝缘设计主要通过电芯、电芯组和动力蓄电池系统总成 3 个层级进行。

1. 电芯绝缘设计

电芯（又称单体电池）是动力蓄电池系统最基本的能量存储单元，其绝缘设计主要考虑以下几个方面。

（1）正极与负极集流体间的绝缘　主要依靠电芯隔膜实现绝缘设计，利用隔膜较好的力学性能和绝缘特性保证正负极间的绝缘。

（2）电芯（正负极集流体和隔膜等构成的总成件）与动力蓄电池外壳间的绝缘　主要

通过隔膜来实现，在正负极集流体叠片或卷绕完成后，通常再卷绕3层隔膜以保证电池芯与外壳间的绝缘。

（3）电芯正负极极耳与外壳间的绝缘　通常在极耳与外壳间增加一层绝缘材料，如软包装电芯在极耳和外壳间增加一层耐高温且具有一定机械强度的绝缘薄膜；钢壳或铝壳电芯在极柱和外壳间增加一个绝缘垫片保证绝缘。

（4）电芯制造过程的工艺质量控制对电芯绝缘性能非常重要　工艺质量控制包括设备的操作可靠性和准确度、关键参数的制定和环境的洁净度等。例如，在进行电芯外壳绝缘膜包覆时，需确保外壳表面无较大颗粒附着，若外壳附着颗粒，在后续模组组装压紧或模组使用过程中颗粒可能刺破绝缘膜导致电芯外壳绝缘失效。

2. 电芯组绝缘设计

电芯组的绝缘设计含有电芯与电芯、电芯与电芯组机械外壳间的绝缘防护，具体设计与电芯组的结构设计及冷却方式有关。自然冷却电芯组为保证电芯组内部电芯间的绝缘性能，在电芯壳体包上一层膜，也可在绝缘膜与电芯间增加一层附加绝缘材料，这样可以大大降低因工艺过程中控制不良的焊渣进入到电芯与电芯间而带来刺穿绝缘膜导致电芯间绝缘失效的风险。在电芯与电芯组外壳的绝缘设计上，通常在电芯与底板、端板、侧板之增加一层绝缘膜，确保电芯壳体与电芯组金属外壳间的绝缘强度。

另外，电芯组内的采样线束直接与电芯极柱相连，因此，电芯组绝缘还需考虑采样线束的绝缘要求。采样线束的走线方式应尽量避免与机械部件干涉并固定好，确保在振动中不出现因机械干涉问题导致绝缘层破损带来的绝缘失效或采样线短路燃烧等安全问题。

3. 动力蓄电池系统总成绝缘设计

动力蓄电池系统最高电压一般不超过1000V（DC），因此动力蓄电池系统的绝缘设计一般采用基本绝缘的方式就可以满足系统的安全要求。

动力蓄电池系统总成级的绝缘设计主要涉及电芯组与电芯组间的连接线束、电池箱输出极、手动维护开关、通断开关（继电器）、熔丝等部件。所有绝缘设计的部件可以看成对地并联的电阻，部件越多，阻值越低。因此，所有需绝缘设计的部件均需满足部件级的绝缘等级要求，以确保系统总成的绝缘性能满足产品要求。一般动力蓄电池系统在全生命周期内的绝缘阻值需大于 $2.5M\Omega$。

此外，动力蓄电池系统绝缘设计还需要考虑系统的密封性能，主要是因为水或者水蒸气进入电池系统内部引起系统内部的高压带电部分与壳体通过阻值较低的水相连接，导致高压绝缘失效。通常动力蓄电池系统的密封需考虑高低压接插件、防爆阀、手动维护开关、箱体与箱盖的密封性能。对于风冷设计的电池系统，还需要考虑冷却进风的湿度，通常从乘客舱内引出空调风来保证温度和湿度。

【操作技能】

三、新能源汽车高压系统维修的安全操作规程

新能源汽车的维修人员需具备一定的资质，遵守一定的安全操作规程。

1. 维修高压系统人员的资质

维修电动汽车的人员必须参加过厂家的电气知识培训，经过授权可以检

新能源汽车
高压维修安
全操作规程

修有高压系统的车辆，并能给车辆做标识和对工作场所进行防护。维修人员需获得国家安监局电工作业资格，参加过电动汽车高压系统维修的资格培训（纯电动汽车、燃料电池汽车），经销商内部认可后可以执行车辆高压系统维修工作。

2. 高压系统技术人员的主要工作

高压系统技术人员的主要工作有断开高压系统供电并检查是否已绝缘；严防高压系统重新合闸；将高压系统接通重新投入使用；对高压系统上的所有作业负责；培训和指导经销商内部所有与维修高压系统车辆相关人员，使得这些人员在监督下能执行高压系统维修工作。

3. 维修作业前的准备

在对新能源汽车进行维修时，需根据根据新能源汽车的特征进行工位布置，并且要求与传统车辆的维修工位区分。图 1-23 所示为新能源汽车的维修工位分布图。图 1-24 所示为车辆维修工位和相关防护用具。

对新能源汽车进行维修之前，需对工位进行以下准备工作：

1）工位四周设立隔离桩并拉上警戒带，隔离间距保持在 1~1.5m。

2）检查维修工位举升机（二柱/龙门式）是否正常。

3）检查维修工位绝缘涂层（或绝缘地垫）是否达标，无污染并且绝缘阻值处于正常范围内。

4）检查维修工位光线和通风是否良好。

5）检查维修工位上的消防设施是否良好（如灭火器、消防沙、灭火布）。

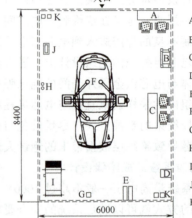

A 所需更换物件
B 工具箱、工具车
C 桌子
D 车轮挡块（2~4块）
E 气源、电源
F 维修车辆、龙门举升机
G 废器物回收桶
H 干粉灭火器（2个）
I 动力电池举升机
J 交、直流充电桩
K 消防沙、灭火布

图 1-23 新能源汽车的维修工位分布图

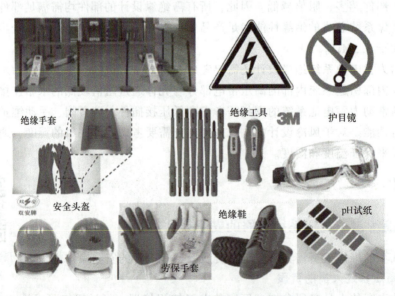

绝缘手套　　绝缘工具　　护目镜　　安全头盔　　劳保手套　　绝缘鞋　　pH试纸

图 1-24 车辆维修工位和相关防护用具

6）设立标注"高压危险""有电危险""禁止合闸"等警示牌，防止他人误碰。

7）维修人员防护用具检查：绝缘手套、绝缘服、护目镜、安全帽、绝缘鞋。

8）准备好绝缘工作台、绝缘工具以及相关仪器仪表（兆欧表、电流钳、万用表、诊断仪等）。

9）检查维修作业时所需的测量辅助线束（如208线束盒）是否完整完好、连接松旷。

10）检查维修作业时所需的撬板套件是否有污染物或破损、是否齐全。

11）检查维修作业时可能用到的手电筒或其他可移动照明设备。

12）安放车内四件套（座椅套、脚垫、转向盘套、换挡杆套）、车外三件套（前翼子布、左翼子布、右翼子布）及其他防护套件。

13）把所需维修的车辆停放到正确的维修工位，随后按下启动按钮（关闭点火开关）并安放好车轮挡块（2~4块）。

4. 高压系统维修的操作规程

在检查或维修高压系统时，首先要做的工作就是断开高压电路，相关的安全操作规程见表1-4。每一项做完毕之后需要做好相应的登记，如有特殊情况，需在工单上详细标注。

表 1-4　新能源汽车高压系统断电操作步骤

步骤	操作内容	完成情况
1	关闭点火开关，将钥匙放在安全或指定的位置	
2	断开辅助蓄电池负极，并用绝缘胶带缠绕好	
3	等待10min或更长时间让高压系统电容放电	
4	戴好绝缘手套，拔下维修开关，目视检查维修开关是否存在污浊、氧化和接触烧灼的情况，并单独保存好维修开关	
5	用绝缘乙烯胶带包裹被断开的高压电路插接器	
6	检查测量工具和装备的状态以及运行情况	
7	连接测量适配器电缆，进行车辆验电，确认电压低于1V，并记录测试结果	
8	在车辆显眼处贴上表有"高压系统已断电"的警示标识，并把负责此工作的维修工程师的名字标注在上面	

5. 恢复系统运行

对电动汽车维修完毕后，要由高压系统技师恢复系统运行。要目视检查所有的高压连接以及高压系统的接插口和螺孔连接都正确锁止，要目视检查所有的高压电缆都没有外露的可导电部分；插入维修开关并把它锁闭，连接辅助蓄电池负极；把"高压系统已断电"的警示标签从车辆上移除，在车辆显眼的位置贴上"高压系统已激活"的警示标签；打开点火开关，连接诊断仪读取所有系统的故障码。

6. 检修高压系统时注意事项

在检修高压系统时应注意以下事项：所有橙色的线均带高压，可能危及生命；不得将喷水软管和高压清洗装置直接对准高压部件；高压插头上不可使用润滑油、润滑脂和触点清洗剂等；在高压导电部件附近进行检修工作时，必须先让系统断电。在进行焊接、用切削工具加工以及用尖锐工具进行操作时，必须先让系统断电；所有松开的高压插头必须严防进水和污物；损坏的导线必须予以更换；佩戴有电子/医学生命和健康维持装置的人（如心脏起搏器）不得检修高压系统（包括点火系统）；必须使用合适的测量仪器；检修进水的高压系统时要非常小心，特别是潮湿的部件是非常危险的。

学习任务工单

实训：新能源汽车高压安全断电操作			
专业		班级	
姓名		学号	
一、接收任务			
2019 款比亚迪 e5 纯电动汽车 4S 店机电维修车间技术内训师带领新员工进行汽车维修作业培训，让新员工掌握纯电动汽车高压系统安全断电操作的任务。			
二、收集信息（25 分）		成绩：	

1）高压电气网络防护结构类型 1 _____ 2 _____ 3 _____

1　　　　　　　　　2　　　　　　　　　3

2）下面 2 中故障类型，对人体有危害的是 _____

3）电动汽车的高压电缆一般都是 _____ 色的。

4）电动汽车的高压电缆一般有 _____ 芯高压电缆和 _____ 芯高压电缆。

5）如果安全回路线断路，会导致高压系统立即被 _____，对高压系统进行保护。

6）DC/DC 变换器的主要功用是将 _____ 直流电转换为 _____ 直流电。

7）在驱动电机控制器或功率电子装置内安装有电容器，电容器具有 _____ 电能的作用。

8）_____ 放电是指当驱动电机控制器被切断电源后，自动切入专门的放电回路后，控制器支撑电容快速放电的过程。

9）_____ 放电是指当驱动电机控制器被切断电源后，不切入专门的放电回路，控制器支撑电容自然放电的过程，保证在把高压部件拆卸的情况下可以把残余电压消除掉。

10）动力蓄电池系统高压电绝缘设计主要通过＿＿＿＿＿＿＿＿、＿＿＿＿＿＿＿＿和＿＿＿＿＿＿＿＿总成3个层级进行。

11）正极与负极集流体间的绝缘主要依靠电芯＿＿＿＿＿＿＿＿实现绝缘设计，利用＿＿＿＿＿＿＿＿较好的力学性能和绝缘特性保证正负极间的绝缘。

12）电芯正负极极耳与外壳绝缘在极柱和外壳间增加一个＿＿＿＿＿＿＿＿保证绝缘性能。

13）电芯组的绝缘设计涉及＿＿＿＿＿＿＿＿与＿＿＿＿＿＿＿＿、＿＿＿＿＿＿＿＿与＿＿＿＿＿＿＿＿机械外壳间的绝缘防护。

14）在电芯与电芯组外壳的绝缘设计上，通常在＿＿＿＿＿＿＿＿与＿＿＿＿＿＿＿＿、端板、侧板之增加一层绝缘膜，确保电芯壳体与电芯组金属外壳间的绝缘强度。

三、制定计划（计划10分、分工5分、准备5分）	成绩：

1）根据高压断电流程规范和要求，制定高压系统断电实训计划

实训计划		
序号	计划项目	操作要点

计划审核：	审核意见：
	时间：　　　　　签字：

2）任务分工

操作员		记录员	
监护员		展示员	

作业注意事项
①着装统一、整洁规范。 ②思想集中，正确使用安全器具。 ③选择合适的个人防护用具。 ④点火钥匙要有专人保管。 ⑤操作完毕后，应清洁物品，放置原位。 ⑥维修人员禁止带有手表、金属笔等金属物品。

四、实施计划 （45 分）	成绩：

1. 操作前准备(20 分) 　1)设置警戒带,设置隔离间距。 　2)检测举升机工作是否正常。 　3)检查维修工位光线和通风是否良好。 　4)检查维修工位上的消防设施是否良好。 　5)设立标注"高压危险""有电危险""禁止合闸"等警示牌。 　6)维修人员防护用具检查:绝缘手套、绝缘服、护目镜、安全帽、绝缘鞋。 　7)检查维修作业时可能用到的手电筒或其他可移动照明设备是否正常。 　8)安放车内四件套。 　9)安放车外三件套。 　10)检查维修检测工具是否正常。 　11)是否能完成上电 完成上电后点火开关指示灯颜色_____	操作记录: 隔离带设置:□是　□否 设置距离:_____ m 光线通风:□良好　□较差 灭火器指针位置_____, 压力值:□正常　□异常 警示牌设置:□是　□否 绝缘手套是否存在破损和漏气 状况:□正常　□异常 绝缘鞋是否存在破损和断裂 状况:□正常　□异常 照明设备状况:□正常　□异常 车内四件套安放:□是　□否 车外三件套安放:□是　□否 万用表状况:□正常　□异常 绝缘测试仪状况:□正常　□异常 上电状况:□正常　□异常 颜色:_____
2. 断电操作(25 分) 　1)将车钥匙置于 OFF 挡,并将钥匙放置在指定位置,最好专人保管。 　2)穿戴个人安装防护用具。 　3)断开低压蓄电池负极电缆,并使用绝缘胶带缠绕,防止高压触电或短路。 　4)至少等待 10min,或更长时间让高压系统电容放电。 　5)拔下维修开关,目视检查维修开关是否存在污浊、氧化和接触烧灼的情况,并单独保存好维修开关。 　6)连接测量适配器电缆,进行车辆验电。	操作记录: 点火开关状况:□OFF　□ON 钥匙保管:□正常　□异常 个人防护工具穿戴:□正常　□异常 断开低压蓄电池负极:□完成　□异常 绝缘胶带缠绕:□完成　□异常 等待时间:□正常　□异常 目视维修开关:□正常　□异常 拔下维修开关:□完成　□异常 维修开关保管:□正常　□异常 高压充配电总成动力电池 母线插接器电压: 公插座电压: 压缩机/PTC(正温度系数加热器)插座电压: 电机控制器插接器电压: 电机控制器插座电压:

五、检查与点评 （教师点评）

六、反思与评价 （10 分）	成绩：

自我反思:	
自我评价:	

【课后思考】

　1. 车辆涉水后会漏电吗？

　2. 你觉得新能源汽车具有的其他安全防护还有哪些？

项目二

纯电动汽车动力蓄电池及其管理系统的原理与检修

学习任务一　纯电动汽车动力蓄电池及其管理系统的认识

【学习目标】

1. 了解电动汽车蓄电池的功能和作用。
2. 掌握电动汽车蓄电池的种类和结构原理。
3. 了解燃料电池的结构原理。
4. 掌握动力蓄电池包的拆卸流程和注意事项。

【任务导入】

某 4S 店一辆 2019 款比亚迪 e5 因行驶时遇到路面不平，发生拖底碰撞后拖车进厂维修，客户反映拖底后不敢再次行车，担心车辆故障。

【知识准备】

动力蓄电池组成结构

一、动力蓄电池系统概述

1. 动力蓄电池系统的组成

动力蓄电池系统是一个电能存储装置，通常由动力蓄电池组、电子控制单元、机械部件、热交换组件，以及必要的线束、开关、熔断器和连接器构成，如图 2-1 所示。

图 2-1　动力蓄电池系统的组成

2. 动力蓄电池系统的功能

其主要功能是通过电能和化学能的相互转换，来实现电能的存储和释放。有关其详细功能将在后面章节进行描述。

二、动力蓄电池的类型

1. 从广义上分类

电动汽车使用的动力蓄电池可以分为化学电池、物理电池和生物电池三大类，如图 2-2 所示。其中化学电池和物理电池已经应用于量产电动汽车中，而生物电池则被视为未来电动汽车动力蓄电池的重要发展方向之一。

（1）化学电池　化学电池是指将化学能直接转变为电能的装置，其主要部分是电解质溶液，浸在溶液中的正、负电极和连接电极的导线。

化学电池按工作性质和使用特征分为原电池、蓄电池、燃料电池。

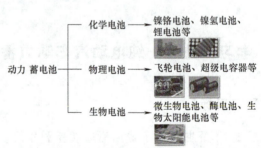

图 2-2　动力蓄电池的分类

化学电池按电解质分为酸性电池、碱性电池、中性电池、有机电解质电池、非水无机电解质电池、固体电解质电池等。

化学电池按电池的特性分为高容量电池、密封电池、高功率电池、免维护电池、防爆电池等。

化学电池按正、负极材料分为锌锰电池、镍镉电池、镍氢电池、铅酸电池、锂电池等。

1）原电池。原电池又称一次电池，是放电后不能用充电的方法使它复原的电池。这种类型的电池只能使用一次，放电后电池只能被遗弃。这类电池不能再充电的原因，或是电池反应本身不可逆，或是条件限制使可逆反应很难进行，如锌锰干电池、锌汞电池、银锌电池。图 2-3 所示为锌锰干电池。

2）蓄电池。蓄电池又称二次电池，是放电后可用充电的方法使活性物质复原而能再次放电，且可反复多次循环使用的电池。这类电池实际上是一个化学能量储存装置，用直流电将电池充足，这时电能以化学能的形式储存在电池中，放电时，化学能再转换为电能，如铅酸电池、镍镉电池、镍氢电池、锂离子电池、锌空气电池等。图 2-4 所示为铅酸电池。

图 2-3　锌锰干电池

3）燃料电池。燃料电池又称连续电池，只要活性物质连续地注入电池，就能长期不断地进行放电的一类电池。它的特点是电池自身只是一个载体，是一种需要电能时将反应物从外部送入的电池。图 2-5 所示为丰田 FCV 所使用的氢燃料电池。

图 2-4　铅酸电池

图 2-5　丰田 FCV 使用的氢燃料电池

4）储备电池。储备电池又称激活电池，正、负极活性物质和电解液不直接接触，使用前临时注入电解液或用其他方法使电池激活的电池。这类电池的正、负极活性物质易变质或自放电，因与电解液隔离而无法放电，从而使电池能长时间储存，如镁银电池、钙热电池、铅高氯酸电池。

（2）物理电池　物理电池是利用光、热、物理吸附等物理能量发电的电池，如太阳能电池、超级电容器、飞轮电池等。图 2-6 所示为超级电容器。

（3）生物电池　生物电池是指将生物质能直接转化为电能的装置。从原理上讲，生物物质能够直接转化为电能主要是因为生物体内存在与能量代谢关系密切的氧化还原反应。这些氧化还原反应彼此影响，互相依存，形成网络，进行生物的能量代谢。常见的生物电池有微生物电池、酶电池等。图 2-7 所示为微生物电池的原理图。

图 2-6　超级电容器

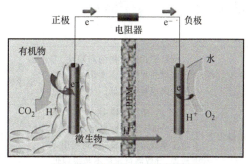

图 2-7　微生物电池的原理图

作为动力蓄电池系统的核心，储能电池的选择是至关重要的，这关系到电池系统的能量密度、使用寿命、产品性能、成本等关键指标。利用化学反应的可逆性，实现电能和化学能相互转换的二次电池，是动力蓄电池系统的不二选择。按照动力蓄电池系统所采用的储能电池类型，电动汽车产品大概走过了铅酸蓄电池、镍氢电池和锂离子电池三个时代。目前，超级电容器和燃料电池也是热门的应用研究方向。

2. 从电芯结构形状分类

（1）各类电芯的优缺点　按电芯的结构形状来分，主要分为圆柱电芯和方形电芯以及软包电芯这3类，各自的优缺点也十分明显，见表2-1。

表2-1　各类电芯结构蓄电池的优缺点对比

电芯结构	圆柱结构	方形结构	软包结构
优点	工艺成熟、生产效率高、过程控制严格，成品率及电芯一致性高，壳体结构成熟，工艺制造成本低	对电芯的保护作用要求高，可以通过减少电芯的厚度保证内部热量的快速传导，电芯的安全性能有较大的改善	外部结构对电芯的影响小，电芯性能优良，安全性能好，重量轻，内阻小，电池的能量密度最高，对封装采用的材料材质要求低
缺点	集流体上电流密度分布不均匀，造成各部分反应程度不一致；电芯内部产生的热量很难得到快速释放，累积会造成电池的安全隐患	壳体在电芯总重中所占的比重较大，导致电芯的能量密度低，内部结构复杂，自动化工艺成熟度相对较低	大容量电池密封工艺难度增加、可靠性相对较差；所采用的铝塑复合封装膜机械强度低，铝塑复合膜的寿命制约了电池的使用寿命
形状			

（2）各类蓄电池的特性对比　3类蓄电池的特性对比见表2-2。

几种常见电池的优缺点

表2-2　3类蓄电池特性对比

电池类型	圆柱电池模块	软包电池模块	方形电池模块
集成效率	圆柱形几何结构的局限性，考虑到散热和安全需要预留空间，模块集成效率较低	软包方形结构利于集成，模块集成效率较高	外壳为机械强度较高的钢或铝壳，且方形结构利于集成，模块集成度较高
能量密度	虽然NCA（镍钴铝）体系18650圆柱电池能量密度高，但由于集成效率较低，空间利用率较差，导致能量密度不是很理想	NCM（镍钴锰）体系软包电池能量密度高，且集成效率高，空间利用率高，能量密度高	NCM（镍钴锰）体系方形电池能量密度高，且集成效率高，空间利用率较高，能量密度高

（续）

快充/快放能力	圆柱结构导流散热能力差,不适宜高功率快充/快放	其较强的散热导流能力,可以进行高功率快充/快放	其较强的散热导流能力,可以进行高功率快充/快放
寿命可靠性	圆柱结构散热导流能力差,且连接点和焊点较多,导致模块寿命可靠性一般	导流散热能力强,但软包结构需要机械固定,电芯连接可激光焊或者超声波焊接	导流散热能力强,钢或铝壳机械结构强,可超声波焊接,寿命可靠性高
成本	电芯较多,因此为了保证温度均一性和模块安全性,需要增加额外成本	软包结构需机械固定,增加了额外成本	集成效率高,力学性能好,且易进行热管理,因此成本最低

三、动力蓄电池的基本性能参数

1. 标称电压

标称电压也称公称电压或额定电压,指的是在规定条件下电池工作的标准电压。动力蓄电池系统的额定电压和电压应用范围必须与电动汽车的高压系统部件如电机及电机控制器等进行匹配。

2. 工作电压范围

工作电压是指蓄电池接通负载后在放电过程中显示的电压,又称放电电压或负载电压。蓄电池在接通负载后,由于内阻的存在,工作电压低于开路电压。

动力蓄电池系统的工作电压范围主要是与整车电机及电机控制器等高压部件允许的工作电压上下限要求相适应。通常允许使用的电压范围上限为系统额定电压的 115%～120%,下限为系统额定电压的 75%～80%。

3. 荷电状态

荷电状态（State of Charge,SOC）,也叫剩余电量,代表动力蓄电池使用一段时间或长期搁置不用后的剩余可放电电量与其完全充电状态的电量的比值,常用百分比表示。当 SOC＝0% 时表示电池完全放电,当 SOC＝100% 时表示电池完全充满。图 2-8 所示为某车型 SOC 值状态。

图 2-8　某车型 SOC 值状态

4. 动力蓄电池的容量

动力蓄电池容量是指蓄电池在一定的放电条件下所能放出的电量,以 C 表示,单位为 A·h 或 mA·h。总容量为动力蓄电池在规定条件下的放电总量。额定容量是在规定条件下测得的并由制造商标明的蓄电池容量值。

5. 放电能量

动力蓄电池的放电能量是指动力蓄电池在一定放电条件下所能释放出的能量,单位常用 W·h 或 kW·h 表示。总能量为动力蓄电池在规定条件下,从满电态 100%SOC 完全放电至 0% SOC 时所能放出的总能量/总电量。图 2-9 所示为诊断仪读取到的有关能量的数据流。

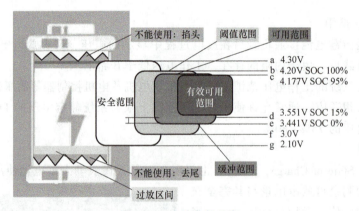

图 2-9　车辆能量数据流

6. 可用能量

在规定条件下，从可用 SOC 上限值放电至 SOC 下限值时，所能放出的容量。

7. 可用 SOC 范围

在整个 SOC 范围减掉 SOC 的缓冲区域，所剩下的部分就是 SOC 可用范围了。与可用能量对应的是可用 SOC 范围，这主要受限于电芯的应用限制。通常，纯电动汽车（BEV）动力蓄电池系统 SOC 范围 10% ~ 95%；插电式混合动力电动汽车（PHEV）动力蓄电池系统 SOC 范围 20% ~ 95%；混合动力电动汽车（HEV）动力蓄电池系统 SOC 范围 30% ~ 70%。图 2-10 所示为 SOC 范围、SOC 可用范围、电池阈值范围、安全范围等之间的包含关系。

图 2-10　电池参数示意

8. 能量密度

能量密度（Energy density）是指在单位一定的体积或质量物质中储存能量的大小。动力蓄电池的能量密度也就是动力蓄电池平均单位体积或质量所释放出的电能，能量密度越大，单位体积或质量内存储的电量越多。能量密度一般分质量能量密度和体积能量密度两个维度。

动力蓄电池的体积能量密度是指单位体积的动力蓄电池所能提供的能量，单位通常为 $(W·h)/L$ [（瓦·时）/升] 或者 $(kW·h)/L$ [（千瓦·时）/升]。

电池的质量能量密度是指单位质量的电池所能提供的能量，单位通常为 $(W·h)/kg$ [（瓦·时）/千克] 或者 $(kW·h)/kg$ [（千瓦·时）/千克]。

现阶段中可以通过改变正、负极材料，增大电芯体积等来改变电池的能量密度。图 2-11 所示为不同负极材料的能量密度对比。

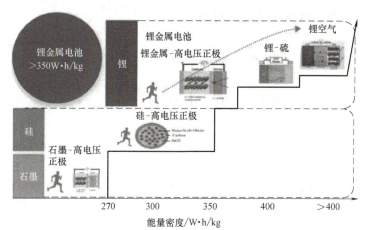

图 2-11　不同负极材料的能量密度对比

9. 峰值放电功率

蓄电池在特定时间内以规定条件能够提供的最大放电功率，通常仅能维持 30s 左右的时间。

10. 峰值充电功率

在特定时间内以规定条件能够提供的最大充电功率。

11. 功率密度

动力蓄电池功率密度是辅助车辆系统和动力蓄电池包设计的基本数据。动力蓄电池通常要求具有低内阻、高功率的特性，这样才能满足电动汽车的使用要求，例如续驶里程等。

12. 循环寿命

循环寿命是以特定的充放电条件进行充放电，达到寿命终止条件之前所能进行的循环次数。通常规定放电容量低于初始容量的 80% 作为寿命终止条件。

铅酸电池结构与原理

四、常用动力蓄电池的结构、性能及原理

1. 铅酸蓄电池

（1）铅酸蓄电池的结构　铅酸动力蓄电池主要由管式正极板、负极板、电解液、隔板、蓄电池壳体、正负极接线柱、加液孔等组成。图 2-12 所示为铅酸电池的结构。

放电状态下，铅酸蓄电池的正极板为 PbO_2，负极板为海绵状 Pb，电解液是酸性电解质稀硫酸；充电状态下，正负极板的主要成分均为硫酸铅，故称为铅酸蓄电池。

铅酸蓄电池每个电芯基本电压为 2V，将不同容量的电芯按使用要求进行组合，组成电池组。通常，汽车使用的 12V 铅酸蓄电池就是由 6 个电芯组成的。

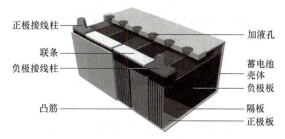

图 2-12　铅酸电池结构

（2）铅酸蓄电池的工作原理　铅酸动力蓄电池的工作原理就是化学能与电能的相互转化。当铅酸蓄电池将化学能转化为电能而向外供电时，称为放电过程；当铅酸蓄电池与外界直流电源相连而将电能转化为化学能储存起来时，称为充电过程。

1）放电过程。图 2-13 所示为放电过程时间与电压。

放电时，总反应式和正极和负极反应式如下：

放电：$PbO_2+Pb+2H_2SO_4 \Longrightarrow 2PbSO_4+2H_2O$（原电池）

正极：$PbO_2+2e+4H^++SO_4^{2-} \Longrightarrow PbSO_4+2H_2O$

负极：$PbSO_2+2e \Longrightarrow Pb+SO_4^{2-}$

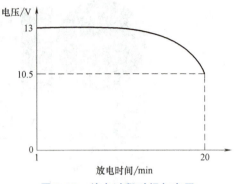

图 2-13　放电过程时间与电压

在放电后期，由于电解液中硫酸的浓度已经很低，电解液扩散到极板的速变没有放电的速度快，在电解质不足的情况下，极板的电动势急剧降低，造成动力蓄电池端电压的下降，此时应停止放电，否则会造成动力蓄电池的过度放电。过度放电会致使动力蓄电池内部大量的硫酸铅被吸附到动力蓄电池的阴极板表面，造成动力蓄电池阴极"硫酸盐化"。由于硫酸铅是一种绝缘体，它的形成必将对动力蓄电池的充、放电性能产生很大的负面影响，因此在阴极板上形成的硫酸盐越多，动力蓄电池的内阻也越大，电池的充、放电性能就越差，从而使动力蓄电油的寿命缩短。当放电进行时，硫酸溶液的浓度将不断降低，当溶液的密度降到 1.18g/mL 时应停止使用进行充电。

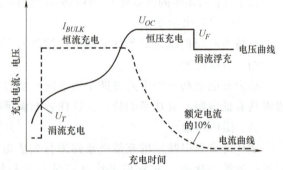

图 2-14　充电过程时间与电压

2）充电过程。图 2-14 所示为充电过程时间与电压。

充电时，总反应式和阳极及阴极反应式如下：

充电：$2PbSO_4+2H_2O \Longrightarrow PbO_2+Pb+2H_2SO_4$

正极：$PbO_2+2e+4H^++SO_4^{2-} \Longrightarrow PbSO_4+2H_2O$

负极：$PbSO_4+2e \Longrightarrow Pb+SO_4^{2-}$

铅酸蓄电池最为常用的充电方法为恒流限压法。充电通常分为三个阶段，分别为充电初期、充电中期和充电末期。

在充电初期，铅酸蓄电池两极板的硫酸铅分别转变为二氧化铅和铅，同时生成硫酸，极板表面和活性物质微孔内的硫酸浓度骤增，又来不及向极板外扩散，动力蓄电池的电动势迅速升高，所以电压也急剧上升。

在充电中期，由于电解液的相互扩散，极板表面和活性物质微孔内硫酸浓度增加的速度和向外扩散的速度逐渐趋于平衡，极板表面和微孔内的电解液浓度不再急剧上升，端电压比较缓慢地上升。

进入充电末期时，活性物质已大部分转化为二氧化铅和铅，极板上所余硫酸铅不多，如果继续充电，则会大量电解水，开始析出气体。

电解水的化学反应为：

$$2H_2O \xrightarrow{\text{电解}} 2H_2\uparrow + O_2\uparrow$$

但在密封铅酸电池中，气体在达到一定压力之前，不会从电池放气阀析出。氧气在阴极，可以与活性物质海绵状铅（充电状态）及硫酸反应，使部分活性物质转变成硫酸铅。

反应方程式如下：

$$2Pb + O_2 === 2PbO$$
$$PbO + H_2SO_4 === PbSO_4 + H_2O$$

此时的阴极的硫酸铅，继续充电过程，结合电解出来的氢离子和电子，生成铅和稀硫酸，同时抑制了氢气的产生。

$$PbSO_4 + 2H^+ + 2e === Pb + H_2SO_4$$

因此，在充电过程中，水的分解和合成过程同时进行，若控制充电电流在一个恰当的范围内，可以使上述反应处于平衡状态，从而使蓄电池没有气体析出。

（3）铅酸蓄电池的优缺点　与其他动力蓄电池相比，铅酸蓄电池的优点是：性能可靠、技术术成熟、价格便宜；大功率性能优异、电压平稳、安全性高；维护简便或者免维护；适用范围广、原材料丰富；自放电低，回收技术成熟等。缺点是能量密度低、循环寿命短、质量大、过充过放性能差、自放电较大等；在电池中大量使用重金属铅，不符合环保的要求。

（4）铅酸蓄电池的应用范围　铅酸动力蓄电池广泛应用于小型电动汽车、电动自行车、电动清扫车和部分混合动力汽车的动力蓄电池及起动电池等。

2. 镍氢蓄电池

（1）镍氢蓄电池的结构　镍氢蓄电池（简称 Ni-MH 电池），主要由正极、负极、电解液、分离层、外壳等组成，如图 2-15 所示。

蓄电池正极是活性物质羟基氢氧化镍 $[Ni(OH)_2]$，负极为储氢合金（MHab），电解液为 6mol/L 氢氧化钾溶液，故称镍氢电池。正、负极之间使用分离层隔开，在金属铂的催化作用下，完成充、放电的可逆反应。

镍氢蓄电池每个电芯的基本电压为 1.2V，根据不同容量和电压的要求，电芯进行组合成电池组，用于电动汽车。

（2）镍氢蓄电池的工作原理　镍氢蓄电池放电时，将蓄电池的正、负极分别与负载相连，在动力蓄电池内部发生电化学反应产生电流，阳极发生还原反应，阴极发生氧化反应。充电时，将蓄电池的正、负极分别与充电机的正极和负极相连，蓄电池内部发生与放电时完全相反的电化学反应。充电可分为涓流充电、恒流充电、TOP-off 充电和充电终止 4 个阶段。图 2-16 所示为镍氢蓄电池充电放电曲线。

充、放电时，总反式式和正极、负极反应式如下：

总反应式：$Ni(OH)_2 + M === NiOOH + MH_{ab}$

正极：$Ni(OH)_2 + OH^- === NiOOH^+ + H_2O + e$

图 2-15　镍氢蓄电池的结构

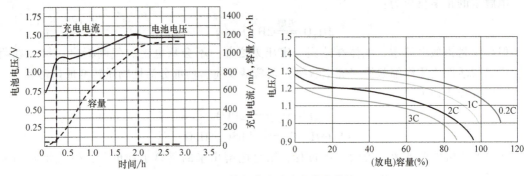

图 2-16　镍氢蓄电池充电放电曲线

负极：$M+H_2O+e \Longrightarrow MH+OH^-$

其中，M 为储氢合金，H_{ab} 为吸附氢。

镍氢蓄电池常用恒流充电的方式进行充电。充电时正极的 $Ni(OH)_2$ 和 OH^- 反应生成 $NiOOH$ 和 H_2O，同时释放出 e，负极的 M、H_2O 和 e 生成 MH 和 OH^-，总反应是 $Ni(OH)_2$ 和 M 生成 $NiOOH$ 和 MH_{ab}，储氢合金储氢。

在放电过程中，蓄电池内部负极，MH_{ab} 释放 H^+，H^+ 和 OH^- 还原生成 H_2O 和 e，在正极 $NiOOH$、H_2O 和 e 氧化重新生成 $Ni(OH)_2$ 和 OH^-。

镍氢蓄电池工作电压为 1.2V，截止电压一般设定在 0.9~1.0V。如果截止电压设定得太高，则蓄电池容量不能被充分利用，反之，则容易引起蓄电池过放。

（3）镍氢蓄电池的特点

1）镍氢蓄电池具有良好低温性能。低温快充型镍氢蓄电池最低可在-40℃充电，-30℃可 1C（1 倍率充、放电电流）快速充电，-20℃可 3C 或 2C 快速充电。锂离子蓄电池-5℃下不能充电，否则易导致安全性风险。

镍氢蓄电池采用碱性电解质水溶液，有较好的低温放电特性。在-20℃采用大电流（以 1C 放电速率）放电，放出的电量也能达到标称容量的 85%以上。锂离子蓄电池采用有机电解质溶液，低温下电阻迅速增大，0℃下性能已大大衰减，能满足-10℃下正常使用要求。

2）镍氢蓄电池电解液为不可燃水溶液。镍氢蓄电池比热容、电解液蒸发热相对较高、而能量密度相对较低，即使发生短路、刺穿等极端异常情况，电池温升小、不会燃烧。

3）镍氢蓄电池产品质量控制难度比较低，因制造过程导致缺陷可能性较低。

4）镍氢蓄电池具有良好的环保性和可回收性。镍氢蓄电池不含剧毒物质，主要成分为镍、稀土，回收价值高（有残余价值），回收难度小，基本可全部回收再利用，可持续发展。

5）镍氢蓄电池相比于铅酸蓄电池有着较大能量密度比；相比于锂蓄电池，能量密度相对低，因此在混合动力汽车中应用较多。

6）镍氢蓄电池放电特性平稳，放电曲线非常平滑，发热量小，有较长的使用寿命。

（4）镍氢蓄电池的应用范围　镍氢蓄电池已经是一种成熟的产品，目前日本镍氢蓄电池产业规模和产量一直高居各国前列，美国和德国仅次于日本。大部分油电混合动力汽车中使用大功率的镍氢动力蓄电池组，主要有丰田普锐斯、丰田雷凌、本田洞察者、福特翼虎、雪佛兰迈锐宝、本田思域等。

3. 锂离子蓄电池

（1）锂离子蓄电池的结构　锂离子蓄电池的电芯主要由正极、负极、有机电解液、隔膜板、安全阀和蓄电池外壳等组成。图 2-17 所示为方形锂离子蓄电池的结构，其电芯的工作电压高达 3.7~3.8V（磷酸铁锂的是 3.2V）。

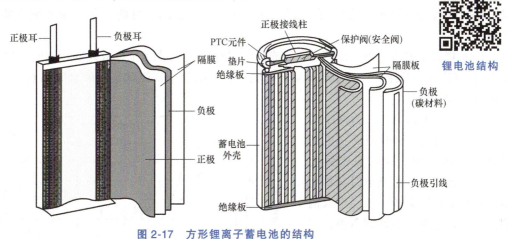

锂电池结构

图 2-17　方形锂离子蓄电池的结构

1）正极——活性物质一般为锰酸锂或者钴酸锂、镍钴锰酸锂等材料。

2）负极——活性物质为石墨，或近似石墨结构的碳，采用用锂碳层间化合物（LixC6），导电集流体使用厚度 7~15μm 的电解铜箔。

3）有机电解液——溶解有六氟磷酸锂的碳酸酯类溶剂，聚合物的则使用凝胶状电解液。

4）隔膜板——一种经特殊成型的高分子薄膜，薄膜有微孔结构，可以让锂离子自由通过，而电子不能通过。

5）蓄电池外壳——通常为铝壳、镀镍铁壳（圆柱电池使用）、铝塑膜（软包装）等，蓄电池的外壳上有安全阀和正负极引出端。

（2）锂离子蓄电池的分类　锂离子蓄电池是指以锂离子嵌入化合物为正极材料蓄电池的总称。

按照锂离子蓄电池的外形，可以分为方形锂离子蓄电池和圆柱形锂离子蓄电池，如图 2-18 所示。

图 2-18　锂离子蓄电池

按照锂离子蓄电池正极的材料不同，汽车用锂离子蓄电池主要分为锰酸锂离子蓄电池、磷酸铁锂离子蓄电池、钴酸锂离子蓄电池、镍钴锰锂离子蓄电池（三元锂电池）等。

根据锂离子蓄电池的电解质材料的不同，锂离子蓄电池分为液态锂离子蓄电池和聚合物锂离子蓄电池。液态锂离子蓄电池使用液体电解质，而聚合物锂离子蓄电池则以聚合物电解质来代替。这种聚合物可以是干态，也可以胶态的，目前大部分采用聚合物胶体电解质。

（3）锂离子蓄电池的工作原理　在充放电过程中，Li^+ 在两个电极之间往返嵌入和脱嵌。充电时，Li^+ 从正极脱嵌，经过电解质嵌入负极，负极处于富锂状态；放电时则相反，通常被称为"摇椅电池"。

锂离子蓄电池充电分为两个阶段：先恒流充电，到接近终止电压时改为恒压充电。以磷酸铁锂为例，当对蓄电池进行充电时，蓄电池的正极上有锂离子生成，生成的锂离子经过电解液运动到负极，而作为负极的碳呈层状结构，它有很多微孔，达到负极的锂离子就嵌入到碳层的微孔中，嵌入的锂离子越多，充电容量越高。电子的补偿电荷从外电路供给到碳负极，保持负极的电平衡。

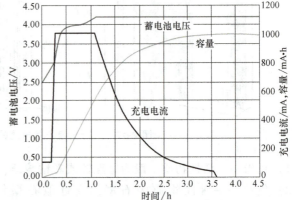

图 2-19　锂离子蓄电池充电过程

充电时，蓄电池容量、电压及时间的过程如图 2-19 所示。

正极：$LiFePO_4 \longrightarrow Li1-xFePO_4 + xLi^+ + xe$

负极：$xLi + xe + 6C \longrightarrow LixC_6$

同样，当对电池进行放电时（连接负载），嵌在负极碳层中的锂离子脱出，又经过隔膜板运动回正极。由于隔膜板可以让锂离子自由通过，而电子不能通过，因此，电子的补偿电荷从蓄电池外部的负极到正极（电流运动方向与电子运动方向相反），形成负载电流。回正极的锂离子越多，放电容量越高。

放电时，其蓄电池容量、电压及时间的过程如图 2-20 所示。

负极：$LixC_6 \longrightarrow xLi + xe + 6C$

正极：$Li-xFePO_4 + xLi^+ + xe \longrightarrow LiFePO_4$

（4）锂离子蓄电池的特点

1）锂离子蓄电池的优点：

① 电芯的工作电压高。镍氢蓄电池的工作电压仅为 1.2V，而钴酸锂蓄电池的工作电压为 3.6V，锰酸锂蓄电池的工作电压为 3.7V。

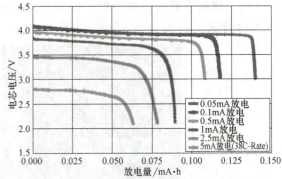

图 2-20　锂离子蓄电池放电过程

② 能量密度大。能达到的实际比能量为 555W·h/kg 左右，是镍氢蓄电池的 2~3 倍。

③ 循环寿命长。一般均可达到 500 次以上，甚至 1000 次以上，磷酸铁锂蓄电池可以达到 2000 次以上。

④ 自放电小。室温下充满电的锂离子蓄电池储存 1 个月后的自放电率为 5%~9%，大大低于镍氢蓄电池的 15%~20%。

⑤ 快速充电。1C 充电 30min 容量可以达到标称容量的 80% 以上，磷铁蓄电池可以达到 10min 充电到标称容量的 90%。

2）锂离子蓄电池的缺点：

① 工作温度范围小。工作温度为 −25~45℃，随着电解液和正极的改进，期望能扩宽到 −40~70℃。没有镍氢蓄电池的工作温度范围宽，因此要做好蓄电池温度管理。

② 不耐受过充和过放。过充电时，过量嵌入的锂离子会永久固定于晶格中，无法再释放，可导致蓄电池寿命短。锂离子蓄电池的终止充电电压一般是 4.2V（磷酸铁锂蓄电池为 3.65V）。终止放电电压为 2.75~3.0V（磷酸铁锂蓄电池 2.5V），再继续放电则会损坏电池。过放电时，电极脱嵌过多锂离子，可导致晶格坍塌，从而缩短寿命。

图 2-21　特斯拉的动力蓄电池包

（5）锂离子蓄电池的应用范围　锂离子蓄电池应用比较广泛。目前在汽车行业中的低速电动汽车、混合动力电动汽车、纯电动汽车和燃料电池电动汽车的辅助高压蓄电池，通常都采用锂离子蓄电池。比如特斯拉 Model S、比亚迪 e5、上汽 MARVEL X、广汽 GE3、北汽 EX3 等车型。图 2-21 所示为特斯拉的动力蓄电池包。

4. 超级电容器

（1）超级电容器的分类　超级电容器，又名电化学电容器、黄金电容器或法拉电容器，是通过极化电解质来储能的一种电化学元件，如图 2-22 所示。

超级电容器按储能机理，主要分为 3 类：

1）碳电极和电解液界面上电荷分离产生的双电层电容。

超级电容器　　　　　　超级电容器模组

图 2-22　超级电容器

2）采用金属氧化物作为电极，在电极表面和体相发生氧化还原反应而产生可逆化学吸附的法拉第电容。

3）由导电聚合物作为电极而发生氧化还原反应的电容。

（2）超级电容器的结构　超级电容器主要由正电容板、负电容板、集流体、电解液、隔膜等组成，如图 2-23 所示。

超级电容器的电极材料与集流体之间要紧密相连，以减小接触电阻；在两个电容板之间有电解液，以及将正极与负极隔离的绝缘层隔膜。隔膜应满足具有尽可能高的离子电导和尽

可能低的电子电导的条件。超级电容器不仅
具有电容器的特性，还具有蓄电池的特性，
是一种介于蓄电池和电容器之间的新型特殊
元器件。

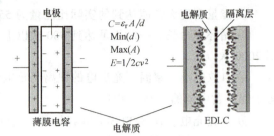

图 2-23　超级电容器结构

（3）双层超级电容器的工作原理　当外
加电压至双层超级电容器的两个极板时，加
在正极板上的电势吸引电解质中的负离子，
负极板吸引正离子，从而在两电极的表面形
成了一个双电层电容器。图 2-24 所示为超级电容器的原理。

当在两个电极上施加外电场后，超级电容器的正电极存储正电荷，负电极存储负电荷，
同时溶液中的阴、阳离子分别向正、负电
极迁移，在电极表面形成双电层；撤掉外
加电场后，电极上的正负电荷与溶液中的
相反电荷离子相吸引而使双电层稳定，在
正、负极间产生相对稳定的电位差。这时
对某一电极而言，会在一定距离内（分散
层）产生与电极上的电荷等量的异性离子
电荷，使其保持电中性。

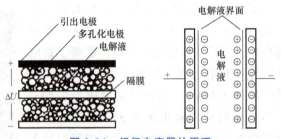

图 2-24　超级电容器的原理

当将两极与外电路负载连通时，电极
上的电荷迁移而在外电路中产生电流，溶液中的离子迁移到溶液中呈电中性，这便是双电层
电容器的充放电原理。

（4）超级电容器的特点　当前已有汽车使用了超级电容器，相比锂电池，超级电容器
有以下优缺点。

1）超级电容的优点：

① 充电速度快，充电 10s~10min 可达到其额定容量的 95% 以上。

② 循环使用寿命长，深度充放电循环使用次数可达 1~50 万次，没有"记忆效应"。

③ 大电流放电能力超强，能量转换效率高，过程损失小，大电流能量循环效率 ≥90%。

④ 功率密度高，可达 300~5000W/kg，相当于电池的 5~10 倍。

⑤ 产品原材料构成、生产、使用、储存以及拆解过程均没有污染，是理想的绿色环保
电源。

⑥ 充放电电路简单，无须蓄电池那样的充电电路，耐过充和过放，安全系数高，长期
使用免维护。

⑦ 超低温特性好，温度范围宽 -40~70℃。

2）超级电容的缺点：

① 如果使用不当会造成电解质泄漏等现象。

② 不耐高温，温度过高会影响工作，甚至损坏电容器。

③ 当前超级电容器的致命弱点是能量密度很低，离电动汽车的要求差得远。

④ 超级电容器目前面临的另一个问题是生产成本高。

（5）超级电容器的应用范围　在电动汽车领域，超级电容器与蓄电池或者燃料电池

组成复合电源系统，实现储能并保护电池的作用。通常超级电容器与锂离子蓄电池配合使用，二者完美结合形成了性能稳定、节能环保的动力汽车电源，可用于混合动力汽车及纯电动汽车。锂离子蓄电池解决的是汽车充电储能和为汽车提供持久动力的问题（发挥锂离子蓄电池的能量密度高特性），超级电容器的使命则是为汽车起动、加速时提供大功率辅助动力（发挥超级电容器功率密度高的特性），在汽车制动或怠速运行时收集并储存能量。在现在燃料电池电动汽车中，有一部分车辆是使用超级电容器和燃料电池配合使用。

在国内涉足新能源汽车的厂商中，已有众多厂商选择了超级电容器与锂离子蓄电池配合的技术路线。例如浙江中车在售的18m、12m和10.5m锂离子蓄电池和超级电容器混合储能快充纯电动城市客车；搭载集星科技超级电容器的宇通混合动力客车体系；厦门金龙旗下的厦门金旅采用超级电容器耦合锂离子蓄电池作为新能源客车储能装置等。

五、燃料电池

1. 燃料电池的分类

燃料电池是一种电化学设备，通过氢气与催化剂和氧气发生反应，转化成电流（和热量）。水是唯一的副产品，这使得燃料电池不仅效率高，而且还非常环保。燃料电池虽然名叫"电池"，但实际和电池是有区别的，电池属于储能器，而燃料电池不储能，本质上只是一个能量转换器，更像是一台"发电机"。图2-25所示为某车型燃料电池。

燃料电池结构与原理

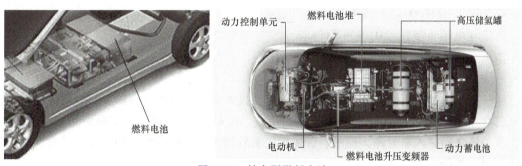

图2-25　某车型燃料电池

根据电解质的不同，燃料电池可以分为碱性燃料电池（AFC）、磷酸燃料电池（PAFC）、熔融碳酸盐燃料电池（MCFC）、固体氧化物燃料电池（SOFC）和质子交换膜燃料电池（PEMFC）5种。

目前的燃料电池汽车大多采用质子交换膜燃料电池（PEMFC）。

2. 质子交换膜燃料电池的结构

质子交换膜燃料电池的单体电池由气体扩散电极（正极、负极）、底板、质子交换膜（PEM）、催化剂等组成。如图2-26所示。

（1）阳极和阴极　电极可分为两部分，其一为正极，另一为负极，厚度一般为200～500mm。电极的结构与一般电池平板电极不同之处，在于燃料电池的电极为多孔结构，原因是燃料电池所使用的燃料及氧化剂大多为气体（例如氧气、氢气等），而气体在电解质中的溶解度并不高，为了提高燃料电池的实际工作电流密度与降低极化作用，故发展出多孔结构的电极，以增加参与反应的电极表面积。电极通常的碳纤维纸，其上喷涂有 Nafion 溶液（扩散层）和铂催化剂。

（2）质子交换膜（PEM） 质子交换膜的功能分隔氧化剂与还原剂，并具备良好的质子电导率。水分子在膜中的电渗透作用小，气体在膜中的渗透性尽可能小。

（3）氢气导流板和氧气导流及排水板 导流板常用石墨，经铣床加工成具有一定形状的导流流体槽及流体通道。氢气导流板可以导流氢气，使氢气迅速地扩散，用于反应，并且可以将未反应的氢气回收；氧气导流及排水板可以导流氧气，使其迅速发生氧化反应，并且能将反应产生的水导出。

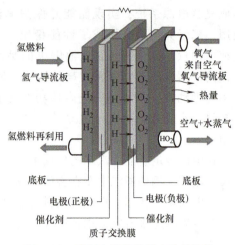

图 2-26　质子交换膜燃料电池的结构

3. 燃料电池的工作原理

氢气由氢气导流板扩散到阳极板，氧气由氧气导流板扩散到阴极板。在阳极板侧，铂催化剂使氢气分解成 H^+（质子）和 e。但是由于质子交换膜（PEM）仅允许质子通过，e 必须由阳极板经外电路流向负极，因此形成电流。在阴极板上，H^+、e 和氧气结合生成水，通过氧气导流板侧的排水板的排水通道排出，如图 2-27 所示。

总反应式：$2H_2+O_2 \rule[0.5ex]{2em}{0.4pt} 2H_2O$

阳极（电池负极）：$2H_2 \rule[0.5ex]{2em}{0.4pt} 4H^++4e$

阴极（电池正极）：$O_2+4H^++4e \rule[0.5ex]{2em}{0.4pt} 2H_2O$

4. 质子交换膜燃料电池电堆

质子交换膜燃料电池的电堆由多个单体电池以串联方式层叠组合而成。电堆的核心是膜电极三合一组件（Membrane Electrode Assembly，MEA）和双极板。将双极板与 MEA 交替叠合，各单体之间嵌入密封件，经前、后端板压紧后用螺杆紧固拴牢，即构成质子交换膜燃料电池电堆。如图 2-28 所示。

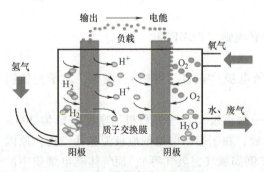

图 2-27　燃料电池工作原理

图 2-28　燃料电池电堆

　　（1）双极板　双极板是由一块单体电池的氢气导流板和另一款单体电池的氧气导流及排水板经过一定制造工艺组合而成。双极板常用石墨板材制作，具有高密度、高强度、无穿孔性漏气、在高压强下无变形、导电、导热性能优良、与电极相容性好等特点。常用石墨双极板厚度约 2~3.7mm，经铣床加工成具有一定形状的导流流体槽及流体通道，其流道设计和加工工艺与电池性能密切相关。

　　（2）MEA（膜电极）　它是两张喷涂有 Nafion 溶液和铂催化剂的碳纤维纸电极，分别置于经预处理的质子交换膜两侧，使催化剂靠近质子交换膜，在一定温度和压力下模压制成。MEA 包括扩散层溶液、催化剂、质子交换膜和阴、阳电极。

5. 燃料电池的特点

　　燃料电池与锂电池及其他电池相比拥有很多优势。

　　（1）清洁无污染　燃料电池汽车的运行过程中完全不排放污染物，只生成水，是完全意义上的"清洁汽车"。

　　（2）燃料补充快速，续航能力远超普通纯电动汽车　纯电动汽车充电时间较长，一次充电完成需要 7~8h，而且充满电后续驶里程较短，常常不超过 300km，而燃料电池汽车可以像传统的汽油汽车一样方便地补充燃料，而且充满燃料后一般的续驶里程可达到 400km 以上，甚至超过了很多的传统的使用汽油的汽车。

　　（3）效能高　燃料电池汽车有极高的能源利用效率。由于燃料电池本身就是一种效率极高的能量生成装置，加上车辆合理的设计（如再生制动系统的使用、辅助电池的应用），使得燃料电池汽车具有极高的能源利用效率。

　　（4）动力性能优异　燃料电池可以持续稳定地输出电力，加上高性能驱动电机的应用，使得燃料电池汽车具有极佳的动力性能。以奔驰 B 级紧凑型轿车 F-Cell 燃料电池型为例，其采用的同步电机最大输出功率可达 100kW，峰值转矩可达 290N·m。动力系统的性能远超普通的 2.0L 自然吸气式汽油发动机，并且拥有良好的燃油经济性，其燃料消耗仅相当于每百公里耗油 3.3L（价格上）。最高时速可达 170km/h，仅比采用自然吸气引擎的奔驰 B200 低了 26km/h。

　　燃料电池汽车虽然较传统的汽油汽车和电动汽车有技术上的优势，但是却一时难以普及，原因是多方面的。主要有以下 3 个方面：

　　1）燃料电池的成本过高。这是制约燃料电池汽车发展的最大阻碍。

　　2）配套设施比如加氢站的建设及管理成本较高，目前数量较少。

　　3）氢气制取、运输和存储成本较高。不能以较低成本大量制取氢气，现在主要通过煤炭与水的反应、天然气重整以及电解水等方式生产氢气。氢气的运输成本及安全管理都有较高的要求。

6. 燃料电池的应用范围

　　质子交换膜燃料电池用作汽车动力的研究已取得实质性进展。德国和日本起步较早，目前车型有奔驰 B 级 F-CELL、丰田的 Mirai、本田的 FCX Clarity、大众的帕萨特领驭氢燃料电池车等。我国政府大力支持燃料电池汽车，在 2018 年国际氢能与燃料电池汽车大会上，红旗汽车和青年汽车展出了燃料电池汽车。

【操作技能】

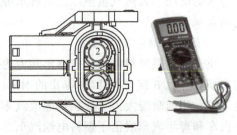

动力电池组的更换

六、动力蓄电池拆装

以吉利帝豪为例，拆装动力蓄电池包。

1. 准备工作

检查车辆放置位置是否正确，确保高压安全作业工具性能是否完好，放置高压警示牌并拉起隔离带，穿戴个人防护用具，如图 2-29 所示。

2. 高压系统安全断电作业

1）打开发动机舱盖，断开动力蓄电池负极电缆，如图 2-30 所示，并做好绝缘处理后，等待至少 10min，等到高压电容放电完成。

图 2-29　场地准备

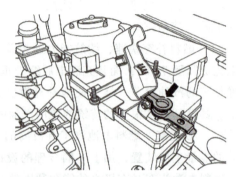

图 2-30　断开低压蓄电池负极电缆

2）断开动力电池高压直流母线连接器，如图 2-31 所示，并做好绝缘处理。

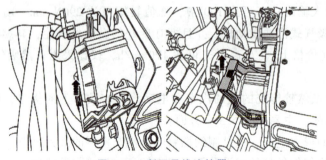

图 2-31　断开母线连接器

注意：如果车辆安装有维修开关，需要先断开维修开关，然后再断开高压母线连接。

3）穿戴绝缘手套，利用检测仪器进行验电，确保高压直流母线的正负极电压低于 1V，如图 2-32 所示。注意，在验电作业过程中，必须单手操作。

3. 电池拆卸作业

1）断开动力蓄电池的 2 个高压线束连接器，断开动力蓄电池与发动机舱线束的 2 个低压线束

图 2-32　验电作业

连接器，如图 2-33 所示。

2）拆卸动力蓄电池的搭铁固定螺栓，如图 2-34 所示。

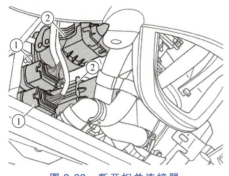

图 2-33 断开相关连接器

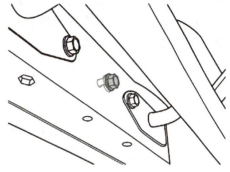

图 2-34 拆卸搭铁螺栓

3）拆卸动力蓄电池防撞梁 4 个固定螺栓。如图 2-35 所示。

4）拆卸动力蓄电池总成后部 3 个固定螺栓。如图 2-36 所示。

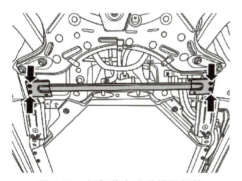

图 2-35 拆卸蓄电池防撞梁螺栓

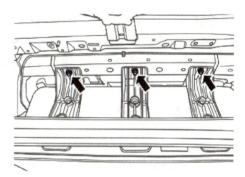

图 2-36 拆卸蓄电池固定螺栓

5）利用动力蓄电池拆装升降机支撑动力蓄电池包，拆卸动力蓄电池总成前部 2 个固定螺栓，拆卸动力蓄电池总成左右各 7 个固定螺栓，从底部放下蓄电池包，如图 2-37 所示。

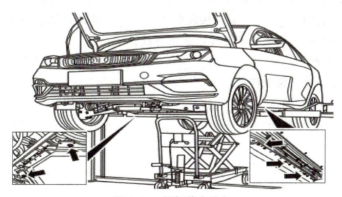

图 2-37 拆卸蓄电池包

4. 安装作业

安装作业与拆卸作业流程相反。安装过程中应对相关安装部件进行连接确认，保证各个

43

部件安装到位，最后对车辆进行性能检查。

5.场地恢复

1）收拾解码仪和拆卸时使用的工具。

2）收拾车外三件套和车内四件套。

3）收回隔离带和警示牌。

4）对维修工位场地进行清扫。

学习任务工单

实训：动力蓄电池组的更换			
专业		班级	
姓名		学号	

一、接收任务

　　某4S店一辆吉利帝豪ev450因行驶时遇到路面不平，发生拖底碰撞后拖车进厂维修，客户反映拖底后不敢再次行车，担心车辆故障。经过检查动力蓄电池组出现了严重损坏，需要更换。作为技师的你需要完成动力蓄电池组的更换操作。

二、收集信息（25分）	成绩：

　　1）动力蓄电池系统是一个电能存储装置。通常由_____、_____、机械部件、_____，以及必要的线束、开关、_____和连接器构成。

　　2）动力蓄电池系统的功能主要功能是通过_____能和_____能的相互转换，来实现电能的存储和释放。

　　3）电动汽车使用的动力蓄电池可以分为_____、_____和_____电池3大类。

　　4）化学电池是指将_____能直接转变为_____能的装置，其主要部分是电解质溶液，浸在溶液者中正、负电极和连接电极的导线。

　　5）物理电池是利用_____、_____、物理吸附等物理能量发电的电池。如太阳能电池、超级电容器、飞轮电池等。

　　6）生物电池，是指将_____能直接转化为_____能的装置。

　　7）按电芯的结构形状来分，主要分为_____电芯和_____电芯以及_____电芯这3种。

　　8）锂离子蓄电池电芯主要由_____、_____、_____、安全阀和壳体等组成。

　　9）三元锂离子蓄电池正极材料是_____，负极材料是_____，正极集流导体是_____，负极集流导体是_____。

三、制定计划（计划 10 分、分工 5 分、准备 5 分）　成绩：

1）根据动力蓄电池拆装流程规范和要求，制定动力蓄电池拆装实训计划

实训计划

序号	计划项目	操作要点

计划审核：	审核意见：
	时间：　　　　　签字：

2）任务分工

操作员		记录员	
监护员		展示员	

作业注意事项

①着装统一、整洁规范。
②思想集中，使用安全器具正确。
③选择合适的个人防护用具。
④点火钥匙要有专人保管。
⑤操作完毕后，应清洁物品，放置原位。
⑥维修人员禁止带有手表、金属笔等金属物品上。

四、实施计划（45 分）　成绩：

1. 操作前准备（10 分）
1）设置警戒带，设置隔离间距。
2）检测举升机工作是否正常。
3）检查维修工位光线和通风是否良好。
4）检查维修工位上的消防设施是否良好。

5）设立标注"高压危险""有电危险""禁止合闸"等警示牌。
6）维修人员防护用具检查：绝缘手套、绝缘服、护目镜、安全帽、绝缘鞋。

7）检查维修作业时可能用到的手电筒或其他可移动照明设备是否正常。
8）安放车内四件套。
9）安放车外三件套。
10）检查维修检测工具是否正常。
11）是否能完成上电。
完成上电后点火开关指示灯颜色_____

操作记录：
隔离带设置：□是　　□否
设置距离：_____ m
光线通风：□良好　　□较差
灭火器指针位置_____，
压力值：□正常　　□异常
警示牌设置：□是　　□否

绝缘手套是否存在破损和漏气
状况：□正常　　□异常
绝缘鞋是否存在破损和断裂
状况：□正常　　□异常
照明设备状况：□正常　　□异常

车内四件套安放：□是　　□否
车外三件套安放：□是　　□否
万用表状况：□正常　　□异常
绝缘测试仪状况：□正常　　□异常
上电状况：□正常　　□异常
颜色：_____

（续）

2. 断电操作（20分） 1）将车钥匙置于 OFF 位，并将钥匙放置在指定位置，最好专人保管。 2）穿戴个人安装防护用具。 3）断开低压蓄电池负极电缆，并使用绝缘胶带缠绕，防止高压触电或短路。 4）至少等待 10min，断开动力蓄电池高压线束插接器。 5）连接测量适配器电缆，进行车辆验电。	操作记录： 点火开关状况：□OFF □ON 钥匙保管：□正常 □异常 个人防护用具穿戴：□正常 □异常 断开蓄电池负极：□完成 □异常 绝缘胶带缠绕：□完成 □异常 等待时间：□正常 □异常 ①使用万用表测量车载电源直流输出电路直流+与直流-之间电压：_____ ②使用万用表测量车载电源直流充电电路直流+与直流-之间电压：_____。 ③使用万用表测量车载电源直流输出电路直流+与车载电源壳体直流电压：_____ ④使用万用表测量车载电源直流输出电路直流-与车载电源壳体直流电压：_____ ⑤使用万用表测量车载电源直流充电电路直流+与车载电源壳体直流电压：_____ ⑥使用万用表测量车载电源直流充电电路直流-与车载电源壳体直流电压：_____
3. 动力蓄电池的拆卸（3分） 1）拆卸动力蓄电池组进水管和出水口，使用集流盆收集冷却液。 2）举升机将整车升起到合适的高度，使用专用的举升设备托着蓄电池。 3）使用 10mm 的套筒卸掉托盘周边紧固件，卸下动力蓄电池组。	操作记录： 冷却液收集：□正常 □异常 蓄电池托举：□正常 □异常 拆卸螺栓顺序对角：□正常 □异常
4. 动力蓄电池的安装（12分） 1）安装动力蓄电池组至专用电池举升设备。 2）校准动力蓄电池与车架定位孔。 3）预紧动力蓄电池紧固螺栓。 4）将动力蓄电池螺栓拧到标准力矩 68~88N·m。 5）安装动力蓄电池高压插接器、低压插接器、进出水管。 6）安装蓄电池负极，拧到规定力矩 6~12N·m。 7）静态加注：将车辆起动至 ON 位且非充电状态，连接诊断仪，选择空调控制器（AC）—特殊功能，选择加注初始化，车辆处于加注初始化状态。 8）拧开膨胀水箱盖，缓慢加注冷却液，直至膨胀水箱内冷却液量达到 80%左右，且液位不再下降。 9）系统排气：控制诊断仪，使车辆处于排气状态，如果液位下降及时补充冷却液，排气过程时长不小于 10min。 10）观察膨胀水箱内冷却液下降，及时补充冷却液，保持冷却液液位处于 MAX 线和 MIN 线之间。 11）加注完成：拧紧膨胀水箱盖，控制诊断仪，使车辆恢复默认状态。	操作记录： 蓄电池托举：□正常 □异常 定位校准：□正常 □异常 完成情况：□正常 □异常 完成情况：□正常 □异常 完成情况：□正常 □异常 完成情况：□正常 □异常 完成情况：□正常 □异常 完成情况：□正常 □异常 完成情况：□正常 □异常 完成情况：□正常 □异常 完成情况：□正常 □异常

五、检查与点评（教师点评）

六、反思与评价（10分）	成绩：
自我反思： 自我评价：	

【课后思考】

1. 如何保障动力蓄电池拆装过程的质量？
2. 如何推动换电站的区域布置？

学习任务二 纯电动汽车动力蓄电池管理系统故障诊断与检修

【学习目标】

1. 能掌握纯电动汽车动力蓄电池和管理系统的组成。
2. 纯电动汽车动力蓄电池的管理系统和工作过程。
3. 能描述纯电动汽车动力蓄电池管理系统的工作过程。
4. 掌握纯电动汽车动力蓄电池管理系统简单故障的排除。

【任务导入】

某 4S 店一辆比亚迪 e5 进厂维修，客户放映汽车无法正常上电、OK 灯一闪而灭，动力系统故障警告灯亮，主警告指示灯亮。

【知识准备】

动力电池管理系统

一、动力蓄电池的 BMS

1. BMS 概述

（1）BMS 的组成 电动汽车包括整车控制器、动力子系统、能源子系统 3 大主要部件，3 大主要部件通过高速的通信总线进行连接，是整个电动汽车电气系统最重要的部分。能源子系统主要由动力电池组、BMS、高低压连接线束、热交换组件和机械部件等构成，如图 2-38 所示。动力蓄电池组包括了通过某种串、并联方式组合在一起的多个动力电芯以及

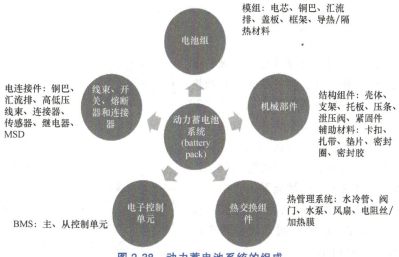

图 2-38 动力蓄电池系统的组成

连接器件、线材等，它负责为车辆储存并输送电能，但其本身不具备信息传递、控制管理的功能，一切的监测功能都交给了动力蓄电池管理系统（BMS）来完成。

BMS 是一个为管理电池而设计的电子控制系统，包括传感器、控制器、各种控制、驱动开关以及信息通信储存模块等。BMS 是电池保护和管理的核心部件，它的作用要保证动力蓄电池安全可靠地使用，控制动力电池组充放电，并向 VCU（整车控制器）上报动力蓄电池系统的基本参数及故障信息。动力蓄电池管理系统是集监测、控制与管理为一体的、复杂的电气测控系统，也是电动汽车商品化、实用化的关键。

（2）BMS 在整车上的重要性　BMS 与电动汽车的动力蓄电池紧密结合在一起，对动力蓄电池的电压、电流、温度进行实时检测。BMS 还进行漏电检测、热管理、电池均衡管理、报警提醒、计算剩余容量和放电功率，报告 SOC（State Of Charge 荷电状态）、SOH（State Of Health 性能状态），还根据动力电池的电压、电流及温度用算法控制最大输出功率以获得最大行驶里程，以及用算法控制充电机进行最佳电流的充电，通过 CAN 总线接口与车载控制器、电动机控制器、能量控制系统、车载显示系统等进行实时通信。BMS 最核心的功能是根据使用环境对动力蓄电池的充放电过程进行监测及控制，从而在保证动力蓄电池安全的前提下最大限度地利用动力蓄电池储存的能量。图 2-39 所示为 BMS 的框图。

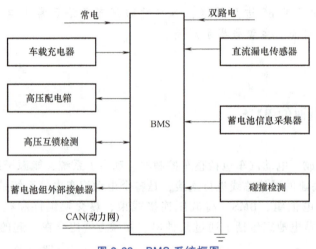

图 2-39　BMS 系统框图

2. BMS 系统的主要功能

BMS 系统的主要功能是保证蓄电池系统的设计性能，从安全性、耐久性、动力性 3 个方面提供保证。安全性方面，BMS 能保护电池单体或蓄电池组免受损坏，防止出现安全事故。耐久性方面，使蓄电池工作在可靠的安全区域内，延长蓄电池的使用寿命。动力性方面，将蓄电池的工作状态在维持在满足车辆要求的情况下。

常见 BMS 的功能主要包括蓄电池状态监测、蓄电池安全监测、能量控制管理和蓄电池信息管理，如图 2-40 所示。

图 2-40　BMS 的主要功能

（1）蓄电池状态监测　蓄电池状态监测一般是指对电压、电流、温度 3 种物理量的监测。蓄电池状态监测是一个 BMS 系统最基本的功能，它是其他各项功能的前提与基础。

1）电压监测。电动汽车的蓄电池组有数百个电芯的串联连接，需要许多通道来测量电压。由于被测量的电压有累积电势，而每个电芯的积累电势都不同，这使得它不可能采用单向补偿方法消除误差。

每个电芯组至少应有一个电压传感器，对于具有几十个电芯组的蓄电池系统，可能只有一个 BMS 控制器，或者甚至将 BMS 功能集成到车辆的主控制器。对于具有数百个电芯组的蓄电池系统，可能有一个主控制器和多个仅管理一个蓄电池模块的从属控制器。对于每个具有数十个电芯组的蓄电池模块，可能存在一些模块电路接触器和平衡模块，并且从控制器像测量电压和电流一样管理蓄电池模块、控制接触器、均衡电芯组并与主控制器通信。根据所报告的数据，主控制器将检测蓄电池状态、故障诊断、热管理等。表 2-3 所示为在不同的电压下 BMS 做出的相应保护措施。

表 2-3　BMS 的电压监测保护措施

序号	名称	蓄电池工作状态	警报	触发条件	措施
1	动力蓄电池电压	放电状态	电芯电压过低严重报警	$U \leqslant 2.5\text{V}$	1）大功率设备（主电机、空调压缩机和 PTC）停止放电 2）延迟 10s 切断主接触器，断开负极接触器 3）仪表灯亮 4）仪表显示报警信息
2			电芯电压过低一般报警	$2.5\text{V} < U < 2.75\text{V}$	1）大功率设备（电机、空调压缩机和 PTC）降低当前电流，限功率工作 2）仪表显示报警信息 3）电压为 2.5V 时，SOC 修正为 0
3		充电状态	电芯电压过高一般报警	$3.8\text{V} \leqslant U < 3.9\text{V}$	1）禁止动力蓄电池进行充电 2）仪表显示报警信息 3）电压为 3.75V 时，SOC 修正为 100 4）电机能量回馈禁止
4			电芯电压过高严重报警	$U \geqslant 3.9\text{V}$	1）延迟 10s，断开充电接触器，断开负极接触器，禁止充电 2）仪表灯亮 3）仪表显示报警信息

图 2-41 所示为某车型动力蓄电池的信息采集器（BIC）。BIC 的主要功能是电压采样、

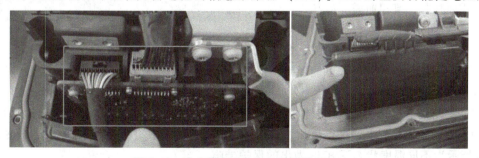

图 2-41　动力蓄电池的信息采集器（BIC）

温度采样、电池均衡、采样线异常检测等。

如图 2-42 所示，每个电芯组的电芯上都安装有电压采集信号线，这些信号线连接到 BIC 上，再通过 BIC 输送到 BMS，完成电芯的监测。

图 2-42　电芯电压采集线安装位置

如图 2-43 所示为电压采集板。

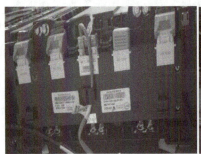

电压采集板

图 2-43　电压采集板

电芯的相关数据可以通过诊断仪进行读取，如图 2-44 所示。

2）温度监测。温度对蓄电池性能影响较大，目前一般只能测得蓄电池表面温度，而蓄电池内部温度需要使用热模型进行估计。一般地，锂离子蓄电池适宜的工作温度为 15~35℃，而电动汽车的实际工作温度为 −30~50℃，因此必须对蓄电池进行热管理，低温时需要加热，高温时需要冷却。

过低的电压或者过放电，会导致电解液分解并产生可燃气体进而导致潜在安全风险。过高的电压或者过充电，可能导致正极材料失去活性，并产生大量的热；普通电解质在电压高于 4.5V 时会分解。

图 2-44　诊断仪读取的电芯数据

温度控制是通过测温元件测得蓄电池组不同位置的温度，综合温度分布情况，然后系统储存的热管理系统控制电路进行散热。热管理的执行部件一般有风扇、水/油泵、制冷机等。表 2-4 所示为不同温度状态下 BMS 做出的保护措施。

表 2-4　BMS 的电池温度监测及保护措施

序号	名称	蓄电池工作状态	警报	触发条件	措施
1	动力蓄电池温度	充放电状态下	蓄电池组过热严重报警	$T_{max} \geq 70℃$	1）充电设备关断充电，直到清除报警 2）大功率设备（驱动电机、空调压缩机和PTC）停止用电 3）延迟 10s 切断主接触器、负极接触器 4）仪表灯亮 5）仪表显示报警信息
2			蓄电池组过热一般报警	$65 \leq T_{max} < 70℃$	1）充电设备降低当前充电电流 2）大功率设备（驱动电机、空调压缩机和PTC）降低当前电流 3）仪表显示报警信息
3			蓄电池组低温一般报警	$-20℃ \leq T_{min}$ $< -10℃$	1）限功率充电 2）仪表显示报警信息
4			蓄电池组低温严重报警	$T_{min} < -20℃$	1）限功率充电 2）仪表显示报警信息

在动力蓄电池包里面，每个电芯组都安装了相应的温度传感器（不是每个电芯都安装），如图 2-45 所示。

图 2-45　蓄电池温度传感器安装位置

如图 2-46 所示为温度采集板。

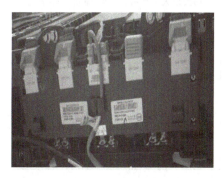

温度采集板

图 2-46　蓄电池温度采集板

电芯的温度可以通过诊断仪进行读取，如图 2-47 所示。

图 2-47　诊断仪读取的温度数据

3）电流监测。电动汽车上用于监测电流的部件主要是电流传感器，它是蓄电池管理系统对蓄电池组状态进行检测必不可少的重要元件。电流传感器是利用霍尔效应的原理，检测电流的感应磁场，从而对电流大小进行测量的，如图 2-48 所示。

图 2-48　霍尔电流传感器

在电流管理系统中，电流传感器对蓄电池组的充放电电流的大小进行测量，可以防止电流过大，对蓄电池组造成损害。同时为测量蓄电池组的电量状态，可以通过对电流进行积分运算，得到充放电的电荷量，从而对蓄电池组的电量状态进行判断，防止使用过程中过充电或过放电情况的发生，避免影响电池组的使用寿命。表 2-5 所示为在不同电流值状态下 BMS 做出的保护措施。

表 2-5　BMS 监测电流及保护措施

序号	名称	蓄电池工作状态	警报	触发条件	措施
1	动力蓄电池电流	蓄电池放电电流	过流报警	$I \geqslant 360\text{A}$	1）要求大功率用电设备（电机、空调压缩机和 PTC）降低电流，限功率工作 2）如果在过流报警发出后，电流依然在过流状态并持续 10s，断开主接触器，禁止放电
2		蓄电池充电电流		$I \leqslant -100\text{A}$（负号表示充电）	电流在过流状态持续 10s，断开充电接触器，禁止充电
3		回馈充电电流			1）要求电机控制器限制回馈充电电流 2）如果发出过流报警后，电流依然处于过流状态并持续 10s，断开主接触器

在某些车型上，从仪表可以直接读取车辆的电流值，如图 2-49 所示。

4）荷电状态（SOC）评估。蓄电池的荷电状态（state of charge，SOC）评估是 BMS 系统的重要功能。可用电量占据蓄电池最大可用容量的比例，通常以百分比表示，100% 表示完全充电，0% 表示完全放电。它首先依赖于"电池状态监测"中的电压、电流、温度的实时监测，如果这些"一手数据"不准确，则荷电状态评估也难以精确。

图 2-49　仪表的电流表

蓄电池管理的核心问题就是 SOC 的预估问题，电动汽车蓄电池 SOC 的合理范围是 30%~70%，这对保证蓄电池寿命和整体的能量效率至关重要。电动汽车在运行时，蓄电池的放电和充电均为脉冲工作模式，大的电流脉冲很可能会造成蓄电池过充电（超过 80% SOC）、深放电（小于 20%SOC）甚至过放电（接近 0%SOC），因此电动汽车的控制系统一定要对电池的荷电状态敏感，并能够及时做出准确的调整，这样电池管理系统才能根据电池容量决定电池的充放电电流，从而实施控制，根据各电芯容量的不同识别电芯组中各电芯间的性能差异，并以此做出均衡充电控制和电芯是否损坏的判断，确保电芯组的整体性能良好，延长电芯组的寿命。

就像传统汽车驾驶人常常需要留意车上剩余的油量还有多少一样，对于一个电动汽车的驾驶人而言，需要知道剩余的电量还剩余有百分之几。图 2-50 所示为某车型仪表显示的 SOC 值，这就是 BMS 荷电状态评估模块所需要完成的功能。荷电状态评估是 BMS 的一项重要功能，同时也是最有挑战性的功能，近年来，在 BMS 领域超过一半的研究工作都是围绕 SOC 评估进行的。

图 2-50　某车型仪表显示的 SOC 值

荷电状态同样也可以通过诊断仪进行读取，如图 2-51 所示。

5）性能状态（SOH）评估。性能状态是指蓄电池当前的性能与正常设计指标的偏离程度。蓄电池从使用开始性能将逐步下降，这是一个不可逆的过程，所以蓄电池的性能状态越差，越接近寿命的终点。蓄电池的劣化是一个渐变的、复杂的过程，尽管如此，人们仍然希望找到一些可以量化的指标，对蓄电池的性能状态进行描述。性能状态的评估需要结合多方面的信息，因为它受动力蓄电池使用过程中的工作温度、放电流的大小等因素的影响，需要

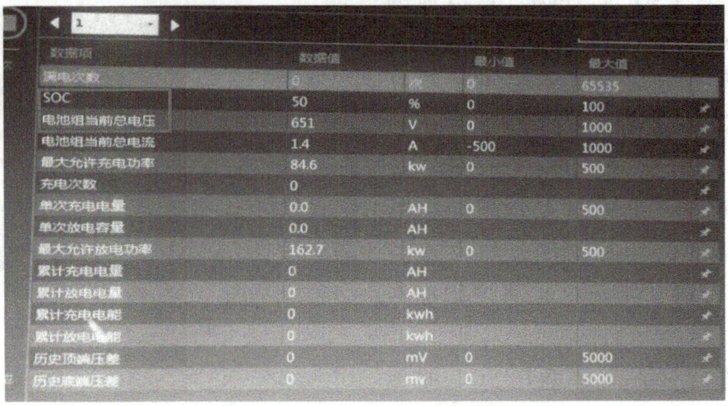

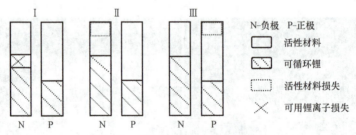

图 2-51　诊断仪读取的 SOC 值

在使用过程中不断进行评估和更新，以确保驾驶人获得更为准确的信息。

蓄电池老化是蓄电池正常的性能衰减，不能完全代表其性能状态。目前多数 SOH 的定义仅限于蓄电池老化的范畴，没有真正涉及蓄电池的性能状况，如正常、亚正常、轻微问题、严重问题等。

耐久性是当前业界研究的热点。表征蓄电池寿命的主要参数是容量和内阻。一般地，能量型蓄电池的性能衰减用容量衰减表征，功率型蓄电池性能衰减用内阻变化表征。为了估计蓄电池的衰减性能，首先要了解蓄电池的衰减机理。

锂离子电池为"摇椅式"电池，正负极的活性材料可以看作容纳锂离子的两个水桶，锂离子相当于桶里的水。蓄电池的性能衰减可以理解为"水"变少（即活性锂离子损失），或"桶"变小（正极或负极活性物质变少），如图 2-52 所示。

图 2-52　锂离子蓄电池双水箱模型

导致活性锂离子损失的主要原因是：电极与电解液副反应形成钝化膜（如 SEI 膜）；由于充放电电池膨胀收缩疲劳导致电极龟裂，导致电极与电解液副反应形成新的 SEI 膜，消耗锂离子；不当充电导致的析锂与电解液反应消耗锂离子。

导致活性材料损失的主要原因包括：材料中的锰、铁或镍等离子溶解；活性材料颗粒脱落；活性材料晶格塌陷。目前 SOH 估计方法主要分为耐久性经验模型估计法和基于蓄电池模型的参数辨识方法。

（2）蓄电池安全监测　蓄电池安全管理无疑是电动汽车管理系统首要的、最重要的功能。之所以把这一功能放置在第三位，是因为这一功能常常以前面"状态监测"、"状态分析"这两项功能为前提。"过流保护"、"过充过放保护"、"过温保护"是最为常见的蓄电池安全管理的内容。

1）过流保护。过流保护有时也被称为过电流保护，指的是在充放电过程中，如果工作电流超过了安全值，则应该采取相应的安全保护措施。大多数的磷酸铁锂动力蓄电池都支持短时间的过载放电，能在汽车起步、提速过程中提供较大的电流以满足动力性能的要求。但不同厂家、不同型号的动力蓄电池所支持的过载电流倍率、过载持续时间都是不一致的，例如某型号的动力蓄电池支持不超过 1min 的 3C 过载电流，这正是 BMS 的过流保护功能所必须考虑的。

2）过充过放保护。另一项蓄电池安全保护的基本功能就是过充过放保护。过充保护指的是在蓄电池的荷电状态为 100% 的情况下，为了防止继续对蓄电池充电造成的蓄电池损坏，而采取切断蓄电池的充电回路的保护措施。

在另一方面，在蓄电池的荷电状态是 0 的情况下，若继续对蓄电池进行放电，也会对蓄电池造成损坏，此时应采取措施，切断蓄电池的放电回路，这就是过放保护。在实际操作过程中，过充过放保护有一种简单的实现方式，即设定充、放电的截止保护电压，即如果检测到的蓄电池电压高于或者低于所设定的门限电压值，则及时切断电流回路以保护电池。

3）过温保护。过温保护，顾名思义就是当温度超过一定限制值时对动力蓄电池采取保护性的措施。动力蓄电池是一种化工产品，在高温下工作可能引起难以控制的化学反应，轻则损伤蓄电池，严重时将会引起事故，造成人员伤亡。过温保护需要考虑环境温度、蓄电池组的温度以及每个电芯本身的温度。由于温度的变化需要一个过程，温度控制往往也具有滞后性，因此温度保护往往要考虑一些"提前量"。例如，若检测到环境温度或者电池箱温度过高，接近使蓄电池损坏的门限值时，则应采取相应的保护措施。或者，某个电芯的温度突然快速上升，虽然还没有达到安全门限值，但仍应采取一定的保护措施，例如通过仪表对驾驶人进行警告。

当温度过高时，会给蓄电池的寿命造成不利影响。当温度高至一定程度，则可能造成安全问题。当温度为 90~120℃ 时，SEI 膜将开始放热分解，而一些电解质体系会在较低温度下分解（约 69℃）。当温度超过 120℃，SEI 膜分解后无法保护负极，使得负极与有机电解质直接反应，产生可燃气体。当温度为 130℃，隔膜将开始熔化并关闭离子通道，使得蓄电池的正负极暂时没有电流流动。当温度升高时，正极材料开始分解并产生氧气。当温度高于 200℃ 时，电解液会分解并产生可燃性气体，并且与由正极的分解产生的氧气剧烈反应，进而导致热失控。此外，在 0℃ 以下充电，会造成锂金属在负极表面形成电镀层，这会减少蓄电池的循环寿命。

4）碰撞保护。当车辆发生碰撞时，动力蓄电池管理器检测到碰撞信号大于一定阈值时，会切断高压系统主回路的电气连接，同时通知驱动电机控制器激活主动泄放，从而使发生碰撞时的短路危险、人员电击危险降低到最低。

5）高压互锁装置。高压互锁一般指高压互锁回路（High Voltage Interlock Loop, HVIL）。BMS 通过对低压回路的状态来检测高压部件、导线和连接器的电气回路的连通性，判断回路是否存在断开的现象，并及时断开高压输入端的控制器。图 2-53 所示为高压连接器的互锁端子。

当 HVIL 发生故障的时候，BMS 要确保高压系统以合适的方式安全断电。在故障排除之前高压系统是无法正常上电的，同时，故障检测系统会触发相应的 DTC 并在仪表上进行相

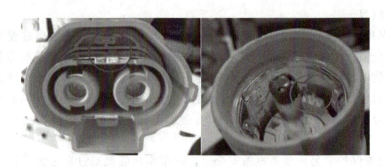

图 2-53　高压连接器的互锁端子

应的信息显示。

图 2-54 所示为比亚迪 e5 车型纯电动车高压互锁回路。系统只做了互锁 1（结构互锁），高压互锁是由 BMS 来检测的，由 BMC O1 的 1 号针脚（W 线）输出 PWM 信号，经过 PTC、高压电控总成、动力蓄电池包后再回到 BMC O2 的 7 号针脚（W 线）。

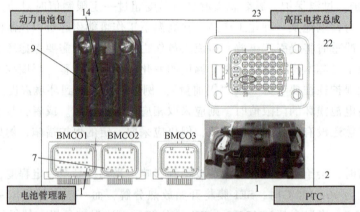

图 2-54　比亚迪 e5 高压互锁回路

6）漏电保护。在电动汽车高压回路上安装有漏电传感器，主要监测与动力蓄电池输出相连接的负母线与车身底盘之间的绝缘电阻，来判定高压系统是否存在漏电。图 2-55 所示为某车型漏电传感器安装的位置。

漏电传感器中有一个电阻，当出现漏电时，漏电传感器将漏电数据信息通过 CAN 信号发送给 BMS 上，再与 BMS 储存的标准电压值进行对比，从而进行漏电判断。图 2-56 所示为漏电传感器的系统框图。

（3）能量控制管理　能量控制管理常被归入蓄电池"优化管理"的范畴，即它不属于 BMS 基本的、必备的功能。以往有许多 BMS 并不具备与电池的充放电管理，也不具备均衡控制管理的功能。

图 2-55　某车型漏电传感器安装的位置

1）蓄电池的充电控制管理。蓄电池的充电控制管理，是指 BMS 在充电过程中对充电电压、充电电流等参数进行实时的优化控制，优化的目标包括充电时长、充电效率以及充电的饱满程度等。过充电不仅会引起蓄电池性能下降，有时甚至会引起发热或冒烟等。因此，需要监视各电芯电压，控制充电电流和再生电流不超越上限电压，杜绝过充电。

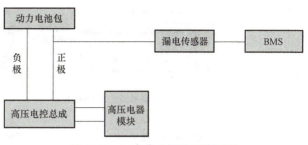

图 2-56　漏电传感器的系统框图

在早期的电动汽车应用中，BMS 与充电机之间没有通信渠道，也就是说，BMS 只能控制充电机的起动、停止，而不能对充电参数进行控制。这种情况在现今的主流应用中都得到了改善，无论是车载充电机还是地面充电桩，一般都留有了与 BMS 通信的接口，根据接收到的参数信息控制充电的电压、电流大小。

2）蓄电池的放电控制管理。蓄电池的放电控制管理，是指在蓄电池的放电过程中根据蓄电池的状态对放电电流大小进行控制，这一项功能在以往某些系统中常被忽视。在这些简单的系统中，蓄电池包被认为只需要提供电能，不产生安全问题。然而，在一个较为先进和完善的系统中，加入了放电控制管理的功能，可以使动力蓄电池组发挥更大的效能。

例如，在动力蓄电池组荷电状态小于 10% 的情况下，如果适当限制蓄电池组的最大放电电流大小，尽管会对汽车的最高速度产生影响，但有利于延长车辆的续驶里程。更为重要的是，这有利于延长动力蓄电池组的寿命。

另外，制动能量回收常常也是能量控制管理的重要内容之一。例如，在某些混合动力汽车中，需要通过充放电控制管理把蓄电池的荷电状态维持在 60%~80%，以腾出足够的电荷容量空间来接收来自于制动而回收的能量。这样做的另外一个考虑就是使蓄电池工作在等效内阻较小的一个区间，从而使充放电的效率更高。

3）蓄电池的均衡管理。如前所述，把若干电芯串联连接使用的电动汽车十分常见。由于材料、制造工艺、使用环境的差异，即使新电池配组时容量一致，动力锂蓄电池组在使用过程中，串联的各节之间也会出现各种差异，每节电芯的荷电状态高低不同，影响电芯组的容量发挥。如果不加处理，蓄电池的各项性能会迅速恶化，加速蓄电池的损坏，大大降低蓄电池的使用寿命。这种情况下，各电芯的电压不均衡时，电压最低的电芯会影响整体性能，蓄电池组无法获得应有性能。

蓄电池的均衡管理，是指采取一定的措施尽可能降低电芯不一致性的负面影响，以达到优化蓄电池组整体放电效能，延长蓄电池组整体寿命的效果。

简单地说，不同厂商的蓄电池出厂时的容量等参数不尽相同，每个电芯的电量就像水杯中的水，充电时有的已充满，有的还没满；用电时，有的电已用完了，有的还没用完。如果简单充电，由于木桶短板效应，会导致一些电芯无法完全充满，一些电芯的电量用不尽。由于电动汽车中常常有上百节电芯，一个电芯就可能影响整个蓄电池系统，如图 2-57 所示。

① 消耗电阻方式。相对于各电芯，借助开关功能，并联电阻，使电压高的电芯电流流过这个电阻，产生消耗，从而与电压最低的电芯匹配方式。虽然此方式能做到电路结构紧凑

新电芯，容量一致　　　　　　　　容量产生差异，可用电量衰减

被动均衡
长时间使用后

采用主动均衡技术
长时间使用

采用主动均衡技术

长时间使用后

容量差异减小　　　　　　　　　　主动均衡削峰填谷

图 2-57　蓄电池均衡效果

和控制简单，但电能消耗会使充电效率下降，如图 2-58 所示。

②转移电能型变压器方式。此方式是指并联连接到整个蓄电池组的线圈为一次侧送电电压，并联连接到各电芯的线圈为二次侧送电电压的变压器电路，把电压高的电芯电能转移到一次侧送电变压器电路，之后二次侧送电变压器电路重新把电能转移到电压低的电芯，使各电芯电压均衡。此方式不仅释放了电压高的电芯电能，还能够将电能转

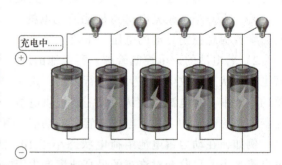

图 2-58　消耗电阻方式电路图

移给电压低的电芯，实现高效率化，但是另一方面，也造成电路尺寸的大型化和控制复杂等不利因素，如图 2-59 所示。

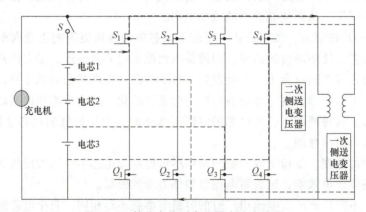

图 2-59　转移电能型变压器方式电路图

③转移电能型电容器方式。此方式是指电容器相对于各电芯并联连接，通过切换电路可以使电容器与相邻电芯连接，电能从电压高的电芯转移至电压低的电芯，实现均衡。此方式与转移电能型变压器方式一样，可有效利用电能，但也存在转移电芯范围受限的缺点，如图 2-60 所示。

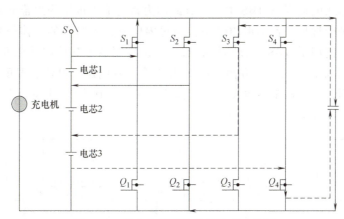

图 2-60　转移电能型电容器方式电路图

此外，电芯本身发生故障，产生电压差时，需要立刻进行处理，确保安全，所以监控和判断各电芯电压差也成为重要功能。

（4）蓄电池信息管理　由于电动汽车动力蓄电池组中电芯的个数往往较多，每秒钟都将产生大量的数据，这些数据，有些需要通过仪表告知驾驶人，有些需要通过通信网络传送到 BMS 系统以外（如整车控制器、电机控制器等），也有一些需要作为历史数据被保存到系统中。

1）蓄电池信息的显示。蓄电池信息可在电动汽车仪表中显示。某车型仪表如图 2-61 所示。

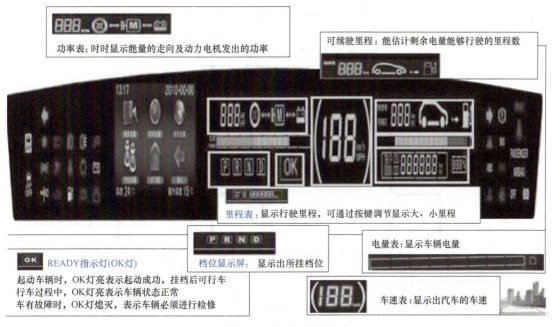

图 2-61　某车型仪表

2）系统内外信息的交互。先进的电动汽车控制离不开车载信息通信网络。对于 BMS 而言，往往同时具有"内网"和"外网"两级网络。其中，内网用于传递 BMS 的内部信息，例如，在一个分布式电动汽车 BMS 中，所有的动力蓄电池先被划分为若干个"小组"，各小组由一块电路板进行管理，各小组的电路板通过内网将每个电芯的具体信息传至 BMS 的主电路板。同时，外网用于 BMS 与整车控制器、电机控制器等其他部件交互信息。外网应该是双工（支持双向通信）的：一方面，BMS 系统需要将电压、电流、温度等信息发送给其他部件：另一方面，整车控制器也需要将"是否有充电机接入""是否允许进行充电"等信息发送给 BMS。某车型车载网络系统如图 2-62 所示。

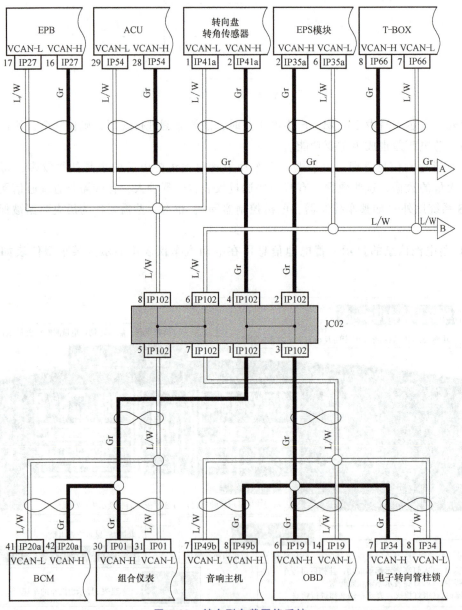

图 2-62　某车型车载网络系统

3）蓄电池历史信息存储。历史信息存储并非 BMS 所必需的功能，但在先进的动力蓄电池 BMS 中往往考虑这项功能。信息存储从时效上具有两种方式，即"临时存储"与"永久存储"。临时存储是利用 RAM，暂时保存蓄电池信息，例如暂存上一分钟估算所得的剩余电量及在过去一分钟内电流的变化信息，以便估算出此时此刻蓄电池的荷电状态值；永久存储可利用 EEROM、Flash Memory 等器件来实现，可保存时间跨度较大的历史信息。

进行蓄电池历史信息存储具有以下几个方面的意义：

第一，缓冲数据，提高分析估算的精度。例如由于存在干扰，实时监测到的电压、电流的数值存在错误，利用历史数据，有助于对可能存在错误数据进行滤波，以得到更精确的数据。

第二，有助于蓄电池状态分析。特别是能根据一段时间蓄电池的历史数据，对蓄电池的老化状态等进行评估。

第三，有助于故障分析与排除。蓄电池历史信息存储功能类似于飞机的黑匣子，当电动汽车发生故障以后，可以通过对历史数据的分析发现故障原因，有利于故障排除。

3. BMS 的工作模式

在高电压大电流中，任何电路通断操作都会产生电弧或火花。电压越高电弧越长，电流越大发热量越大；拉长的电弧有可能击中操作人员或控制器电路，高温有可能烧坏控制电路板使之失效等。由于接触器具有动作快、体积小、灭弧安全性高、动作可靠性高、寿命长久等优点，所以在电动汽车中，高压回路要接通必须通过接触器来完成，如图 2-63 所示。

**直流 EV 接触器
结构与原理**

图 2-63　接触器

接触器是一种低电压远程控制高电压电路通断的开关，也是一种继电器它用安全的低压蓄电池的电压（12~72V）来控制不安全的高电压（300~1000V），并在电路中与其他元器件组成安全保护机制与转换电路等。图 2-64 所示为接触器的结构图。

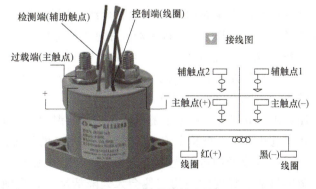

图 2-64　接触器的结构图

其工作原理如图 2-65 所示。

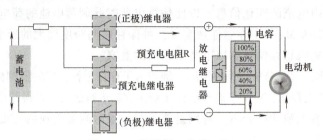

图 2-65　接触器工作原理图

各个车型的接触器安装位置有所区别，有些车型安装在动力蓄电池包总成内部，有些车型安装在高压配电盒内部，如图 2-66 所示。

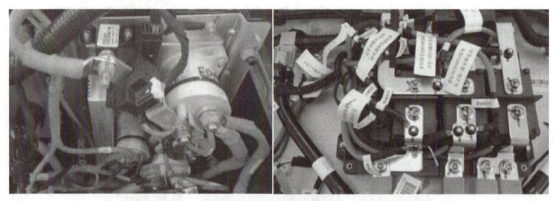

图 2-66　接触器的安装位置

（1）下电模式　下电模式是整个系统的低压与高压处于不工作状态的模式。在下电模式下，动力蓄电池管理系统控制的所有高压接触器均处于断开状态，低压控制电源处于不供电状态。图 2-67 所示为比亚迪 e5 的接触器控制电路。

（2）准备模式　在准备模式下，系统所有的接触器均处于未吸合状态。在该模式下，系统可接收外界的点火开关、整车控制器、电机控制器、充电插头开关等部件发出的硬线信号或 CAN 报文控制的低压信号来驱动控制各高压接触器，从而使 BMS 进入所需工作模式。

（3）放电模式　BMS 监测到点火开关的高压上电信号（Key-ST 信号）后，首先闭合主预充接触器，进入预充电状态；当预充两端电压达到母线电压的 90%，且系统检测到无故障时，立即闭合主接触器，然后断开主预充接触器，并进入放电模式。

（4）充电模式　BMS 检测到充电唤醒信号（Charge Wake Up）时，系统即进入充电模式。根据不同的充电模式（交流充电和直流充电），按需接通交流充电接触器或者直流充电接触器，同时 BMS 要保证低压控制电源持续供电。

无论在充电状态还是在放电状态，蓄电池的电压不均衡与温度不均衡将极大地妨碍动力蓄电池性能的发挥。在充电状态下，极易出现电压、温度不均衡的状态，充电过程中可通过电压比较及控制电路使得电压较低的电芯充电电流增大，而让电压较高的电芯充电电流减小，进而实现电压均衡的目的。温度的不均匀性会大大降低动力蓄电池组的使用寿命，因此，当电芯温度传感器监测出各电芯温度不均衡时，可选择强制风冷的方式，实现电芯组内

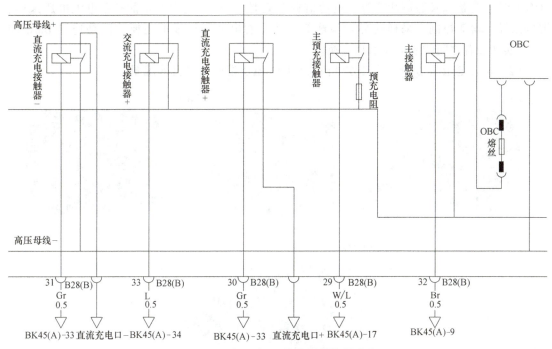

图 2-67 比亚迪 e5 的接触器控制电路

气流的循环流动，以达到温度均衡的目标。

（5）故障模式 故障模式是控制系统中常出现的一种状态。由于车用动力蓄电池的使用关系到用户的人身安全，因而系统对于各种相应模式总是采取"安全第一"的原则。BMS 对于故障的响应需根据故障等级而定：当故障级别较低时，系统可采取报错或者发出报警信号的方式告知驾驶人；而当故障级别较高，甚至伴随有危险时，系统将采取断开高压接触器的控制策略。低压蓄电池是整车控制系统的供电来源，无论是处于充电模式、放电模式还是故障模式，直流转换器接触器的闭合都可使低压蓄电池处于充电模式，从而保证低压控制系统工作正常。

4. 以比亚迪 e5 为例的 BMS 认知

（1）e5 BMS 概述 图 2-68 所示为 2017 款比亚迪 e5 的 BMS 控制模块。

2017 款比亚迪 e5 动力蓄电池包（含 BMS），采用最新磷酸铁锂电池技术，电芯电压 3.3V，电芯容量为 65Ah，总共由 198 个电芯串联而成，形成冲压值为 653.4V，总容量为 65Ah（约 42.47 度电）的动力蓄电池总成。

该款车型采用分布式 BMS，由 1 个电池管理控制器（BMC）和 13 个电池信息采集器（BIC）及 1 套动力蓄电池采样线组成。

电池管理控制器（BMC）主要实现的功能包括充放电管理、接触器控制、功率控制、蓄电池异常状态报警和保护、SOC/

图 2-68 比亚迪 e5 的 BMS 控制模块

SOH 计算、自检以及通信功能等；电池信息采集器（BIC）的主要功能有蓄电池电压采样、温度采样、均衡控制、采样线异常检测等；动力蓄电池采样线的主要功能是连接 BMC 和 BIC，实现二者之间的通信及信息交换。

（2）BMS 连接器识别　图 2-69 所示为 BMS 模块端的连接器外观图。

图 2-69　BMS 模块端的连接器外观图

图 2-70 所示为 BMC 的部分电路连接图。

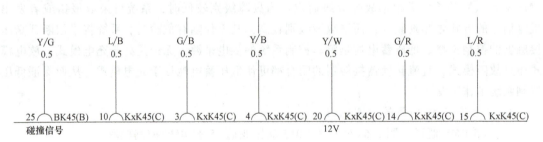

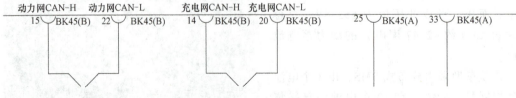

图 2-70　BMC 的部分电路连接图

BMCO1 对应的连接器为 BK45（A），BMCO2 对应的连接器为 BK45（B），BMCO3 对应的连接器为 KxK45（C）。

对 BMC 各个端子信号的测量可参考表 2-6。

表 2-6　BMC 各端子信号的测量

BMCO1					
序号	端子	端子描述	线色	条件	正常值
1	1	高压互锁输出信号	W	ON/OK/充电	PWM 脉冲信号
2	2	一般漏电信号	L/W	一般漏电	小于 1V
3	6	整车低压地	B	始终	小于 1V
4	9	主控制器拉低(信号控制)	Br	整车上高压电	小于 1V
5	10	严重漏电信号	Y/G	严重漏电	小于 1V
6	14	12V 蓄电池正	G/R	ON/OK/充电	9~16V
7	17	主预充控制器拉低(控制信号)	W/L	预充过程中	小于 1V
8	26	直流霍尔信号	W/B	电源 ON 档	0~4.2V
9	27	直流霍尔+15V	Y/B		9~16V
10	28	直流霍尔屏蔽地	Y/G		
11	29	直流霍尔-15V	R/G	ON/OK/充电	-16~-9V
12	30	整车低压地	B	始终	小于 1V
13	31	仪表充电指示灯信号	G	充电时	
14	33	直流充电正、负极接触器拉低(控制信号)	Gr		小于 1V
15	34	交流充电接触器控制信号	G/W	始终	小于 1V
BMCO2					
序号	端子	端子描述	线色	条件	正常值
1	1	12V DC 电源正	R/B	电源 ON 档/充电	11~14V
2	4	直流充电感应信号	Y/R	充电时	
3	G	整车低压地	B	始终	
4	7	高压互锁输入信号	W	ON/OK/充电	PWM 脉冲信号
5	11	直流温度传感器高	G/Y	ON/OK/充电	2.5~3.5V
6	13	直流温度传感器低	R/W		
7	14	直流充电口 CAN2H	P		
8	15	整车 CAN1H	P	ON/OK/充电	1.5~2.5V
9	16	整车 CAN 屏蔽地			
10	18	VTOG/车载感应信号	L/B	充电时	小于 1V
11	20	直流充电口 CAN2L	V	直流充电时	
12	21	直流充电口 CAN 屏蔽地		始终	小于 1V
13	22	整车 CANH	V	ON/OK/充电	1.5~2.5V
14	25	碰撞信号	Y/G	启动	约-15V
BMCO3					
序号	端子	端子描述	线色	条件	正常值
1	1	采集器 CANL	V	ON/OK/充电	1.5~2.5V
2	2	采集器 CAN 屏蔽地		始终	小于 1V

（续）

序号	端子	端子描述	线色	条件	正常值
3	3	1#分压接触器拉低（控制信号）	G/B		小于1V
4	4	2#分压接触器拉低（控制信号）	Y/B		小于1V
5	7	BIC供电电源正	R/L	ON/OK/充电	9~16V
6	8	采集器CANH	P	ON/OK/充电	2.5~3.5V
7	10	负极接触器拉低（控制信号）	L/B	接触器吸合时	小于1V
8	11	正极接触器拉低（控制信号）	R/G	接触器吸合时	小于1V
9	14	1#分压接触器12V电源	G/R	ON/OK/充电	9~16V
10	15	2#分压接触器12V电源	L/R	ON/OK/充电	9~16V
11	20	负极接触器12V电源	Y/W	ON/OK/充电	9~16V
12	21	正极接触器12V电源	R/W	ON/OK/充电	9~16V

（3）动力蓄电池包连接线识别　如图2-71所示为动力蓄电池包连接器的外观图。

图 2-71　动力蓄电池包连接器

动力蓄电池包连接器 KxK51 各端子定义如图 2-72 所示。动力蓄电池包的连接器直接与 BMC 模块连接。

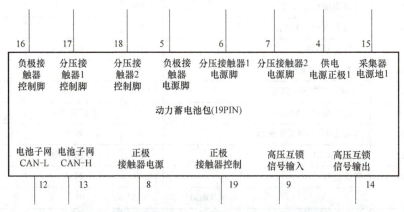

图 2-72　动力蓄电池包连接器 KxK51 各端子定义

两个分压接触器、正负极接触器由 BMS 控制；采集器将蓄电池的电压信号、温度信号等相关信号采集后通过蓄电池子网 CAN 网络输送到 BMS 上，从而实现对蓄电池的监测；高压互锁信号由 BMS 发出后送达动力蓄电池，经过动力蓄电池包后输回 BMC 内部，从而实现高压互锁信号的监测。

（4）BMS 对接触器的控制　图 2-73 所示为 BMS 控制接触器的回路以及部分高压回路的电路简图。从简图可以看出，各个接触器的线圈端供电由双路电而来，流经线圈后进入到 BMS 内部，由 BMS 进行线圈回路的接通与断开的控制，从而实现对各个接触器的控制，进而接通高压回路。

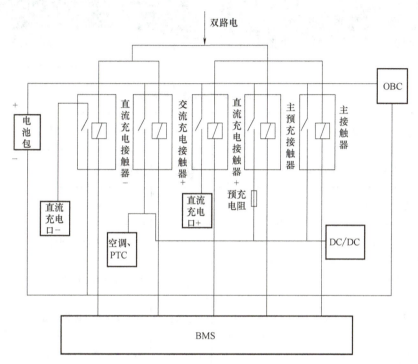

图 2-73　BMS 控制接触器电路简图

【操作技能】

二、动力蓄电池与蓄电池管理系统（BMS）故障诊断与检修

1. 故障确认及初检

车辆进厂后，机电维修技师对车辆进行故障确认。操作起动后发现仪表出现相应的故障指示灯 "⚙"—动力系统故障指示灯和故障提示信息—"请检查动力系统"，"OK" 灯未点亮，如图 2-74 所示。由以上故障现象可初步确认整车高压上电没有完成，高压系统出现故障。

高压互锁
故障检修

比亚迪 e5 的仪表显示结构名称如图 2-75 所示。其中包括了功率表、信息显示屏和车速表 3 个部分。

仪表中各种指示灯的名称表 2-7。

确认故障后，通过电路图，找到相关部件的连接器，检查连接器是否连接稳固，外观是否有损坏等，经过检查，并未发现异常。如图 2-76 所示为整车控制器和 BMS 单元。

新能源汽车结构原理与检修

图 2-74　仪表信息显示

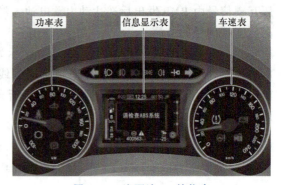

图 2-75　比亚迪 e5 的仪表

表 2-7　仪表中各种指示灯的名称

	名称		名称
(!)	驻车制动故障警告灯*	OFF	ESP OFF 警告灯（装有时）
	驾驶人座椅安全带指示灯*		防盗指示灯
	充电系统警告灯*	⚠	主告警指示灯*
	前雾灯指示灯	ECO	ECO 指示灯（装有时）
	后雾灯指示灯		动力蓄电池电量低警告灯
	智能钥匙系统警告灯*		动力蓄电池故障警告灯*
ABS	ABS 故障警告灯*		胎压故障警告灯（装有时）*
	电机冷却液温度过高警告灯	(P)	电子驻车状态指示灯
	ESP 故障警告灯（装有时）*	OK	OK 指示灯
	车门状态指示灯*		动力系统故障警告灯*
	SRS 故障警告灯*		动力蓄电池过热警告灯*
	EPS 故障指示灯		动力蓄电池充电连接指示灯
	小灯指示灯		巡航主指示灯（装有时）
	远光灯指示灯	SET	巡航控制指示灯（装有时）
← →	转向指示灯	OFF	低速提示警告灯

＊为维护指示灯。

68

图 2-76　整车控制器和 BMS

2. 读取故障码及数据流

起动车辆，利用诊断仪读取车辆故障码和数据流。

图 2-77 所示为通过诊断仪读取到 BMS 存在故障码，故障代码为 P1A6000，即高压互锁故障。

图 2-77　车辆故障代码（读取故障码的视频）

读取相关系统的数据流，包括接触状态数据、预充状态数据、高压互锁数据等，如图 2-78 所示。

有时还可以通过读取故障的冻结帧，来分析故障产生时候车辆的相关数据，这样能更好地对故障进行诊断与排除。

3. 故障分析

从数据流可以看到高压互锁 1 处于锁止状态，说明高压互锁 1 存在故障。高压互锁信号回路的工作原理，是通过低压系统来监测高压系统是否处于正常状态，如果互锁回路不正常，故障信息会发送到相应的控制单

图 2-78　车辆相关数据流

元，控制单元收到信息后进行处理，禁止高压上电。综上所述，高压互锁 1 处于锁止状态，导致了整车高压系统无法上电，就出现如前面所述的故障现象和仪表故障信息。

4. 故障排除

对整车进行高压断电，然后进行故障诊断作业。

查找车辆电路图，可以总结出如图 2-79 所示的高压互锁回路。

从图中可以得知，高压互锁信号从

图 2-79　高压互锁回路

BMS 的 BK45（B）/10 输出后，经 B74/14 输入到充配电总成里面，然后由 B74/15 输出，经 BK45（B）/11 进入 BMS，再由 BMS 来完成回路信号的检测。

查找电路图，找到互锁回路上 BMS 和充配电总成的连接器，如图 2-80 所示。

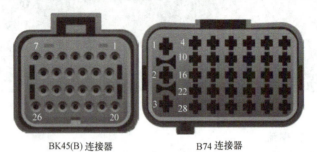

BK45(B) 连接器　　　　　　　　B74 连接器

图 2-80　连接器

表 2-8 所示为 BMS 的连接器 BK45（B）端子定义。

表 2-8　连接器 BK45（B）端子定义

引脚号	端子名称	线束接法	信号类型
1	12V 常电	整车低压线束	电压
2	车身地	整车低压线束	接地
3	碰撞信号	接碰撞 ECU	PWM 信号
4	PWM 输出 1	接电池包 33PIN-30	PWM 信号
5	PWM 输入 1	接充配电总成 33PIN-13	PWM 信号
6	直流充电口温度传感器 GND2	接直流充电口 12PIN-10	接地
7	直流充电接触器烧结检测信号	接充配电总成 33PIN-11	电平信号
8	$12V_{DC}$	整车低压线束	电压
9	动力网 CAN 终端电阻并入 1	BMC02-14	CAN 信号
10	PWM 输出 2	接充配电总成 33PIN-14	PWM 信号
11	PWM 输入 2	接充配电总成 33PIN-15	PWM 信号
12	直流充电口温度传感器 GND1	接直流充电口 12PIN-8	接地
13	直流充电口温度信号 2	接直流充电口 12PIN-9	模拟信号
14	动力网 CAN 终端电阻并入 2	BMC02-09	CAN 信号
15	快充电信号	接直流充电口 12PIN-3	模拟信号
16	动力网 CANH	整车低压线束动力网	CAN 信号
17	动力网 CANL	整车低压线束动力网	CAN 信号
18	NC		
19	直流充电口温度信号 1	接直流充电口 12PIN-7	模拟信号
20	车载充电感应信号	接充配电总成 33PIN-6	模拟信号
21	车身地	整车低压线束	接地
22	NC		
23	整车 CAN 屏蔽地	整车低压线束	接地
24	直流充电子网 CANH	接直流充电口 12PIN-5	CAN 信号
25	直流充电子网 CANL	接直流充电口 12PIN-4	CAN 信号
26	NC		

表 2-9 所示为充配电总成的连接器 B74 端子定义。

表 2-9　连接器 B74 端子定义

序号	定　义	对接说明
1	辅助定位(φ13)	安装在前舱大支架上
2	出水口	连接冷却液管
3	排气口	连接排气管
4	进水口	连接冷却液管
5	主定位(φ11)	安装在前舱大支架上
6	交流充电输入	连接交流充电口
7	直流充电输入	连接直流充电口
8	空调压缩机配电	连接空调压缩机
9	PTC 水加热器配电	连接 PTC
10	辅助定位(φ13)	安装在前舱大支架上
11	低压正极输出	连接蓄电池
12	辅助定位(φ13)	安装在前舱大支架上
13	低压信号	连接低压线束
14	高压直流输入/输出	连接电池包
15	电机控制器配电	连接电机控制器
16	电控甩线和直流母线线鼻子固定维修盖	线鼻子固定点维修盖板
17	直流充电线缆线鼻子固定维修盖	线鼻子固定点维修盖板

先断开连接器 BK45（B）连接器，利用万用表检查端子 10 与端子 11 的电阻，如图 2-81 所示。阻值为无穷大，证明回路出现断路故障。

断开充配电总成连接器 B74，测量 BK45（B）/11 至 B74/15 端子的导通性，如图 2-82 所示。阻值为 1Ω，正常。

测量 BK45（B）/10 至 B74/14 端子的导通性，如图 2-83 所示。阻值为无穷大，异常。

图 2-81　检查端子 10 与端子 11 的电阻

图 2-82　连接器 BK45（B）/11 至 B74/15 端子的导通性测量

图 2-83　连接器 BK45（B)/10 至 B74/14 端子的导通性测量

　　检查该段导线，发现导线存在断开现象，对导线进行维修，并恢复车辆。重新对车辆进行扫描，清除故障码并验证故障是否排除。试车后，整车高压上电正常，故障指示灯熄灭，OK 灯点亮，仪表上也没有任何维修提示信息，故障排除。

　　在上诊断方只是多种诊断方法的一种，还可以通过读取 PWM 波形和测量导线导通性相结合等方法来实施故障诊断，确定故障部件，排除故障。

　　在进行故障排除时应从故障现象、故障码、数据流及冻结帧数据入手，对故障进行确认、分析，缩小故障范围，再根据故障诊断流程对故障涉及的电路、部件进行逐一检查，确定导致故障产生的原因并排除故障。

学习任务工单

实训：动力蓄电池与蓄电池管理系统故障诊断与检修		
专业	班级	
姓名	学号	

一、接收任务

　　某 4S 店一辆比亚迪 e5 汽车，出现挂挡后车辆无法行驶，仪表动力蓄电池故障灯点亮，且提示"请检查动力系统"，同时"OK"不亮。根据故障现象初步确认为高压上电故障，需要对高压上电进行检查。

二、收集信息（25 分）	成绩：

　　1）电动汽车主要由＿＿＿＿＿＿、＿＿＿＿＿＿、＿＿＿＿＿＿三大主要部件组成。

　　2）BMS 是一个为管理蓄电池而设计的电子控制系统，包括＿＿＿＿＿＿、＿＿＿＿＿＿、各种控制、驱动开关以及信息通信储存模块等。

　　3）动力蓄电池状态监测一般是指对＿＿＿＿＿＿、＿＿＿＿＿＿、＿＿＿＿＿＿3种物理量的监测。电池状态监测是一个电池管理（BMS）系统最基本的功能，它是其他各项功能的前提与基础。

　　4）BIC 的主要功能是＿＿＿＿＿＿采样、＿＿＿＿＿＿采样、＿＿＿＿＿＿均衡、采样线异常检测等。

5）一般地，锂离子蓄电池适宜的工作温度为＿＿＿＿＿＿＿℃，而电动汽车的实际工作温度为＿＿＿＿＿＿＿℃，因此必须对蓄电池进行热管理，低温时需要加热，高温时需要冷却。

6）电流传感器是利用霍尔效应的原理，检测电流的＿＿＿＿＿＿＿，从而对电流大小进行测量的。

7）电池的荷电状态简称＿＿＿＿＿＿＿是 BMS 的重要功能。可用电量占据电池最大可用容量的比例，通常以百分比表示，100%表示完全充电，0%表示完全放电。

8）动力蓄电池安全管理无疑是电动汽车管理系统首要的、最重要的功能，常常以"状态监测""状态分析"这两项功能为前提。＿＿＿＿＿＿＿、＿＿＿＿＿＿＿、＿＿＿＿＿＿＿是最为常见的蓄电池安全管理的内容。

9）高压互锁简称＿＿＿＿＿＿＿，BMS 通过对低压回路的状态来检测高压部件、导线和连接器的电气回路的＿＿＿＿＿＿＿，判断回路是否存在＿＿＿＿＿＿＿的现象，并及时断开高压输入端的控制器。

10）下面是新能源汽车仪表常见的故障指示图标，请写出它的名称和含义

1	2	3	4

1-＿＿＿＿＿＿＿＿＿＿＿＿

2-＿＿＿＿＿＿＿＿＿＿＿＿

3-＿＿＿＿＿＿＿＿＿＿＿＿

4-＿＿＿＿＿＿＿＿＿＿＿＿

三、制定计划（计划 10 分、分工 5 分、准备 5 分）　　成绩：

1）根据动力蓄电池管理系统故障流程规范和要求，制定动力蓄电池管理系统故障诊断实训计划

实训计划		
序号	计划项目	操作要点

计划审核：	审核意见：
	时间：　　　　签字：

2）任务分工

操作员		记录员	
监护员		展示员	

作业注意事项

①着装统一、整洁规范。
②思想集中，正确使用安全器具。
③选择合适的个人防护用具。
④点火钥匙要有专人保管。
⑤操作完毕后，应清洁物品，放置原位。
⑥维修人员禁止带有手表、金属笔等金属物品。

四、实施计划（45分）　　　　　　　成绩：

1. 故障确认（15分） 1）点火开关位置。 2）OK 指示灯，续驶里程。 3）仪表显示。 4）故障现象。 5）使用诊断仪读取故障码。 6）故障码描述。 7）读取相关系统数据流。	操作记录： 点火开关：□OFF　□ON OK 指示灯：□熄灭　□点亮 仪表显示：＿＿＿＿＿＿＿＿＿ 故障现象：＿＿＿＿＿＿＿＿＿ ＿＿＿＿＿＿＿＿＿＿＿＿＿＿ 故障描述：＿＿＿＿＿＿＿＿＿ ＿＿＿＿＿＿＿＿＿＿＿＿＿＿ 预充接触器状态：□断开　□连接 主正接触器状态：□断开　□连接 主负接触器状态：□断开　□连接 高压互锁 1：□断开　□锁止 高压互锁 2：□断开　□锁止 高压互锁 3：□断开　□锁止 高压系统状态：□正常　□异常
2. 故障诊断排除（30分） 1）查阅资料，写出相应功能的端子号。  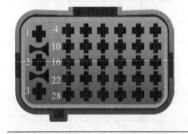	操作记录： 互锁输出 1：＿＿＿＿＿＿＿＿＿ 互锁输入 1：＿＿＿＿＿＿＿＿＿ 互锁输出 2：＿＿＿＿＿＿＿＿＿ 互锁输入 2：＿＿＿＿＿＿＿＿＿ 动力网 CANH：＿＿＿＿＿＿＿＿ 动力网 CANL：＿＿＿＿＿＿＿＿ 高压直流互锁：＿＿＿＿＿＿＿＿ 电机控制器互锁：＿＿＿＿＿＿＿

（续）

2）根据测量画出互锁正常波形。	波形：
3）测量互锁通路。	测量 BK45（B）10 与端子 11：＿＿＿＿＿＿＿＿＿ 测量 BK45（B）/11 至 B74/15：＿＿＿＿＿＿＿ 测量 BK45（B）/10 至 B74/14 端子：＿＿＿＿＿

五、检查与点评（教师点评）

_____

六、反思与评价（10 分）　　　　　　　　　成绩：

自我反思：	
自我评价：	

【课后思考】

1. 新能源汽车上哪个为主控单元？
2. 高压互锁的信号有哪几种形式？

项目三

纯电动汽车驱动电机及其控制系统的原理与检修

学习任务一　纯电动汽车驱动电机及其控制系统的认识

【学习目标】

1. 了解纯电动汽车驱动电机的结构组成。
2. 了解纯电动汽车驱动电机的类型。
3. 了解各种驱动电机的工作原理。
4. 掌握驱动电机控制器的拆装流程。

【任务导入】

一辆北汽 EV180 拖车进厂维修。经车间机电维修组长诊断后，判断为驱动电机控制器故障导致车辆无法行驶，组长带领班级新员工对驱动电机控制器进行更换作业。

【知识准备】

一、纯电动汽车驱动控制系统的组成

1. 驱动控制系统概述

驱动控制系统是纯电动汽车行驶中的主要执行机构。驱动电机及其控制系统是纯电动汽车的核心部件（蓄电池、电机、电控）之一，其驱动特性决定了汽车行驶的主要性能指标，它是电动汽车的重要部件。电动汽车中的燃料电池汽车 FCEV、混合动力汽车 HEV 和纯电动汽车 BEV 3 大类都要用电机来驱动车轮行驶，选择合适的电机是提高各类电动汽车性价比的重要因素，因此研发或完善能同时满足车辆行驶过程中的各项性能要求，并具有坚固耐用、造价低、效能高等特点的电机驱动方式显得极其重要。

2. 驱动控制系统的组成

电动汽车的驱动系统包括电机驱动系统与机械传动机构两个部分。图 3-1 所示为 2019 款比亚迪 e5 的驱动系统结构图，如图 3-2 所示为北汽 EV180 的电机控制器。

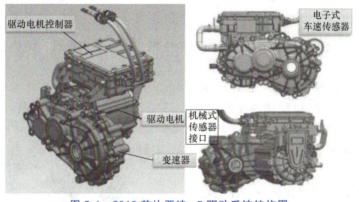

驱动电机控制器

电子式车速传感器

驱动电机

机械式传感器接口

变速器

图 3-1　2019 款比亚迪 e5 驱动系统结构图

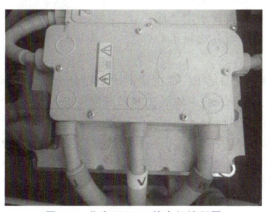

图 3-2　北汽 EV180 的电机控制器

吉利帝豪电机控制器功能

认知吉利 EV450 仪表

电机驱动系统主要由电机、功率转换器、控制器、各种检测传感器以及电源等部分构成。电机一般要求具有电动、发电两项功能，按类型可选用直流、交流、永磁无刷或开关磁阻等几种；功率变换器按所选电机类型，有 DC/DC 功率变换器、DC/AC 功率变换器等形

式，其作用是按所选电机驱动电流要求，将动力蓄电池的直流电转换为相应电压等级的直流、交流或脉冲电源。

二、纯电动汽车驱动电机的特点和分类

1. 纯电动汽车驱动电机的特点

驱动电机是纯电动汽车的主要驱动部件，也是核心技术部件之一。纯电动汽车驱动电机相比于普通的工业电机，有基本的性能要求，包括宽调速范围、高密度、轻量化、高效率、具备能量回收能力、高可靠与安全性、成本低、适合规模生产等。

交流异步电机结构

2. 纯电动汽车驱动电机的分类

基于纯电动汽车驱动电机的基本性能要求，目前常用驱动电机类型主要包括4大类，即交流异步电机、永磁同步电机、开关磁阻电机和直流电机等。目前，各车企配套车型统计中，每个车型选用的驱动电机类型也有所不同。

三、纯电动汽车驱动电机的结构及原理

1. 交流异步电机

驱动电机类型和特点

（1）交流异步电机的基本结构　交流异步电机，也称感应电机，结构主要包括定子、转子、电机轴、前后轴承、盖、位置传感器、温度传感器、低压线束和高压动力线束，其结构如图3-3所示。定子由定子铁心和绕组组成，按定子绕组相数来分，则有单相和三相之分，在电动汽车中，通常用三相绕组；按转子结构来分，可分为笼型转子和绕线转子，在电动汽车中，转子常用笼型转子，包括转子铁心和笼型绕组。温度传感器布置于定子线圈内部。根据电机的功率不同会选择水冷或者风冷方式。

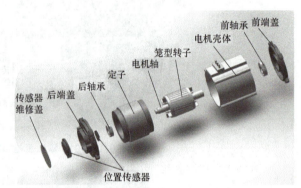

图 3-3　交流异步电机的结构示意图

1）定子。交流异步电机的定子主要由定子铁心和定子绕组等部分组成。定子铁心是电机主磁路的一部分，为了减少铁心中的涡流和磁滞损耗，一般由厚度为0.35mm或0.5mm、表面有绝缘涂层的硅钢片叠压而成。

定子铁心的内圆上均匀地冲有许多形状相同的槽，用以嵌入定子绕组。定子绕组是定子的电路部分，其作用是吸收电功率和产生旋转磁场。定子绕组由3个在空间上相隔120°、对称排列结构完全相同的绕组（每个绕组为一相）组成，根据需要连接成星形（Y）形或三角形（△）形。

三相绕组的首尾共有6个出线端，若将3个尾端连接在一起，由首端引出3个接线端为星形联结方式；若以首尾相连引出3个接线端为三角形联结方式。如图3-4所示。

2）转子。交流异步电机的转子包括转子铁心和笼型绕组。

① 转子铁心。转子铁心是电机主磁路的一部分，它由0.5mm或0.35mm厚的硅钢片叠

压而成。转子铁心固定在转轴或转子支架上，整个转子的外表呈圆柱形。转子产生的机械能通过转轴以力矩的形式输出。

② 笼型绕组。笼型绕组是一个短路闭合的绕组。在每个转子铁心槽里嵌放一根导条，在铁心的两端用端环将导条连接起形成一个短路的绕组。如果除去转子铁心，则可看出，剩下来的绕组形状像个圆形鼠笼，如图 3-5 所示，因此又称鼠笼转子。导条的材料用铜或铝。在工业异步电机的生产制造中，这样的鼠笼通常都是用铝铸造而成，铝有着较好的电导率和较低的熔点

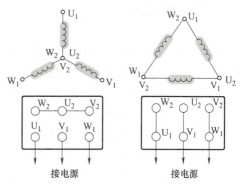

图 3-4　定子绕组接法

（660.4℃）成本也有优势，因而铸铝转子成为异步电机转子的主流。但是使用铸铝转子的电机效率有限，如果使用电导率更高的铜来制作鼠笼，电机的效率将会显著提升。但是铜的熔点高（1083℃），铜芯转子难以直接铸造，一般先将铜条插在转子槽中，再在两侧焊上端环，其中端环通常使用离心铸造法制造，离心铸造的工艺可以排出其中的杂质和气泡。

3）定子和转子气隙。交流异步电机的气隙是均匀的。交流异步电机的气隙主磁场是由激磁电流产生的，由于激磁电流基本为无功电流，故激磁电流越大，电机的无功分量也越多，功率因数也就越低。为减小激磁电流，提高电机的功率因数，异步电机的气隙应尽可能地小，大小为机械条件所能允许达到的最小

图 3-5　笼型绕组结构示意图

值，即要在电机装配的工艺许可的范围内。对于中小型电机，气隙一般在 0.2~2mm。

（2）交流异步电机的工作原理

1）定子绕组旋转磁场。交流异步电机要提供转矩，需要在定子线圈中通入三相交流电，产生不断旋转的磁场（磁场转速为 n_s）。交流异步电机要求定子三相绕组必须对称，并且定子铁心空间上互差 120°；通入三相对称的电流也必须大小、频率相同，相位相差 120°。如图 3-6 所示。

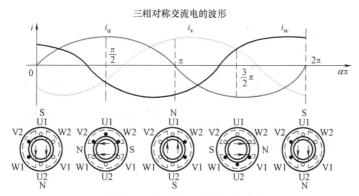

图 3-6　定子绕组旋转磁场图

交流异步电机工作原理

旋转磁场的转速为

$$n_s = 60f/p$$

式中　n_s——旋转磁场的转速（也称同步转速）（r/min）；

　　　　f——三相交流电频率（Hz）；

　　　　p——磁极对数。对已经设计定型生产的驱动电机，磁极对数已经确定，因此决定磁场旋转速度的因素为三相交流电频率。由于我国的电网频率 $f = 50$Hz，因此电机的转速和磁极对数有关。

2）笼型转子提供感应涡流。由于定子提供旋转的磁场，笼型转子导体上感应出电涡流，如图 3-7 所示。在笼型绕组导体 c 和 b 之间的导磁区域内，有向外的磁力线，并且该磁力线在旋转磁场的作用下增强，因此，导体 c、b 上会感应出电涡流 i_1；同理，导体 a 和导体 b 区域内减弱的磁力线会在导体上感应出电涡流 i_2。导体 b 上的电流在定子旋转磁场的作用下，会使笼型绕组 b 导体受到电磁力，从而使转子产生电磁转矩，旋转起来。旋转的转子逐渐追上旋转磁场，以比磁场的"同步速度 n_s"稍慢的速度 n 旋转。这种转子的旋转速度 n 比定子磁场的速度 n_s 稍慢的现象称为转子发生了转差，这种异步转差，让笼型转子导体持续切割磁力线产生感应电涡流，由此，在转子上，电能转化成机械能，保证持续对外输出。

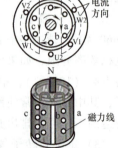

图 3-7　笼型转子绕组中的电涡流

（3）三相交流异步电机的优缺点和应用范围　三相交流异步电机的优点是输出转矩可以在大范围内调整，能在加速或者爬坡时短时间内强制提高输出转矩。永磁同步电机的电驱动汽车通常通过增加齿轮箱机构来增加转矩以提升速度。三相交流异步电机的缺点是：电机由于单边励磁，起动电流较大，产生单位转矩需要的电流较大，而且定子中存在无功励磁电流，因此能耗比永磁同步电机大，功率因数滞后；重载驱动时常出现过负荷现象；结构相对复杂，其控制技术要求高，制造成本高；功率密度相对低。目前，美国研制的电驱动汽车多采用三相交流异步电机作为驱动电机。

2. 永磁同步电机

（1）永磁同步电机的结构　永磁同步电机的结构包括定子、转子、电机轴、前后轴承、端盖、冷却水道、位置传感器（旋转变压器）、温度传感器、低压线束和动力线束。如图 3-8 所示。

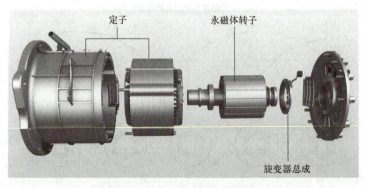

永磁同步电机结构

图 3-8　永磁同步电机结构示意图

1）定子。定子由定子铁心和三相绕组组成。定子铁心一般采用 0.5mm 硅钢冲片叠压而成，如图 3-9 所示。

2）转子。转子由永磁体磁极和铁心组成，铁心用硅钢片叠成。根据永磁体在转子中的布置方式，主要包括表面凸出式永磁转子、表面嵌入式永磁转子和内置式永磁转子。如图 3-10 所示。目前纯电动汽车电机常用内置式永磁转子。内置式结构的永磁体位于转子内部，永磁体外表面与定子铁心内圆之间有铁磁物质制成

三相绕组

定子铁心

图 3-9　定子结构

的极靴，极靴中可以放置铸铝笼或铜条笼，起阻尼或起动作用，稳态性能好，广泛用于要求有异步起动能力或动态性能高的永磁同步电机。

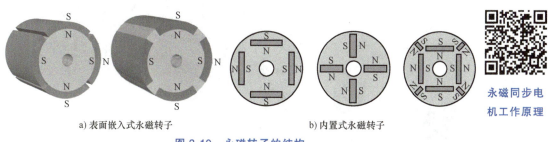

a) 表面嵌入式永磁转子　　　　b) 内置式永磁转子

图 3-10　永磁转子的结构

永磁同步电机工作原理

（2）永磁同步电机的工作原理

1）永磁同步电机的驱动工作原理。由定子提供旋转的磁场，磁场产生的方式和转速与交流异步电机相同。由转子永磁体提供磁极。这样，定子产生的旋转磁场，与转子永磁体磁极和转子铁心，形成回路。根据磁阻最小原理，即磁通总是沿磁阻最小的路径闭合，利用旋转磁场的电磁力拉动转子旋转，于是永磁转子就会跟随定子产生的旋转磁场同步旋转，从而带动电机轴旋转。

2）永磁同步电机的发电原理。根据法拉第电磁感应定律，闭合电路的一部分导体是由三相定子绕组提供，磁场由转子上的永磁体提供，当外部力矩带动转子转动时，产生旋转磁场，切割三相定子绕组中的部分导体，产生感应三相对称电流，此时转子的动能转化为电能，永磁同步电机作为发电机工作。

（3）永磁同步电机的优缺点和应用范围　永磁同步电机的优点是体积小、重量轻、功率密度高，相比于异步电机能耗小、温升低、效率高。可以根据需求，设计成高起动转矩、高过载能力结构的电机。永磁同步电机严格同步，动态响应性能较好，适合变频控制，调整电流与频率即可很大范围调整电机的转矩和转速。但是，永磁同步电机中永磁材料通常采用钕铁硼强磁材料，这种材料较为脆硬，受到强烈振动有可能碎裂；而且转子采用永磁材料，在电机使用和过温情况下会出现磁衰退，造成动力下降。目前，永磁同步电机在纯电动汽车电机中应用比较广泛，亚洲和欧洲新能源汽车市场主要采用永磁同步电机。

3. 开关磁阻电机

（1）开关磁阻电机（SRM）的结构　开关磁阻电机是一种典型的机电一体化机械。这

种电机主要包括开关磁阻电机本体、功率变换器、转子位置传感器及控制器 4 部分，如图 3-11 所示。开关磁阻电动机本体主要结构包括定子、转子、位置传感器、前后轴承、前后端盖和电机壳体等，如图 3-12 所示。其中，定子包括定子铁心和绕组。定子铁心和转子都采用凸极结构，定子凸极铁心和转子都由硅钢片叠加而成，定子凸极上布置绕组，转子无绕组和永磁体。

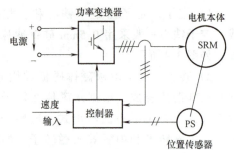

图 3-11　开关磁阻电机的系统框图

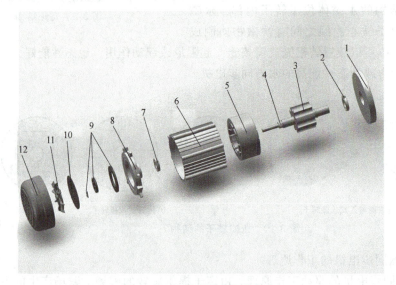

图 3-12　开关磁阻电机的结构

1—前端盖　2—前端轴承　3—转子　4—电机轴　5—定子　6—电机壳体　7—轴承
8—后端盖　9—位置传感器　10—传感器维修盖　11—散热风扇　12—风扇端盖

　　三相 6/4 极结构表明电机定子有 6 个凸极，转子有 4 个凸极，其中在定子相对称的两个凸极上的集中绕组互相串联，构成一相，相数为定子凸极数/2，如图 3-13a 所示。三相 12/8 极结构表明电机定子有 12 个凸极，转子有 8 个凸极，其中在定子的 4 个两两对称凸极上的绕组互相串联，构成一相，相数为定子凸极数/4，如图 3-13b 所示。

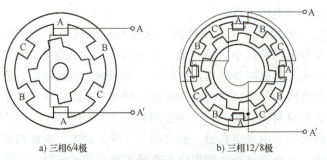

a) 三相6/4极　　　　　　　　　b) 三相12/8极

图 3-13　开关磁阻电机凸极和绕组结构

　　开关磁阻电机相数越多，步进角越小，运转越平稳，越有利于减小转矩波动，但控制越复杂，主开关器件增多和成本增加。

步进角的计算式为

$$\alpha = 360° \times (定子极数 - 转子极数) / (定子极数 \times 转子极数)$$

如三相 6/4 极电机，其步进角 $\alpha = 360° \times 2 / (6 \times 4) = 30°$。

（2）开关磁阻电机的工作原理

1）开关磁阻电机的驱动工作原理。由图 3-14 中的三相 12/8 极开关磁阻电机工作原理图可知，当 A 相绕组电流控制主开关 S_1、S_2 闭合时，A 相通电励磁，电动机内所产生的磁场为以 OA 为轴线的径向磁场，该磁场磁力线在通过定子凸极与转子凸极的气隙处是弯曲的，此时，磁路的磁阻大于定子凸极与转子凸极重合时的磁阻，因此，转子凸极受到磁场拉力的作用，使转子极轴线 Oa 与定子极轴线 OA 的重合，从而产生磁阻性质的电磁转矩，使转

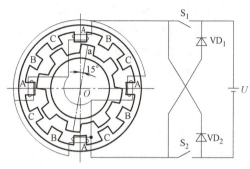

图 3-14　开关磁阻电机的工作原理图

子逆时针转动起来。关断 A 相电，建立 B 相电源，则此时电机内磁场旋转 30°，则转子在此时电磁拉力的作用下，连续逆时针旋转 15°。如果顺序给 A-B-C-A 相绕组通电，则转子就按逆时针方向连续转动起来；当各相中的定子绕组轮流通电一次时，定子磁场转过 3×30°，转子转过一个转子极距 3×15°（即 360°/转子凸极数）。如果依次给 A-C-B-A 相绕组通电，则转子会沿着顺时针方向转动。开关磁阻电机与电流的方向无关，取决于对定子相绕组的通电顺序。在多相电机的实际运行中，也经常出现两相或两相以上绕组同时导通的情况。

在一定负载转矩下调速运行时，设功率变换器的主开关（即绕组通电）频率为 f_φ，磁极对数为 N_r，则开关磁阻电机的转速 n（r/min）可表示为

$$n = 60 f_\varphi / N_r$$

2）开关磁阻电机的发电工作原理。开关磁阻发电机工作状态时的相电感存在 3 种状态：励磁状态、续流状态和发电状态，其相电感 L 波形如图 3-15 所示。

图 3-15 中，θ 角定义为该相转子齿极轴线与定子齿槽轴线之间的夹角。转子齿极轴线与相应的定子齿槽轴线重合时，该相电感最小（定义为 $\theta = 0°$）；直至转子凸极的前沿与定子凸极的后沿相遇时

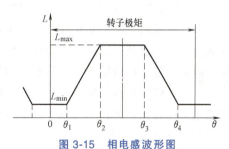

图 3-15　相电感波形图

（$\theta = \theta_1$），绕组相电感始终保持 L_{min} 不变；当转子继续转动，转子凸极开始和定子凸极出现重合，直至转子凸极后沿和定子凸极后沿完全重合（此时 $\theta = \theta_2$），绕组相电感在此区域内线性上升，直至最大值 L_{max}；当转子继续转动至转子凸极的前沿和定子凸极的前沿重合时，此时 $\theta = \theta_3$，该相电感保持 L_{max}。根据电磁场理论，伴随磁场的存在，电机转子的电磁转矩同时存在，可以表示为

$$T(\theta, i) = \frac{1}{2} i^2 \frac{\partial L}{\partial \theta} = \frac{1}{2} i^2 \frac{dL}{d\theta}$$

如果开关磁阻电机的绕组在 θ_3 和 θ_4 之间开通和关断，电机作发电机机运行。此时，在电感下降区形成电流，则 $dL/d\theta<0$，此时相绕组有电流通过，产生制动转矩（$T(\theta,i)<0$），若外界机械力维持电机转动，则电机吸收机械能，并把它转换成电能输出。开关磁阻电机的工作状态示意图如图 3-16 所示。

（3）开关磁阻电机的优缺点和应用范围　开关磁阻电机的优点是结构简单可靠、起动性能好、效率高、成本低，可以通过改变导通、关断角度和电压来调速，拥有较宽的调速范围和能力。开关磁阻电机的缺点是转矩脉动较大、噪声较大，目前在一些小型电驱动车辆上使用，比如电驱动四轮代步车、巡逻车等。

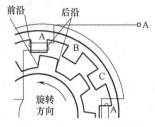

图 3-16　开关磁阻电机的工作状态示意图

4. 直流电机

（1）直流电机的基本结构　直流电机由定子（磁极）、转子（电枢）、电刷装置、电机轴、前后轴承和机座等部分构成。如图 3-17 所示。

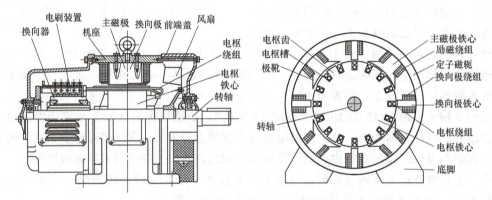

图 3-17　直流电机结构示意图

1）主磁极。主磁极用来产生气隙磁场，并使电枢表面的气隙磁通密度按一定波形沿空间分布。主磁极包括主磁极铁心和励磁绕组。主磁极铁心由 1.0~1.5mm 厚的低碳钢薄板冲片叠压而成。励磁绕组用圆形或矩形纯铜绝缘电磁线制成。各磁极的励磁绕组串联连接成一路，以保证各主磁极励磁绕组的电流相等。

大的直流电机在极靴上开槽，槽内嵌放补偿绕组，与电枢绕组串联，用以抵消极靴范围内的电枢反应磁动势，从而减少气隙磁场的畸变，改善换向，提高电机运行可靠性。

2）换向极。也称附加极，用于改善直流电机的换向性能。换向极由换向极铁心和换向极绕组组成，其铁心一般也用 1.0~1.5mm 厚的低碳钢薄板冲片叠压而成。换向极绕组必须和电枢绕组相串联，由于要通过的电枢电流较大，通常采用较粗的矩形截面导体绕制而成。换向极安装在两相邻主磁极之间，其数目一般与主磁极数相等。小功率直流电机可不装换向极。

3）机座。直流电机的机座用来固定主磁极、换向极、端盖等，并借助底脚将电机固定在基础上。同时，直流电机的机座是磁极间的磁通路径（称为磁轭），所以用导磁性好、机械强度较高的铸钢或厚钢板制成，不能采用铸铁。

4）电枢铁心。电枢铁心用来通过磁通并嵌放电枢绕组，是主磁路的一部分。由于转子在定子主磁极产生的恒定磁场内旋转，因此电枢铁心内的磁通是交变的，为减少涡流和磁滞损耗，通常用两面涂绝缘漆的 0.5mm 硅钢片叠压而成。冲片上有均匀分布的嵌放电枢绕组的槽和轴向通风孔。

5）电枢绕组。电枢绕组是产生感应电动势和电磁转矩，实现机电能量转换的关键部件。容量较小的直流电机的电枢绕组用圆形电磁线绕制而成，而大多数直流电机的电枢绕组均用矩形绝缘导线绕制成定形线圈，然后嵌入电枢铁心的槽中，线圈与铁心之间以及上、下层线圈之间都必须妥善绝缘。为了防止电枢旋转时离心力的作用，绕组在槽内部分用绝缘槽楔固定，而伸到槽外的端接部分则用非磁性钢丝扎紧在线圈支架上。

6）换向器。换向器是直流电机特有的关键部件，将电枢绕组内部的交流电势转换成电刷间的直流电势。换向器的质量好坏将直接影响直流电机的运行可靠性。换向器由许多称为换向片的、彼此互相绝缘的铜片组合而成，有多种结构形式。换向器由 V 型套筒、换向片、云母片（换向片间的绝缘）和压紧圈等组成紧密整体。小型换向器用热固性环氧树脂热压成整体。电枢绕组端部嵌放在换向片端部槽内，并焊接在一起。

7）电刷装置。电刷装置由电刷、刷握、刷杆和刷杆座等组成。电刷放在刷握上的刷盒内，用弹簧将电刷压紧与换向器表面紧密接触，保证电枢转动时电刷与换向器表面有良好的接触。电刷装置与换向器配合将转动的电枢绕组和静止的外电路联通。

8）气隙。定、转子之间的气隙是主磁路一部分，其大小直接影响运行性能。由于气隙磁场由直流励磁产生，因此直流电机的气隙可比异步电动机大得多，小型直流电机气隙为 1~3mm，大型直流电机气隙可达 12mm。

（2）直流电机的工作原理

1）直流电机的驱动工作原理。根据直流电机的工作原理，当给电机定子上的励磁绕组通以直流电时，会在电机气隙中建立极性不变的磁场。

转子上的电枢绕组两端加直流控制电压 U_a 时，电枢绕组中便产生电枢电流 I_a，处于气隙磁场中的转子载流导体受到磁场力的作用，产生电磁转矩 M，驱动电机轴转动。

电机一旦转动起来之后，转子上电枢导体将切割气隙磁场产生感应电动势 E_a，其极性与 U_a 相反，成为反电动势。当电机稳定运行的时候（转速 n 不变），电磁转矩 M 与空载阻力转矩和负载转矩相平衡。

2）直流电机的发电工作原理。当电机轴被外界机械力矩驱动时，转子以 n 转速旋转，转子绕组在定子主磁场的作用中感应电动势和感应电流。感应电动势 E_a 的大小为

$$E_a = \frac{pN}{60\alpha}\Phi n = C_e \Phi n$$

其中 Φ 为每极磁通，C_e 为电机的结构常数。可见，直流电机的感应电动势与电机结构、每极磁通及转子转速有关。

（3）直流电机的优缺点和应用范围　直流电机的优点是：转矩大；调速性能良好；起动性能好；具有较宽的恒功率范围；过载能力较强；受电磁干扰影响小；控制比较简单；技术相对成熟；价格便宜。直流电机的缺点是效率低，有电刷等易损件，维护工作量大，转速低，质量和体积较大。目前，通常用在电动观光车、电动叉车等电驱动车辆上。

四、轮毂电机

轮毂电机是将汽车的"动力系统、传动系统、制动系统"集成到一起而设计出来的电机，所以可以理解为车轮内装电机。轮毂电机的最大优点就是将驱动装置、传动装置和制动装置都整合到轮毂内，将机械部分大为简化，传动效率高，便于布置。

1. 轮毂电机的分类

轮毂电机主要有两种，外转子式和内转子式。

外转子式：低速电机，最高转速 1000~1500r/min，无减速装置，车轮的转速与电机相同。

内转子式：高速电机，配备固定传动比的减速器，为获得较高的功率密度，最高转速大于 10000r/min。转矩小、转速高，车用时必须配备减速器。内转子式轮毂电机+紧凑的行星齿轮减速器，在功率密度方面比低速外转子式更具竞争力。

（1）外转子式轮毂电机 商用车、乘用车皆可使用。转速低、转矩大，通常不配备减速机构，采用直驱方案，如图 3-18 所示。由于结构特性，注定了其体积较大，导致占用空间大、重量偏大，这是其最大问题。

优点：无机械减速机构，减少传动链，故障率低，效率高。

缺点：

① 在起步、逆风或爬坡等需要承载大转矩的工况下需要大电流，很容易损坏电池和永磁体；电机效率峰值区域小，负载电流超过一定值后效率下降很快。

② 体积较大，功率密度较低。因减速器，需要大转矩时必须把转速降下来；转矩恒定时，功率和转速成正比，功率密度无法提高，就导致体积大，重量大。

外转子式轮毂电机尽管体积大、重量大，但是由于结构相对简单、传动链少、效率高，已经有 Protean 等企业进入量产状态。

（2）内转子式轮毂电机 优点：工作于高转速工况，具有较高的比功率和效率，而且体积小，质量轻，通过减速机构的增矩后，输出转矩大，爬坡性能好，能保证汽车在低速运行时获得较大的平稳转矩。如图 3-19 所示。

缺点：润滑条件恶劣，会使行星齿轮减速机构的齿轮磨损较快，使用寿命变短，不易散热，噪声比较大。

图 3-18 外转子式轮毂电机结构

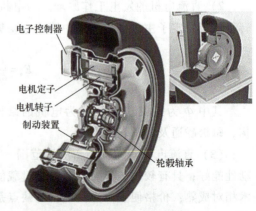

图 3-19 内转子式轮毂电机

　　内转子+减速器方案理论上功率密度更高、结构更紧凑，但由于技术过于复杂，目前尚未见到量产的产品。由于内转子式轮毂电机需要集成减速器，对于乘用车前轮来说，狭小的空间内需要布置电机、减速器、制动器、转向系统等，故内转子轮毂电机较少见于乘用车应用。

2. 轮毂电机的产生与发展

　　轮毂电机最早是在 1900 年就诞生了。费迪南德·保时捷首先制造出了前轮装备轮毂电机的电动汽车，如图 3-20 所示。但由于当时的电池技术比较落后，并没有产生太大影响。

图 3-20　轮毂电机的应用

　　表 3-1 所示为相关车型轮毂电机的应用。

表 3-1　相关车型轮毂电机的应用

车型	年份	来源	动力类型	电驱动形式
IZA	1991	日本 TEPCO	纯电动	轮毂电机四轮驱动
Eco	1996	日本 NIES	纯电动	轮毂电机后轮驱动
Luciole	1997	日本 NIES	纯电动	轮毂电机后轮驱动
KAZ	2000	日本企业	纯电动	轮毂电机四轮驱动
Eliica	2000	日本 Keio 大学	纯电动	轮毂电机八轮驱动
AUTOnomy	2002	通用	燃料电池	轮毂电机四轮驱动
S-10 改装	2004	雪弗莱	混合动力	轮毂电机后轮驱动
QUARK	2004	标致	燃料电池	轮毂电机四轮驱动
Squel	2005	通用	燃料电池	轮毂电机后轮驱动 中心电机前轮驱动
Colt	2005	三菱	纯电动	轮毂电机后轮驱动
Lancer Evolut MIEV	2005	三菱	纯电动	轮毂电机四轮驱动
FCX concept	2005	本田	燃料电池	轮毂电机后轮驱动 中心电机前轮驱动
CNR-T2	—	意大利企业	混合动力	轮毂电机后轮驱动
CT-MIEV	2006	三菱	混合动力	轮毂电机四轮驱动

　　福特汽车公司联手国际著名汽车零部件厂商舍弗勒（Schaeffler）以福特嘉年华为基础开发了轮毂电机驱动（eWheel Drive）汽车。轮毂电机驱动系统集成了驱动控制及制动装置，如图 3-21 所示。

　　德国舍弗勒轮毂电机，内转子式，采用水冷设计，单个电机最大功率 40kW，电机工作时平均输出功率为 33kW，两台电机输出转矩可达 700N·m。

　　英国 Protean 轮毂电机集成了驱动控制，外转子峰值功率 75kW，峰值转矩 1250N·m，最高转速 1800r/min，质量为 36kg，可安装在直径为 18in 以上的车轮中，能回收高达 85% 的制动能量。如图 3-22 所示。

图 3-21　eWheelDrive

Protean 已与多家整车厂商合作研发了 20 多款装置轮毂电机的样车和改装车型，包括福特 F150 电动皮卡、广汽传祺后驱电动汽车以及基于梅赛德斯奔驰 E 级的巴博斯纯电动与混合动力车型。2016 年 7 月，万安科技出资 600 万美元与 Protean 在中国天津设立一家合资公司，占注册资本的 60%，量产 PD18 轮毂电机。

日本庆应义塾大学清水浩教授创建的 SIM-Drive，该轮毂电机采用了外转子构造，峰值功率 65kW，最大转矩为 620N·m，如图 3-23 所示。

图 3-22　Protean 轮毂电机

图 3-23　SIM-Drive 轮毂电机

【操作技能】

五、驱动电机控制器的拆装

以北汽 EV180 为例，介绍驱动电机控制器的拆装流程。

1. 准备工作

场地与设备准备工作与动力蓄电池拆装作业一样，不再进行描述。

2. 高压安全下电作业

高压系统安全断电作业与动力蓄电池拆装作业一样，不再进行描述。

电机控制器的拆装

3. 拆卸作业

1）首先拆卸驱动电机控制器的低压插件，如图 3-24 所示。

2）利用 T20 花型旋具套筒拆卸驱动电机控制器顶盖螺栓（5 颗），转矩为 2~3N·m，并将拆卸下来的螺栓放到指定的位置，如图 3-25 所示。

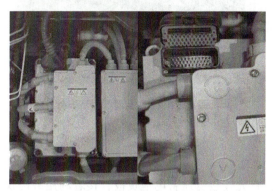

图 3-24　低压插件

图 3-25　拆卸顶盖固定螺栓

3）利用汽车维修专用万用表检测驱动电机控制器正负极是否还带电。万用表显示电压为 0V 才可以进行下一步作业。

4）利用 13 号套筒拆卸驱动电机控制器的正极线束螺栓，如图 3-26 所示，并将拆卸的螺栓放到指定的位置，随后用电工胶布对线束进行包裹，并使线束不与车身的金属表面接触。

5）利用 13 号套筒拆卸驱动电机控制器的负极线束螺栓，如图 3-27 所示，并将拆卸下来的螺栓放到指定的位置，随后用电工胶布对线束进行包裹，并使线束不与车身的金属表面接触。

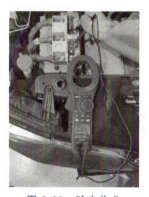

图 3-26　验电作业

图 3-27　拆卸高压母线

6）利用 13 号套筒拆卸驱动电机控制器的 U、V、W 线束螺栓，如图 3-28 所示，并将拆卸的螺栓放到指定的位置，随后用电工胶布对线束进行包裹，并使线束不与车身的金属表面接触。

7）利用 10 号套筒拆卸驱动电机控制器总成的固定束螺栓（4 颗），如图 3-29 所示，并将拆卸的螺栓放到指定的位置。

8）最后拆卸驱动电机控制器冷却风扇插接件，取下驱动电机控制器，并做好防护

图 3-28　拆卸三相连接线

图 3-29　拆卸控制器固定螺栓

处理。

4．安装作业

安装则是以拆卸相反顺序操作。安装完毕，首先连接低压蓄电池负极，接着利用解码仪对车辆进行故障码清除，再次对车辆进行上电，检验车辆运行性能。

5．场地恢复

1）收拾解码仪和拆卸时使用的工具。

2）收拾车外三件套和车内四件套。

3）收回隔离带和警示牌。

4）对维修工位场地进行清扫。

学习任务工单

<table>
<tr><td colspan="4" align="center">实训：驱动电机控制器的更换</td></tr>
<tr><td>专业</td><td></td><td>班级</td><td></td></tr>
<tr><td>姓名</td><td></td><td>学号</td><td></td></tr>
<tr><td colspan="4">一、接收任务</td></tr>
<tr><td colspan="4">　　一辆吉利 EV450 汽车拖车进厂维修，经车间机电维修组长诊断后，判断为驱动电机控制器故障导致车辆无法行驶。组长带领班级新员工对驱动电机控制器进行更换作业。</td></tr>
<tr><td colspan="2">二、收集信息（25 分）</td><td colspan="2">成绩：</td></tr>
<tr><td colspan="4">　　1）燃料电池汽车简称_____、混合动力汽车简称_____、纯电动汽车简称_____。
　　2）驱动电机系统是纯电动汽车三大核心部件之一。_____系统是纯电动汽车行驶中的主要执行机构，其驱动特性决定了汽车行驶的主要性能指标，它是电动汽车的重要部件。
　　3）驱动电机驱动系统主要由_____、_____、_____、各种检测传感器以及电源等部分构成。</td></tr>
</table>

4）驱动电机常见的有_____电机、_____电机、_____电机、_____电机。

5）交流异步电机的定子主要由_____和_____等部分组成。

6）永磁同步电机的结构包括_____、_____、电机轴、前后轴承、端盖、冷却水道、_____、温度传感器、低压线束和动力线束。

7）定子由定子_____和_____组成。电枢铁心一般采用 0.5mm 硅钢冲片叠压而成。

8）根据永磁体在转子中的布置方式，主要包括_____转子、_____永磁转子和_____永磁转子。

9）由_____提供旋转的磁场，磁场产生的方式和转速与交流异步电机相同，由_____永磁体提供磁极。

10）开关磁阻电机是一种典型的机电一体化机械。这种电机主要包括_____、_____、转子位置传感器及控制器四部分。

三、制定计划（计划 10 分、分工 5 分、准备 5 分）	成绩：

1）根据更换电机控制器流程规范和要求，制定更换驱动电机控制器实训计划

实训计划		
序号	计划项目	操作要点

计划审核：	审核意见：
	时间：　　　　签字：

2）任务分工

操作员		记录员	
监护员		展示员	
作业注意事项			

①着装统一、整洁规范。
②思想集中，正确使用安全器具。
③选择合适的个人防护用具。
④点火钥匙要有专人保管。
⑤操作完毕后，应清洁物品，放置原位。
⑥维修人员禁止带有手表、金属笔等金属物品。

四、实施计划（45分）	成绩：

1. 故障确认(15分) 1)点火开关位置。 2)续驶里程。 3)仪表显示。 4)故障现象。 5)使用诊断仪读取故障码。 6)故障码描述。 7)读取相关系统数据流。	操作记录： 点火开关：□OFF □ON 续驶里程：＿＿＿＿＿＿＿ 仪表显示：＿＿＿＿＿＿＿ 故障现象：＿＿＿＿＿＿＿ ＿＿＿＿＿＿＿＿＿＿＿＿ 故障描述：＿＿＿＿＿＿＿ ＿＿＿＿＿＿＿＿＿＿＿＿ 电机开启状态：＿＿＿＿＿ 制动踏板状态：＿＿＿＿＿ 档位：＿＿＿＿＿＿＿＿＿ 工作模式：＿＿＿＿＿＿＿ 动力系统警告：＿＿＿＿＿ 驱动电机母线电压：＿＿＿ 电机转矩：＿＿＿＿＿＿＿ 驱动电机温度：＿＿＿＿＿ IGBT最高温度：＿＿＿＿＿
2. 操作前准备(10分) 1)设置警戒带,设置隔离间距。 2)检测举升机工作是否正常。 3)检查维修工位光线和通风是否良好。 4)检查维修工位上的消防设施是否良好。 5)设立标注"高压危险""有电危险""禁止合闸"等警示牌。 6)维修人员防护用具检查:绝缘手套、绝缘服、护目镜、安全帽、绝缘鞋。 7)检查维修作业时可能用到的手电筒或其他可移动照明设备是否正常。 8)安放车内四件套。 9)安放车外三件套。 10)检查维修检测工具是否正常。	操作记录： 隔离带设置：□是 □否 设置距离：＿＿＿＿＿m 光线通风：□良好 □较差 灭火器指针位置＿＿＿＿＿ 压力值：□正常 □异常 警示牌设置：□是 □否 绝缘手套是否存在破损和漏气 状况：□正常 □异常 绝缘鞋是否存在破损和断裂 状况：□正常 □异常 照明设备状况：□正常 □异常 车内四件套安放：□是 □否 车外三件套安放：□是 □否 万用表状况：□正常 □异常 绝缘测试仪状况：□正常 □异常
3. 更换驱动电机控制器(20分) 1)关闭点火开关,钥匙放入口袋。 2)拆卸蓄电池负极,使用绝缘胶带缠好接头。 3)至少等待5min后,拆卸车载充电机与电机控制器直流母线。 4)使用万用表电压档测量直流母线端正负极电压。 5)拆卸电机控制器上盖螺栓,取下电机控制器上盖及密封垫。 6)拆卸三相线束和直流母线固定螺栓和线束插接器固定螺栓,拆下三相线束和直流线束。 7)拆卸电机控制器低压线束插接器。	开关是否专人保管或放入口袋：□是 □否 负极是否采用绝缘胶带缠好：□是 □否 等待时长是否超过5min：□是 □否 测量电压：＿＿＿＿＿＿＿＿ 是否对角拆卸螺栓：□是 □否 是否完成连接器拆卸：□是 □否 是否完成低压连接器拆卸：□是 □否

（续）

8)拆卸 DC/DC 输出线束连接器和搭铁线束连接器。	是否完成低压连接器拆卸:□是　□否
9)拆卸驱动电机控制器水管。	拆卸水管,收集冷却液:□是　□否
10)拆卸驱动电机控制器固定螺栓,取下驱动电机控制器。	拆卸驱动电机控制器总成:□是　□否
11)安装驱动电机控制器总成,拧紧到标准力矩:23N·m。	是否拧到规定力矩:□是　□否
12)安装搭铁线,并拧紧到标准力矩:23N·m,盖上防尘罩。	是否拧到规定力矩:□是　□否
13)连接驱动电机控制器低压线束和 DC/DC 连接线。	检查连接器是否掉针和弯曲:□是　□否
14)安装驱动电机控制器水管。	清除水管周围的水渍:□是　□否
15)安装驱动电机控制器三相线束和直流输入线束,螺栓到螺栓力矩:23N·m。	是否拧到规定力矩:□是　□否
16)固定三相线束和直流输入线束插接器,拧紧到标准力矩:7N·m。	是否拧到规定力矩:□是　□否
17)按驱动电机控制器上盖和密封垫,拧紧到标准力矩:8N·m。	是否拧到规定力矩:□是　□否
18)安装蓄电池负极电缆。	蓄电池接线柱是否存在腐蚀:□是　□否 蓄电池电压是否正常:□是　□否
19)拧开膨胀水箱盖,缓慢加注冷却液,直至膨胀水箱内冷却液液位处于 MAX 线。拧紧膨胀水箱盖。	冷却液是否添加到合适位置:□是　□否
20)5S 整理。	5S 整理是否完成:□是　□否

五、检查与点评(教师点评)

六、反思与评价(10 分)　　　　　　　　成绩:

自我反思:	
自我评价:	

【课后思考】

1. 各类电机主要应用于哪些车型?

2. 如果驱动电机控制器冷却液排空,应如何进行加注?

学习任务二 纯电动汽车驱动电机及其控制系统故障诊断

【学习目标】

1. 了解驱动电机控制系统的组成、功用及控制原理。
2. 了解驱动电机控制器的结构及工作原理。
3. 了解驱动电机及控制系统的故障诊断与排除的流程。
4. 掌握驱动电机及控制系统简单故障的诊断与排除。

【任务导入】

一辆 2019 款比亚迪 e5 拖车进厂维修，客户反映起动车辆后，汽车无法正常上电，动力系统故障警告灯亮，主告警指示灯亮。

【知识准备】

一、纯电动汽车驱动电机控制系统的组成与控制原理

1. 驱动电机控制系统的组成与功用

驱动电机控制系统是电动汽车的三大电系统之一。驱动电机系统由驱动电机（DM）、驱动电机控制器（MCU）构成，通过高低压线束、冷却管路，与整车其他系统做电气和散热连接。驱动电机控制系统结构图和驱动电机控制系统在实车上的布置如图 3-30 和图 3-31 所示。

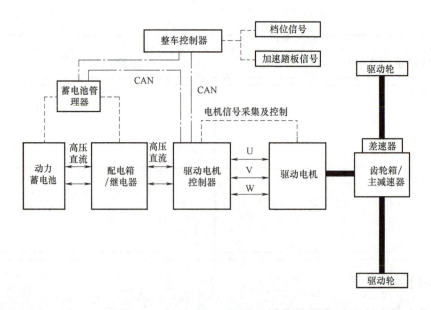

图 3-30　驱动电机控制系统结构图

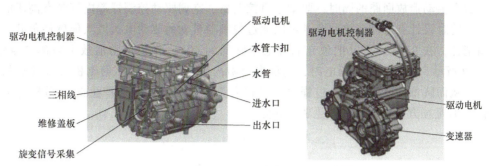

图 3-31　驱动电机控制系统在实车上的布置图

驱动电机控制系统主要实现如下功能：

1）网络通信和监控。

2）实行转矩解析，实现整车驱动，控制电机驱动（怠速、加速等）。

3）保证制动优先，实现制动能量回收。

4）控制电机反转，实现倒车。

5）对电机转速及工作温度的测量。

6）对电机系统安全管理及保护。

2. 驱动电机控制器的结构与工作原理

IGBT 认知

驱动电机控制器是电机系统的控制中心。在驱动电机控制器内部集成有

IGBT 模块、高压电容、主动泄放模块和被动泄放模块。以 IGBT 模块为核心，辅以驱动集成电路、主控集成电路，从而实现驱动和诊断功能。

（1）高压电容和主、被动泄放模块　接通高压电路时，动力蓄电池给高压电容充电，在电机起动时保持电压的稳定。同时，在电机发电时，由驱动电机控制器将交流电整流为直流电的电压有较大的脉动成分，因此在整流器和高压电源之间并联的高压电容，可以起到电容滤波的作用。

驱动电机控制器中含有主动泄放回路。当断开高压电路时，通过主动泄放回路中的电阻给电容放电，放电电阻通常和电容并联，当电源波动时，电容会随之充放电，主动泄放回路会保持电压在一个正常范围。当检测到车辆发生较大碰撞、高压回路中某处接插件存在拔开状态或含有高压的高压电控产品存在开盖情况时，主动放电回路会在 5s 内把预充电容电压降低到 60V，迅速释放危险电能，最大限度地保证人员安全。主动泄放回路出现故障，可能会导致高压系统断电。

1）当车辆发生碰撞时，动力蓄电池管理器检测到碰撞信号大于一定阈值时，会切断高压系统主回路的电气连接，同时通知驱动电机控制器激活主动泄放，从而使发生碰撞时的短路危险、人员电击危险降到最低。

2）当高压电路出现插接不良或者断开时，结构高压互锁回路断开，动力蓄电池管理器便会检测到高压互锁回路存在断路，为保护人员安全，将立即进行报警并断开主高压回路电气连接，同时激活主动泄放。主要的高压电控部件具有开盖检测功能，当发现这些产品的盖子在整车高压回路连通的情况下打开时，会立即进行报警，同时断开高压主回路电气连接，激活主动泄放。

在含有主动泄放回路的同时，驱动电机控制器、空调驱动控制器等内部含有高压的高压电控产品同时设计有被动泄放回路，可以通过控制器带动的驱动电机或其他感性负载，来实现能量消耗，在 2min 内可以把预充电容电压降低到 60V，作为主动泄放失效的二重保护。如图 3-32 所示，当动力系统断电时，高压电容器内残留的高压以驱动电机线圈发热的形式而散失，从而降低了电压。工作过程中，三相交流电流经定子线圈产生的磁场和转子（永久磁铁）的磁场方向相同，不产生驱动转矩。

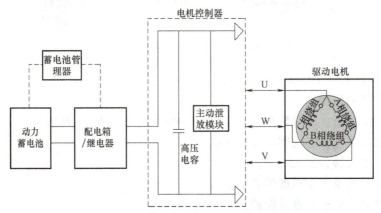

图 3-32　驱动电机作为负载被动泄放

（2）IGBT 模块的结构　绝缘栅双极型晶体管（Insulated Gate Bipolar Transistor，IGBT），是一种快速切换大电流的半导体器件，也是控制电动汽车（需要较大输出功率）电机的最佳器件。目前在驱动电机控制器中使用 IGBT 模块来构成转换电路，用以实现将电池的直流电转化为电机需求的电压、方向和频率可变的三相交流电，称为逆变技术（DC/AC），满足电机正转、反转的需求。同时，在制动能量回收时，可以将电机产生的三相交流电整流成直流电，存入高压电池，称为整流技术（AC/DC）。IGBT 模块中 IGBT 驱动系统采用饱和压降进行过流检测和管理，包括软关断动作，分别采用不同的门极电阻进行开通和关断，使 IGBT 在 ON 和 OFF 之间进行切换，从而实现电机转速的控制。IGBT 模块在整车上的结构图如图 3-33 所示。

图 3-33　IGBT 模块在整车上的结构图

（3）驱动电机控制器的转换原理　在驱动电机系统中，驱动电机的输出动作主要是靠电机控制器的控制单元给定命令执行，即控制器输出命令。当输出怠速或者前进驱动指令时，控制器将接收到的电机转矩需求信号，控制 IGBT 模块的开闭，将蓄电池包输入的直流电逆变成电压、频率可调的三相交流电，供给配套的驱动电机使用，并同时检测实际电机转子的位置和转速信号。

1）转换原理。驱动电机控制器的转换过程，是给驱动电机输出需要的正弦交流电压。在这一过程中，需要持续改变电压以产生正弦波。

蓄电池包输出的直流电压（U_i）如图 3-34 所示。由驱动电机控制器控制 IGBT 开关的 ON-OFF 时间，以输出脉宽调制的电压。控制脉冲宽度以改变电压被称为脉宽调制（PWM），如图 3-35 所示。

检测到所需输出电压（U_i）持续极短的一段时间（T_i）。通过控制"T_{on}"（开关 ON 时间）时间，"$U_i \times T_i$"的面积和"$U_d \times T_{on}$"（电源电压×开关 ON 时间）的面积相同，且有效电压变为 U_i，如图 3-35 所示。通过此方式使产生的电压持续改变，从而产生正弦交流电压。

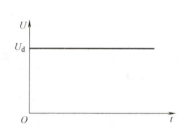

图 3-34　蓄电池包输出直流高压

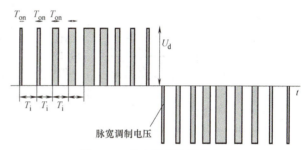

图 3-35　脉宽调制的输出电压

2）转换电路图。驱动电机控制系统的变频调速系统通常使用三相桥式逆变电路。这种电路通常包括 6 个 IGBT，形成三相桥式可控整流电路，并且同时与三相桥式二极管整流电路反向并联。可控整流电路通过控制端实现直流到交流的逆变，不可控电路为感性负载电流提供续流回路，完成无功能量的续流或者反馈。因此，二极管在此处也称为续流二极管或者反馈二极管。三相桥式逆变电路图如图 3-36 所示。

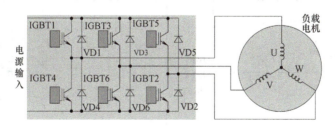

转换原理

图 3-36　三相桥式逆变电路

3）转换工作过程。在电机工作过程中，根据转子的位置控制接通 IGBT，产生三相交流电以产生相应的磁场来转动转子。同一相位中，上下两个桥臂中的两只 IGBT 称为互补管，他们轮流导通，如图 3-36 中 U 相中的 IGBT1 和 IGBT4，V 相中的 IGBT3 和 IGBT6，W 相中的 IGBT5 和 IGBT2。

在电机驱动工作过程中，驱动电机控制器转换电路各 IGBT 的导通顺序和对应电机定子各相电路接通及工作过程见表 3-2。

表 3-2　IGBT 导通顺序和对应三相电机工作过程

序号	相位	导通的 IGBT	工作电路图
1		IGBT5, IGBT6	
2		IGBT1, IGBT5, IGBT6	
3		IGBT1, IGBT6	
4		IGBT1, IGBT2, IGBT6	
5		IGBT1, IGBT2	

（续）

序号	相位	导通的 IGBT	工作电路图
6	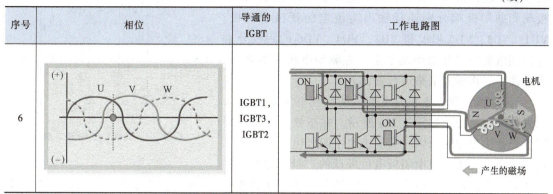	IGBT1，IGBT3，IGBT2	

同理，当在一个周期内其他相位时，电机工作过程中 IGBT 导通顺序见表 3-3。可以由此可知电机一个周期内的工作过程状态。当某相位中没有 IGBT 导通时，该相的感应电流经由该相电路中的二极管导通。

表 3-3 其余 IGBT 的导通顺序

序号	相位	导通的 IGBT	序号	相位	导通的 IGBT
7		IGBT3，IGBT2	10		IGBT3，IGBT5，IGBT4
8		IGBT4，IGBT3，IGBT2	11		IGBT5，IGBT4
9		IGBT4，IGBT3	12		IGBT5，IGBT4，IGBT6

（4）驱动电机控制器的整流原理 在制动能量回收过程中，电机内部通过电磁感应在其定子线圈（U、V 和 W 相）内产生三相交流电，将产生的交流电压进行整流转换为直流，然后对汽车动力蓄电池进行充电。所以，驱动电机控制器要具备交流电转换为直流电的整流功能。

1）整流电路图。三相桥式整流电路如图 3-37 所示，电路由 6 个二极管组成。其中，VD1、VD3、VD5 阴极连在一起，为共阴极管，阳极电位高者导通；VD2、VD4、VD6 的阳极连在一起，为共阳极管，阴极电位最低者导通。共阴极端和共阳极端分别连接输出直流电的正极和负极。VD1、VD3、VD5 阳极和 VD2、VD4、VD6 的阴极分别连接到电机的三相绕组端子上。在驱动电机控制器中，通常使用三相桥式电路进行整流。

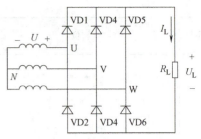

图 3-37　三相桥式整流电路

2）整流原理。电机发电产生的交流电压 U、V、W 为对称三相电压，如图 3-38a 所示。在整流过程每一瞬间，根据优先导通原则，共阴极组中阳极电位最高的二极管导通；共阳极组中阴极电位最低的二极管导通。在一个周期中，每个二极管只有 1/3 的时间导通（导通角为 120°）。为了便于分析，现在将交流电压的波形在时间上分为若干等分的区间加以说明。通过整流后的电压波形如图 3-38b 所示。

① 在 $t_1 \sim t_2$ 期间。如图 3-37 所示，共阴极组中 U 点电位最高，VD1 导通；共阳极组中 V 点电位最低，VD4 导通。整流后两端的电压 U_L 为线电压 U_{UV}。

② 在 $t_2 \sim t_3$ 期间。共阴极组中 U 点电位最高，VD1 导通；共阳极组中 W 点电位最低，VD6 导通。整流后两端的电压 U_L 为线电压 U_{UW}。

③ 在 $t_3 \sim t_4$ 期间。共阴极组中 V 点电位最高，VD3 导通；共阳极组中 W 点电位最低，VD6 导通。整流后两端的电压 U_L 为线电压 U_{VW}。

④ 在 $t_4 \sim t_5$ 期间。共阴极组中 V 点电位最高，VD3 导通；共阳极组中 U 点电位最低，VD2 导通。整流后两端的电压 U_L 为线电压 U_{VU}。

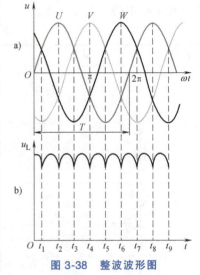

图 3-38　整波波形图

3）整流参数计算。整流后的直流电压为 U_L。三相绕组中每相感应电压为 U。则

$$U_L = 2.34U$$

整流后直流电流 I_L

$$I_L = \frac{U_L}{R_L}$$

二极管上的直流电流为 I_{VD}。由于在一个周期内，每个二极管只有 1/3 的时间导通，因此，流过每个二极管的平均电流为

$$I_{VD} = \frac{1}{3}I_L$$

二极管反向工作电压为 U_{DRM}。在三相桥式整流电路中，每个二极管要承受交流电源线电压幅值，因此，三相桥式整流电路中的二极管需要选用更高的耐压值。

$$U_{DRM} = \sqrt{3}\,U_m = \sqrt{3}\sqrt{2}\,U = 2.45U$$

4）制动能量回收。制动能量回收也称再生制动。电动汽车根据车速、加速踏板和制动踏板信号，通过驱动电机控制器使电机处于发电状态，由电机把部分动能转变为电能，并将产生的三相交流电通过驱动电机控制器内部元件进行整流，充回动力蓄电池进行存储，为汽车行驶提供功率和能量，从而实现能量的循环利用。同时，在能量回收过程中，电机转子受到一定的电磁阻力矩，用于车轮制动。

图 3-39　驱动电机控制器低压插接件

3. 驱动电机控制器的低压电路

（1）驱动电机控制器的外部低压控制插接件　以比亚迪 e5 为例，驱动电机控制器的低压插接件是一个 14 脚低压插头，有 9 根信号线。插接件如图 3-39 所示。信号线说明见表 3-4。

（2）驱动电机控制器的外部控制电路图　驱动电机控制器的外部控制电路图如图 3-40 所示。

表 3-4　驱动电机控制器低压信号线

接插件引脚	端口名称	端口定义	备注
1	12V 电源搭铁	DND-IN	
2	—	—	
3	CANH 2	预留 CAN	预留 CAN 高
4	CANL 2	预留 CAN	预留 CAN 低
5	碰撞信号	CRASH_IN	PWM
6	12V 电源搭铁	DND-IN	
7	—	—	
8	碰撞信号搭铁	EARTH-1	
9	CAN 高	CANH	动力网 CAN 高
10	12V 电源正	+12V	
11	12V 电源正	+12V	
12	—	—	
13	CAN 屏蔽搭铁	EARTH	
14	CAN 低	CANL	动力网 CAN 低

（3）驱动电机控制器内部插接件　电机中的运行状态等信息可以被采集到驱动电机控制器，依靠内置的旋转变压器和温度传感器来提供电机的工作信息。

1）旋转变压器。旋转变压器简称旋变，是一种输出电压随转子转角变化的器件。旋转变压器包括一个励磁绕组、两个信号输出绕组和一个不规则形状的转子。旋转变压器的励磁绕组和两个信号绕组均固定在旋转变压器的定子铁心槽中。如图 3-41a 所示，定子内圆上冲制有若干等分极靴，每个极靴上冲制有若干等分小齿，绕组安放在极靴上。旋转变压器的不规则形状的转子由带齿的硅钢片叠压而成，外圆表面冲制有若干等分小齿，其数量与极靴对数相同，无任何绕组，以机械方式固定在电机轴上，如图 3-41b 所示。

当汽车点火开关处于 ON 位置，驱动电机控制器控制励磁绕组以一定频率的交流电压励磁时，随着转子的位置变化，信号输出绕组的感应电动势随转子转角变化成正、余弦函数规律变化。旋转变压器绕组关系如图 3-42 所示，输出波形如图 3-43 所示。旋转变压器用以检测电机转子位置，控制器解码后可以获知电机转速。

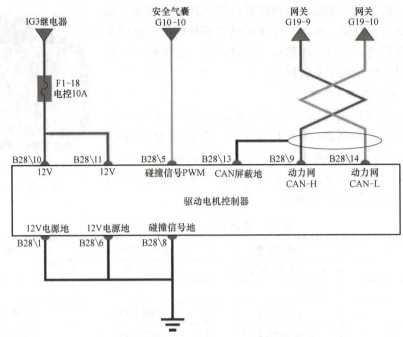

图 3-40　驱动电机控制器的外部连接电路图

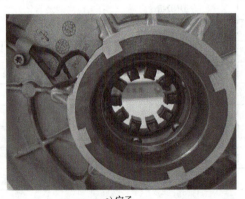

a) 定子

b) 转子

图 3-41　旋转变压器结构

　　旋转变压器具有耐冲击、耐高温、耐油污、高可靠、长寿命等优点。缺点是输出的是调制的模拟信号，信号解算相对复杂。目前电动汽车的驱动电机通常使用旋转变压器测量电机转子的位置和转速。

　　2）温度传感器。驱动电机控制器用以检测电机的定子绕组温度，当控制器检测到温度过高时，会控制电机降低转速，避免电机过热。当驱动电机控制器监测到电机温度传感器温度为 45~50℃，冷却风扇低速起动；温度 ≥50℃，冷却风扇高速起动；当电机温度升至 120~140℃时，电机将降功率运行；当电机温度升至 ≥140℃时，降功率为 0，即停机保护。

　　3）驱动电机控制器与电机之间的信号线。在驱动电机和驱动电机控制器之间，有一个低压插接件，如图 3-44 所示，里面共有 9 根信号线，其中包括电机温度传感器连接线和旋

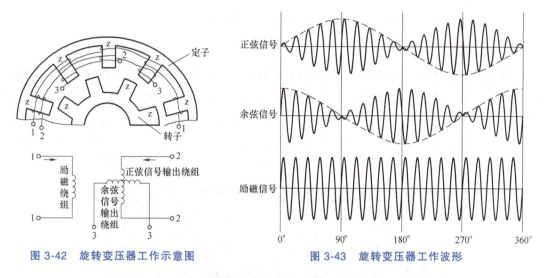

图 3-42 旋转变压器工作示意图

图 3-43 旋转变压器工作波形

转变压器连接线。驱动电机控制器与电机之间的信号线的电路图如图 3-45 所示。

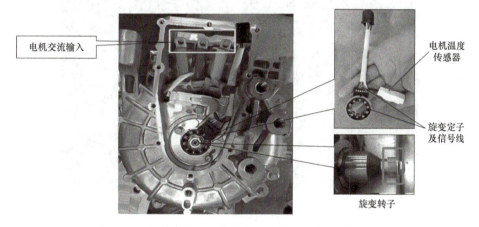

图 3-44 驱动电机和驱动电机控制器之间的低压插接件

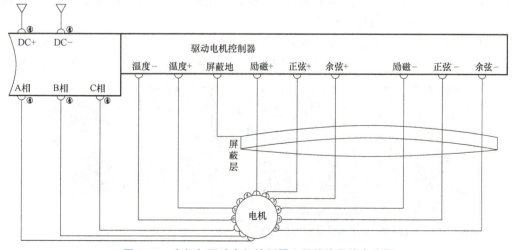

图 3-45 电机与驱动电机控制器之间的信号线电路图

二、驱动电机及驱动电机控制系统故障诊断与检修

1. 确认故障及初检

车辆进厂后，机电维修技师对车辆进行故障确认。起动后发现仪表出现相应的故障指示灯 "⚙" （动力系统故障指示灯）、"🌡" （电机冷却液温度过高警告灯）、"⊙" （驻车制动故障警告灯）、"⚠" （主告警指示灯）点亮，仪表同时出现故障提示信息："请检查动力系统""请检查制动系统""请检查电子驻车系统"，包括 "OK" 灯未点亮，如图 3-46 所示。由以上故障现象可初步确认整车高压上电没有完成，高压系统出现故障。

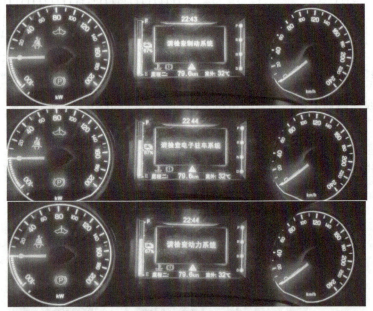

图 3-46　仪表状态

技师通过对客户的询问，获知故障产生的时间、地点等信息并参考维修手册中导致车辆无法起动的故障可能部位。通过对车辆初步的检查以及诊断、分析，基本确定该车无法起动的故障是由动力驱动系统故障导致的。

确认故障后，通过电路图，找到相关部件的连接器，检查连接器是否连接稳固，外观是否有损坏等。经过检查，并未发现异常。图 3-47 所示为驱动电机控制器连接器部件外观及

图 3-47　部件外观及连接检查

连接检查。

2. 读取车辆故障码及数据流

起动车辆，利用诊断仪读取车辆故障码和数据流。

图 3-48 所示为通过诊断仪对车辆进行扫描的结果。发现多个系统存在故障码。

MaxiSys	车辆诊断报告	AUTEL®

车辆信息

比亚迪　E5出行版

VIN:　　　　　　　　　　　　　　　　行驶里程：

诊断时间：2020/07/19 09:00　　　　　诊断路径：手动选择车型 > E5 > E5出行版 > 诊断 > 自动扫描 >

自动扫描

1	动力网-电池管理系统_400	通过｜无故障
2	ESC网-车轮防抱死系统	通过｜无故障
3	舒适网-安全气囊	通过｜无故障
4	舒适网-组合仪表	故障｜1
5	ESC网-(萨克)电子驻车系统	故障｜1
6	启动网-车身控制器	故障｜1
7	启动网-转向轴锁	-!-
8	启动网-智能钥匙	通过｜无故障
9	ESC网-助力转向	故障｜1
10	动力网-电池采集器	通过｜无故障
11	动力网-DC/DC总成	通过｜无故障
12	动力网-档位控制器	故障｜1
13	动力网-漏电传感器	通过｜无故障
14	动力网-车载充电器_7KW	故障｜1
15	舒适网-4G通信模组	通过｜无故障
16	舒适网-空调控制器	通过｜无故障
17	舒适网-空调压缩机控制器	通过｜无故障
18	舒适网-空调控制面板	通过｜无故障
19	舒适网-组合开关	故障｜1
20	舒适网-车门多路控制器	通过｜无故障
21	舒适网-多功能屏	通过｜无故障
22	舒适网-空调水加热器	通过｜无故障
23	舒适网-收音机	通过｜无故障
24	舒适网-发动机音模拟器	故障｜1
25	网关模块-网关	通过｜无故障

图 3-48　诊断仪对车辆扫描的结果

调取车辆部分系统的故障码，如图 3-49 所示。如 U015987："与 VTOG 丢失通信"、U011087："与电机控制模块失去通信"、U011000："与电机控制器通讯故障"。

调取车辆部分系统数据流，如图 3-50 所示。

MaxiSys   **车辆诊断报告**   **AUTEL®**

车辆信息

比亚迪 E5出行版

VIN:

诊断时间: 2020/07/19 08:55

行驶里程:

诊断路径: 手动选择车型 > E5 > E5出行版 > 诊断 > 自动扫描 > 故障码 >

故障码

1. U015987   与VTOG丢失通信

        当前故障

MaxiSys   **车辆诊断报告**   **AUTEL®**

车辆信息

比亚迪 E5出行版

VIN:

诊断时间: 2020/07/19 09:01

行驶里程:

诊断路径: 手动选择车型 > E5 > E5出行版 > 诊断 > 自动扫描 > 故障码 >

故障码

1. U011087   与电机控制模块失去通信

        当前故障

MaxiSys   **车辆诊断报告**   **AUTEL®**

车辆信息

比亚迪 E5出行版

VIN:

诊断时间: 2020/07/19 08:56

行驶里程:

诊断路径: 手动选择车型 > E5 > E5出行版 > 诊断 > 自动扫描 > 故障码 >

故障码

1. U011000   与电机控制器通信故障

        当前故障

图 3-49 故障码

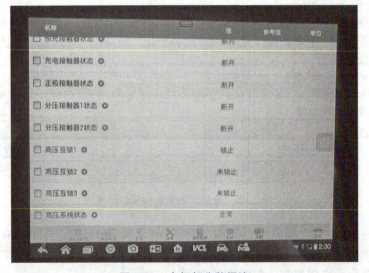

图 3-50 车辆部分数据流

有时还可以通过读取故障的冻结帧，来分析故障产生时候车辆的相关数据，这样能更好地对故障进行诊断与排除。

3. 故障分析

从车辆扫描结果看，整车控制器和驱动电机控制器没有显示在车辆扫描结果中，且通过调取故障码发现，故障码指示系统与驱动电机控制器失去通信。"OK"灯未闪亮，说明系统高电不上电，数据流显示车辆接触器处于断开状态。通过以上分析可初步判断为驱动电机控制器本身、电路、车辆网络系统故障导致车辆无法与驱动电机控制器进行通信。

4. 故障排除

起动车辆，根据如图 3-51 所示的驱动电机控制器电路图，从熔丝盒中找到 F1/18 熔丝。

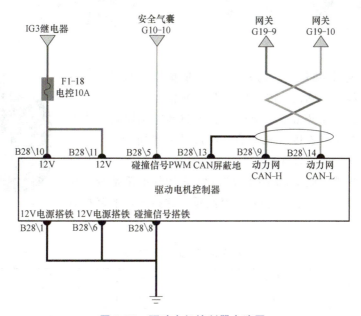

图 3-51　驱动电机控制器电路图

利用万用表测量熔丝两端电压，如图 3-52 所示。经测量发现熔丝一端有电压，一端没有电压，异常。

异常　　　　　　　　　　　　　　　正常

图 3-52　测量熔丝两端电压

拔下熔丝，检查其外观，发现熔丝有烧损现象，如图 3-53 所示。为确保故障诊断的准确性，检查熔丝的电阻值，其电阻为无穷大，如图 3-54 所示。熔丝熔断说明电路上有短路或者过载现象，通过观察，熔丝处于烧断状态，且断开位置开口较大，周围有黑色污渍，判断属于瞬间短路造成。

图 3-53　检查熔丝外观

图 3-54　检查熔丝电阻

熔丝烧损，说明回路上有短路现象，不能更换新的熔丝，应对回路进行短路检查，确认故障原因后再更换熔丝。

关闭点火开关，断开蓄电池负极，拆下驱动电机控制器的连接器。驱动电机控制器连接器 B28 的外观如图 3-55 所示。

连接器的端子定义见表 3-5。

测量熔丝输出端子到 B28/10 和 B28/11 之间的电路是否存在对搭铁短路的故障，如图 3-56 所示。经测量，这条电路上存在对搭铁短路现象。

图 3-55　驱动电机控制器连接器 B28

表 3-5　连接器端子定义

接插件引脚	端口名称	端口定义	备注
1	12V 电源搭铁	DND-IN	
2	—	—	
3	CANH 2	预留 CAN	预留 CAN 高
4	CANL 2	预留 CAN	预留 CAN 低
5	碰撞信号	CRASH_IN	PWM
6	12V 电源搭铁	DND-IN	
7	—	—	
8	碰撞信号地	EARTH-1	
9	CAN 高	CANH	动力网 CAN 高
10	12V 电源正	+12V	
11	12V 电源正	+12V	
12	—	—	
13	CAN 屏蔽搭铁	EARTH	
14	CAN 低	CANL	动力网 CAN 低

对电路进行修复后，重新连接部件，故障排除，车辆恢复正常。

在进行故障排除时应从故障现象、故障码、数据流及冻结帧数据入手，对故障进行确

图 3-56　测量电路对搭铁短路

认、分析，缩小故障范围，再根据故障诊断流程对故障涉及的电路、部件进行逐一检查，确定导致故障产生的原因并排除故障。

学习任务工单

<table>
<tr><td colspan="4" align="center">实训：驱动电机及驱动电机控制系统故障诊断与检修</td></tr>
<tr><td>专业</td><td></td><td>班级</td><td></td></tr>
<tr><td>姓名</td><td></td><td>学号</td><td></td></tr>
<tr><td colspan="4">一、接收任务</td></tr>
<tr><td colspan="4">　　一辆比亚迪 e5 拖车进厂维修，客户反映起动车辆后，汽车无法正常上电，动力系统故障警告灯亮，主告警指示灯亮，经检查为单击控制器通信故障。</td></tr>
<tr><td colspan="2">二、收集信息（25 分）</td><td colspan="2">成绩：</td></tr>
<tr><td colspan="4">

　　1）驱动电机系统由_____、_____构成。

　　2）驱动电机控制器是驱动电机系统的控制中心。在驱动电机控制器中，其内部集成有_____模块、_____、_____模块和_____模块。

　　3）驱动电机系统主要由_____、_____、_____、各种检测传感器以及电源等部分构成。

　　4）_____模块为核心，辅助以驱动集成电路、主控集成电路，从而实现驱动和诊断功能。

　　5）接通高压电路时，动力蓄电池给_____充电，在电机起动时保持电压的稳定。

　　6）在整流器和高压电源之间并联的高压电容，可以起到_____的作用。

　　7）驱动电机控制器中含有_____回路，当断开高压电路时，通过主动泄放回路中的电阻给_____放电，放电电阻通常和电容并联。

　　8）_____回路会在 5s 内把预充电容电压降低到 60V，迅速释放危险电能，最大限度地保证人员安全。

</td></tr>
</table>

9）绝缘栅双极型晶体管是一种快速切换_____的半导体，也是控制电动汽车电机的最佳半导体器件。

10）目前在驱动电机控制器中使用到 IGBT 模块用以实现将蓄电池的直流电转化为电机需求的_____、_____和_____可变的三相交流电，称为逆变技术（DC-AC），满足电机正转、反转的需求。

11）在驱动电机系统中，驱动电机的输出动作主要是靠_____给定命令执行。

12）驱动电机控制系统的变频调速系统通常使用_____电路。

13）制动能量回收也称_____。电动汽车根据_____、_____和_____信号，通过驱动电机控制器使电动机处于发电状态，由电机把部分动能转变为电能，并将产生的三相交流电通过驱动电机控制器内部元件进行整流，充回高压蓄电池进行存储。

三、制定计划（计划 10 分、分工 5 分、准备 5 分）	成绩：

1）根据更换驱动电机控制器流程规范和要求，制定更换驱动电机控制器实训计划

实训计划		
序号	计划项目	操作要点
计划审核：	审核意见：	
	时间：　　　　签字：	

2）任务分工

操作员		记录员	
监护员		展示员	
作业注意事项			

①着装统一、整洁规范。
②思想集中，正确使用安全器具。
③选择合适的个人防护用具。
④点火钥匙要有专人保管。
⑤操作完毕后，应清洁物品，放置原位。
⑥维修人员禁止带有手表、金属笔等金属物品。

四、实施计划（45 分）	成绩：

	操作记录：
1. 故障确认(15 分)	
1)点火开关位置。	点火开关：□OFF　□ON
2)续驶里程。	续驶里程：＿＿＿＿＿＿＿＿＿
3)仪表显示。	仪表显示：＿＿＿＿＿＿＿＿＿
4)故障现象。	故障现象：＿＿＿＿＿＿＿＿＿
5)使用诊断仪读取故障码。	＿＿＿＿＿＿＿＿＿＿＿＿＿
	故障描述：＿＿＿＿＿＿＿＿＿
6)故障码描述。	预充接触器状态：□断开　□连接
	主正接触器状态：□断开　□连接
7)读取相关系统数据流。	主负接触器状态：□断开　□连接
	高压互锁 1：□断开　□锁止
	高压互锁 2：□断开　□锁止
	高压互锁 3：□断开　□锁止
	Ready 指示灯状态：□正常　□异常
8)故障分析。	分析故障原因：＿＿＿＿＿＿＿＿
	＿＿＿＿＿＿＿＿＿＿＿＿＿＿＿
	＿＿＿＿＿＿＿＿＿＿＿＿＿＿＿
	＿＿＿＿＿＿＿＿＿＿＿＿＿＿＿
	操作记录：
2. 故障诊断与排除(30 分)	
1)检查 F1/18 熔丝。	是否存在断路：□是　□否
	是否存在锈蚀：□是　□否
2)检查电源电路。	测量电机控制 10 对搭铁电压：＿＿＿＿＿
	测量电机控制 11 对搭铁电压：＿＿＿＿＿
	测量电机控制 1 对搭铁电阻：＿＿＿＿＿
3)检查搭铁电路。	测量电机控制 6 对搭铁电阻：＿＿＿＿＿
	测量电机控制 8 对搭铁电阻：＿＿＿＿＿
4)检查通信电路,使用示波器测量动力网 CANH 和 CANL 波形。	画出 CANH 测量波形：＿＿＿＿＿＿＿＿＿
	画出 CANL 测量波形：
5)故障确认。	故障确认：＿＿＿＿＿＿＿＿
	＿＿＿＿＿＿＿＿＿＿＿＿＿
	＿＿＿＿＿＿＿＿＿＿＿＿＿
	＿＿＿＿＿＿＿＿＿＿＿＿＿

五、检查与点评(教师点评)	
六、反思与评价(10分)	成绩:
自我反思:	
自我评价:	

【课后思考】

1. 如果旋转变压器的定子与转子中间出现异物，会出现哪种故障现象？
2. 通过上述的故障诊断案例，能总结出什么规律？

项目四

纯电动汽车充电系统的
原理与检修

学习任务一　纯电动汽车充电系统的认识和充电作业

【学习目标】

1. 了解纯电动汽车交流充电系统的结构组成及原理。
2. 了解纯电动汽车交流充电系统的功能和作用。
3. 了解纯电动汽车直流充电系统的结构组成及原理。
4. 了解纯电动汽车交流充电系统的工作过程。
5. 了解纯电动汽车直流充电系统的工作过程。

【任务导入】

　　某一天，比亚迪某 4S 店的机电维修车间技术组长带领新员工进行充电作业，让新员工掌握纯电动汽车的交流充电作业和直流充电作业。

【知识准备】

一、充电系统概述

1. 充电设施与电动汽车

电动汽车在使用过程中，利用电能来驱动车辆，随着行驶里程和行驶时间的增加，动力蓄电池的电量会消耗，所以电动汽车就如同传统燃油汽车需要添加燃料一样，也需要补充电能以实现汽车的行驶。

电动汽车充电设备是给电动汽车充电的配套设施，包括充电站、充电桩、动力蓄电池调度、计费监控和动力蓄电池设备维护等系统，是和电动汽车同步发展起来的。如果没有完善的配套充电设施，尤其是电动汽车主流充电桩得不到发展，电动汽车再先进也难以推广。所以电动汽车各种相关配套的充电设施的发展很大程度上也决定着电动汽车的发展，在电动汽车产业发展的同时还应该考虑充电设施的发展。

2. 充电设备分类

目前，国内电动汽车充电设备主要有集中式充电站、分布式充电桩以及蓄电池更换 3 种模式。纯电动汽车补充电能的方式可分为换电式、充电式和磁耦合无线充电式 3 种。换电式补充电能是通过更换充足电的动力蓄电池来实现电能补充；充电式补充电能是通过外接充电接口借助相关的设备对动力蓄电池补充电能；无线充电的磁耦合无线充电补充电能是指将无线电传输技术与电动汽车充电结合起来进行无线充电，从而实现对动力蓄电池的电能补充，它能够大大提高电动汽车充电的方便性，用户只需把车停在安装有电能发送装置的指定区域，充电即可自动进行。

充电式补充电能方式主要有交流充电（也称为慢充）和直流充电（也称为快充）两种方式。当电动汽车的蓄电池电量低于 30%（视车型而不同）左右时，其表示动力蓄电池电量不足，可能不能满足驾驶里程的需求，汽车仪表上充电指示灯亮，如图 4-1 所示，提醒汽车使用者对车辆进行充电。当动力蓄电池电量高于 35% 时，充电指示灯就会熄灭。

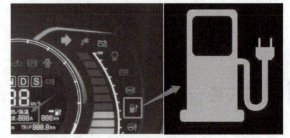

图 4-1　动力蓄电池电量低警告灯

二、交流充电设备及充电系统的结构组成

1. 交流充电方式

交流充电也叫慢充或者叫常规充电，指用充电连接电缆和充电接口将电动汽车和交流充电装置连接起来进行充电的方式。该方式是将外部电网的交流电转化为直流电来对动力蓄电池进行充电。此种充电方式根据充电装置的不同，又可以分为两类：充电适配器充电和充电桩充电。

（1）充电适配器　充电适配器（如图 4-2 所示）充电是采用恒压、恒流的传统充电方式进行充电的，充电功率一般在 3.3kW（根据型号不同充电功率不同）左右。充电时只需将车载充电器的插头连接到 220V AC 电源插座上即可进行充电，在住宅区或者停车场基本都有配备相应的充电插座，因此充电过程一般由客户自己独立完成。

此种充电方式如果充电电流小于 16A 的情况下可直接从低压照明电路取电，充电功率较小；如果大于 16A 时，需要用到家用标准空调 16A 插座。典型的充电时间为 8～10h（SOC 达到 95% 以上）。这种充电方式对电网没有特殊要求，只要能够满足照明要求的供电质量就能够使用。由于在家中充电通常是晚上或者是在用电低谷期，有利于电能的有效利用，因此电力部门一般会给予电动汽车用户一些优惠，例如电低谷期充电打折。

（2）固定式充电桩　固定式充电桩（充电机）充电一般在小型充电站完成（也可以作为家用）。小型充电站大多设置在街边、超市、办公楼、停车场等处，如图 4-3 所示。这种充电方式采用常规充电电流充电，电动汽车驾驶人只需将车停靠在充电站指定的位置上，接上电缆即可开始充电。这种充电方式采用的计费方式是投币或刷卡，充电功率视充电桩的类型而有所区别，一般在 5～10kW。图 4-3 所示为充电功率为 15～60kW 的充电桩，采用三相四线制 380V 供电或单相 220V 供电，其典型的充电时间是：补电 1～2h，充满 5～8h（SOC 达到 95% 以上）。

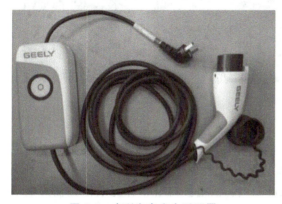

图 4-2　吉利汽车充电适配器

图 4-3　小型充电站

慢充充电模式缺点是充电时间较长，但其对充电设备的要求并不高，充电器和安装成本较低，可充分利用用电低谷时段进行充电，降低充电成本。更为重要的是可对动力蓄电池深度充电，提升动力蓄电池充放电效率，延长蓄电池寿命。

充电桩交流充电为标准充电模式时（充电桩充电），在环境温度（大于 0℃）的情况下，车辆从电量报警状态到充满电，大约耗时 8h。当使用充电适配器充电时，充电功率为 3kW 左右，为家用标准空调插座（16A 插座），所能提供的最大安全功率。

表 4-1 所示为相关车型的充电时间和续驶里程对照。

表 4-1　各个车型充电时间及续驶里程对照

序号	车　型	慢充时间/h	续驶里程/km
1	北汽 E150EV	8	150
2	比亚迪 e6	20	300
3	比亚迪 e5	8～10	400
4	江淮和悦 IEV4	8	200

（续）

序号	车　型	慢充时间/h	续驶里程/km
5	腾势	5	250
6	荣威 E50	6～8	180
7	启辰 E30	8	180
8	众泰知豆 E20	6	120
9	奇瑞 eQ 纯电动机	8～10	200

注意：充电时间根据充电接口的功率不同，充电时间有所不同（充电时间可根据充电接口功率与汽车动力蓄电池容量进行换算）。

2. 充电设备的认识

（1）充电线　2014 年及以后生产的纯电动汽车辆随车配备双弯头充电线总成，该类型充电线分为 16A 和 32A 两种，如图 4-4 所示。

使用车辆配备的充电连接线时，一定要将蓝色充电接口插入车身上慢充口，将黑色充电接口插入充电桩，然后打开充电桩电源便可充电。如果在计费场所的充电桩充电，需要打开计费开关后才能进行充电。在使用此类充电线时，需要确认充电接口两端连接方向。

图 4-4　充电线总成

（2）充电适配器　充电适配器一般由厂家随车提供，是一种便携式充电装置，所以也称为便携式充电器。充电适配器使用家庭用 220V 交流电（单相三线制）进行充电，需要将随车配置的交流充电适配器的三相插头插入家庭用电，供电接口（俗称充电枪）插入电动汽车慢充接口即可进行充电。

充电适配器有 8A、16A 和 32A 这 3 种充电电流的规格。家庭一般的三相插座可提供给 8A 充电适配器使用；16A 规格的充电适配器需要采用标准空调的三相插座，如图 4-5 所示；32A 规格的充电适配器相对来说比较少。

注意：在使用 16A 以上的充电适配器时，应确认家用电源插座必须具备接地功能并能承受相应的负荷，否则会导致安全事故的发生。

各个厂家所提供的充电适配器外观结构、充电电流大小有所不同，图 4-6 所示为随车提供的比亚迪 e5 充电适配器。

如图 4-7 所示，比亚迪 e5 充电适配器的充电电压为单相三线制的交流 220V±10%，充电电流为 8A，它还具备过流、漏电保护、未接地检测等功能。

该型号的充电适配器具有相应的充电指示装置，如图 4-8 所示。当相应指示灯处于点亮或者闪烁状态时，表示充电适配器不同的工作状态，其中包括正在充电中、充电完成、车端插头/插座未连接、过渡保护、未接地/火零错相、CP 电压异常、漏电保护和电源故障等。维修人员可根据指示灯不同的状态，来判断充电状态。

图 4-9 所示为随车提供的吉利 EV300 的充电适配器。

10A插头与墙壁插座

16A插头与墙壁插座

图 4-5　16A 标准空调插座对比

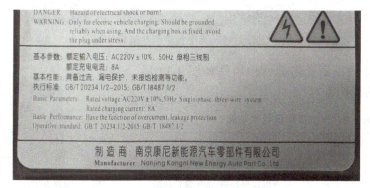

充电枪

充电控制盒

充电适配器插头　　充电适配器电缆

图 4-6　比亚迪充电适配器

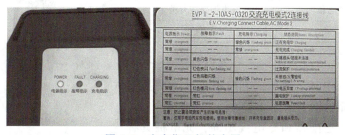

图 4-7　比亚迪 e5 充电适配器基本参数

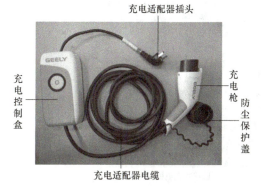

图 4-8　充电指示灯状态图

充电适配器插头

充电控制盒

充电枪

防尘保护盖

充电适配器电缆

图 4-9　吉利 EV300 充电适配器

图 4-10　吉利充电适配器基本参数

117

如图 4-10 所示，该充电适配器的充电电压为单相三线制的交流 220V±10%供电，充电电流为 8A，同时它还具备漏电、过流保护功能。

该型号的充电适配器同样也有相应的充电指示装置，如图 4-11 所示，其中包括正在充电、充电完成、未连接（闪烁）、漏电保护、过渡保护、过压/欠压保护、通讯异常、未接地和电源故障等状态。

图 4-11　充电指示灯状态图

充电适配器的控制盒内部结构组件如图 4-12 所示，各组件的功能见表 4-2。

表 4-2　充电适配器组件功能

序号	组件名称	功能
1	工频变压器	供电-低压部分
2	主控单片机	充电逻辑控制，电气保护功能
3	电流互感器	检测电流，提供过流保护使用
4	继电器	充电回路主开关
5	熔丝	电路保护
6	零序电流互感器	漏电保护作用

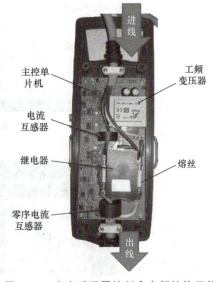

（3）固定式充电桩　固定式充电桩可分为壁挂式充电桩和落地式充电桩，如图 4-13 所示。

与便携式充电适配器和充电线不同，充电桩具有 220V/230V/240V（单相三线制）供电或者 380V/400V

图 4-12　充电适配器控制盒内部结构组件

落地式充电桩　　　　　　壁挂式充电桩

图 4-13　固定式充电桩

（三相四线制）供电两种方式。它的充电电流、充电功率比较大，充电电流在 32A 以上，充电功率一般在 7kW 以上。壁挂式充电桩（采用三相四线制的 380V 供电）的充电电流为 63A，充电功率可达 40kW。图 4-14 所示为充电桩的参数。

7kW充电桩　　　　　　　　　　　　　40kW充电桩

图 4-14　充电桩的参数

由于这种类型的充电设备充电电流大，存在较高的危险性，一般自带急停开关，如图 4-15 所示。在安装充电桩时，需要考虑安装场地电气设备所用电路导线的横截面积，安装时需要加装电路保护或者控制装置，如图 4-16 所示。

图 4-15　急停开关

图 4-16　电路保护装置

充电桩的结构组件如图 4-17 所示。

（4）交流充电接口

1）交流充电接口的规定。为了推进电动汽车的发展，实现充电设施的规范统一，针对交流充电设施，我国制定了 GB/T 20234—2015《电动汽车传导充电用连接装置》，其中第 2 部分"交流充电接口"规定了交流慢充接口的基本要求及相关事宜。

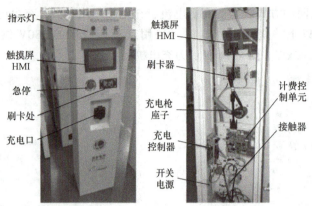

图 4-17　充电桩的结构组件

交流充电接口也称为慢充接口，它可以分为供电接口（充电枪接口）和车端接口。图 4-18 所示为比亚迪充电适配器充电枪的结构图，它包括了解锁按钮、锁扣、枪口和防尘保护盖 4 个部分。

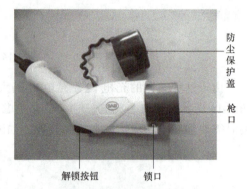

图 4-18　充电枪结构图

为了能够正确进行并完成车辆的充电，充电设备上具有相应的端口用于系统的检测与判断，这些端口直接与充电枪的接口针脚连接。

充电接口针脚定义根据国家不同、车型不同，有所区别，下面列出了美国、欧洲、中国的充电接口针脚定义，如图 4-19 所示。

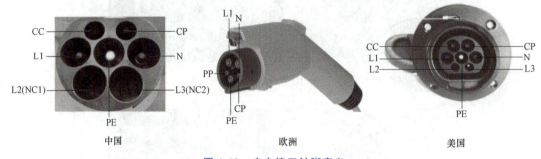

图 4-19　充电接口针脚定义

2）交流充电接口端子的定义及功能。我国交流充电接口针脚布置如图 4-20 所示，其针脚定义见表 4-3，其中三相充电接口有 L2 和 L3 两个针脚端子，而单相充电接口没有。

3. 交流充电系统的组件

电动汽车车载充电系统由充电接口、高压电缆、车载充电机、高压配电盒及动力蓄电池组成。

（1）高压电缆　高压电缆是电动汽车特有的专用电缆，它包括高压电缆和高压电缆专用接口，其功能是保证传输大电流、大电压，同时又能满足电缆的散热性能、绝缘性能及密封性能（IP67）良好。在电动汽车上，高压电缆可分为 5 个高压电缆，见表 4-4，展示了各个高压电缆的名称和连接部件。

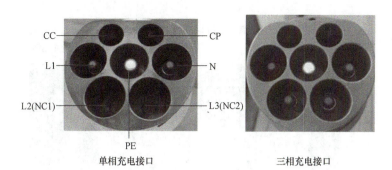

单相充电接口　　　　　　　　三相充电接口

图 4-20　我国充电接口

表 4-3　充电接口针脚定义

序号	标识	额定电压和额定电流	功能定义
1	L1	250V,10A/16A/32A	交流电源(单相)
		440V,16A/32A/63A	交流电源(三相)
2	L2	440V,16A/32A/63A	交流电源(三相)
3	L3	440V,16A/32A/63A	交流电源(三相)
4	N	250V,10A/16A/32A	中线(单相)
		440V,16A/32A/63A	中线(三相)
5	⏚	—	保护接地(PE),连接供电设备地线和车辆电平台
6	CC	0~30V,2A	充电连接确认
7	CP	0~30V,2A	控制导引

表 4-4　高压电缆及连接部件

序号	电缆名称	连接部件
1	动力蓄电池高压电缆	连接动力蓄电池到高压盒之间的电缆
2	驱动电机控制器电缆	连接高压盒到驱动电机控制器之间的电缆
3	快充电缆	连接快充口到高压盒之间的电缆
4	慢充电缆	连接慢充口到车载充电机之间的电缆
5	高压附件线束(高压线束总成)	连接高压盒到 DC/DC、车载充电机、空调压缩机、空调 PTC 之间的线束

图 4-21 所示为北汽 EV180 部分高压组件和高压电缆。

由于车型不同,高压组件和高压电缆的布置也有所区别,图 4-22 展示了比亚迪和吉利两款车型的部分电缆。

高压电缆的插头大多都使用了安全保护装置,例如采用了两级解锁装置或航空插头,如图 4-23 所示。

以两级解锁插头为例,介绍其插拔方法。

第一步:向外推动白色锁止扣,解除一级锁止装置,如图 4-24 所示。

第二步:按下二级锁止扣,在保持按下的同时,拔下插头,如图 4-25 所示。注意不要晃动插头,拔下后应做好防护措施。

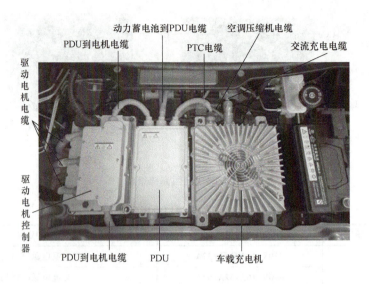

图 4-21　北汽 EV180 部分高压组件和高压电缆

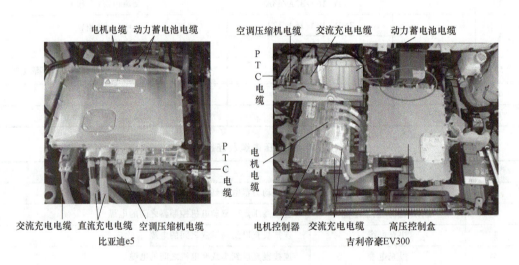

图 4-22　其他车型高压组件及高压电缆

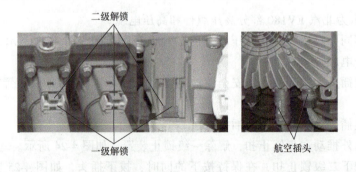

图 4-23　高压电缆插头

锁止状态　　　　　　　解锁状态

图 4-24　解除一级锁止机构

第三步：在确认一级锁止装置处于解锁的状态下，对准高压插座，垂直推入插头，当听到"哒"的一声时，插头完全插入到位，然后推入一级锁止装置，如图 4-26 所示。最后检查插头是否完全安装到位。注意：在进行高压电缆的连接器进行插拔操作前，应进行高压系统进行安全断电作业。

图 4-25　按下二级锁止装置　　　　　　　图 4-26　推入一级锁止扣

（2）车载充电机　车载充电机是纯电动汽车的随车部件，是交流充电系统的关键部件。车载充电机通过交流慢充口接入 220V/380V 的外部供电电源，经过整流、稳压、滤波等处理后，将交流电转换为直流电，从而对动力蓄电池进行充电。

1）车载充电机的结构。不同车型的车载充电机布置的位置有所不同，主要考虑的方面包括车辆机舱布置空间、涉水防护等级、碰撞安全、集成控制、布线、成本等。布置方式包括独立式和集成式，其布置的位置主要在行李舱、前机舱，如图 4-27 所示。

前机舱独立式　　　　　　　　前机舱集成式　　　　　　　　行李舱独立式

图 4-27　车载充电机布置

车载充电机的主要结构如图 4-28 所示，有些车型只配备了交流充电功能。

2）车载充电机的要求。车载充电机是交流电网电能与电动汽车动力蓄电池直接进行能

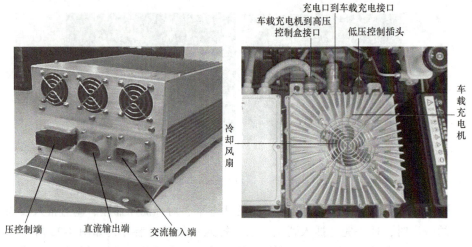

图 4-28　车载充电机结构

量转换的重要装置。对车载充电机的性能要求主要包括以下几方面：

1）能够通过软硬件的合理配置实现输出电压和输出电流的调节，从而改变输出功率以适合电动汽车动力蓄电池组的充电需求。

2）自动控制充电过程，实现智能充电；具有过压、过流等多重保护功能。

3）符合国家及相关行业标准；安全系数高，对使用人员的人身安全不构成危害，使用简易方便。

4）可实现快速充电，且能有效延长蓄电池的寿命；充电效率高，最大限度地合理利用电能。

三、直流充电设备的类型及系统的结构组成

1. 直流充电站

直流充电机一般设置于电动汽车专用充电场站，图 4-29 所示，主要用于对电动汽车进行快速充电。根据设备使用环境和要求，直流充电机需要满足 IP54 或更高（室内 IP30）的防水防尘等级。直流充电机主要由充电模块、监控器、电度计量表、读卡器、人机交互界面、通信/计费模块及充口、执行机构和户外柜体等部分组成。

图 4-29　直流充电站

2. 直流充电桩的分类及结构

直流充电桩可分为分体式充电桩、便携式充电桩和一体式充电桩，如图 4-30 所示。按

照充电枪的数量可以分为单枪充电桩和双枪充电桩，单枪充电桩充电功率为 30kW/60kW/120kW 3 种，双枪充电桩充电功率为 120kW（60kW+60kW）；如果按照电压等级分类的话可分为乘用车 DC200~500V 充电桩，商用车 DC350~750V 充电桩，通用型 200~750V 充电桩。

分体式   一体式   便携式

图 4-30 直流充电桩

为了安装调试方便、运行维护简单，直流充电机/桩一般采用模块化设计，将充电机、充电接口、人机交互界面、通信、计费等部分集成一体。直流充电桩将 AC380V 动力电引入直流充电桩的 AC/DC 整流模块单元，通过控制单元对整流模块单元进行控制，之后连接充电线缆和充电枪。一体式直流充电桩的结构如图 4-31 所示。

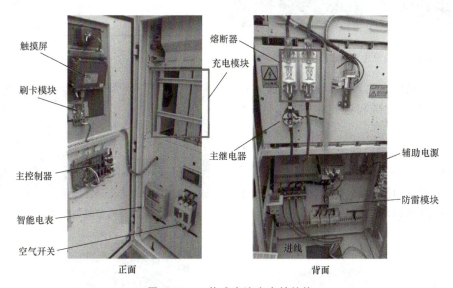

正面   背面

图 4-31 一体式直流充电桩结构

便携式直流充电机的结构组成如图 4-32 所示。

3. 直流充电接口

（1）直流充电接口的规定　为统一各整车企业和充电设施生产企业的连接要求，保证车辆在使用过程中可以顺利完成直流快速充电，我国制定了直流充电相应的国家标准，其中GB/T 20234.3—2015《电动汽车传导充电用连接装置》中"直流充电接口"规定了直流快充接口的基本要求。直流充电枪接口及车辆接口如图 4-33 所示。

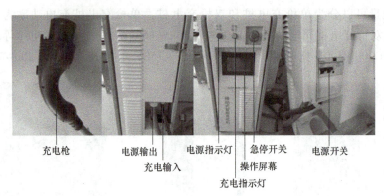

充电枪　　　　电源输出　　　电源指示灯　　急停开关　　　电源开关
　　　　　　　充电输入　　　　操作屏幕
　　　　　　　　　　　　　充电指示灯

图 4-32　便携式直流充电机的结构

（2）直流充电接口的额定值　根据 GB/T 20234.3—2015《电动汽车传导充电用连接装置　第 3 部分　直流充电接口》的要求，直流充电接口的额定值如表 4-5 所示。

充电枪接口　　　　　　　车辆接口

图 4-33　直流充电枪接口及车辆接口

表 4-5　直流充电接口的额定值

额定电压/V	额定电流/A
750/1000	80
	125
	200
	250

在每台车辆的直流充电口内盖表面，都标识了相关的额定电压和额定电流，如图 4-34 所示。

（3）直流充电接口端子定义及功能　直流充电接口包含 DC+、CC2 等 9 个插头端子，充电接口端子布置如图 4-35 所示，其各个端子的接口电气功能值和功能定义如表 4-6 所示。

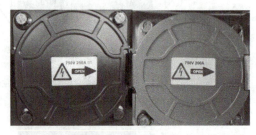

图 4-34　直流充电口额定电压和电流的标识

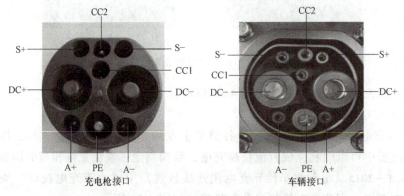

充电枪接口　　　　　　　　　　　　车辆接口

图 4-35　直流充电接口布置图

表 4-6　端子的接口电气功能值和功能定义

触头编号	端子标识	额定电压和额定电流	功能定义
1	DC+	750V，80A/125A/200A/250A	直流电源正极，连接直流电源正极与电池正极
2	DC−	750V，80A/125A/200A/250A	直流电源负极，连接直流电源负极与电池负极
3	PE(GND)	—	保护接地(PE)，连接供电设备地线和车辆电平台
4	S+	0~30V，2A	充电通信 CAN-H，连接非车载充电机与电动汽车的通信线
5	S−	0~30V，2A	充电通信 CAN-L，连接非车载充电机与电动汽车的通信线
6	CC1	0~30V，2A	充电连接确认 1
7	CC2	0~30V，2A	充电连接确认 2
8	A+	0~30V，20A	低压辅助电源正极，连接非车载充电机为电动汽车提供的低压辅助电源
9	A−	0~30V，20A	低压辅助电源负极，连接非车载充电机为电动汽车提供的低压辅助电源

注：非车载充电控制装置和车辆控制装置应有 CAN 总线终端电阻，建议为 120Ω。通信线宜采用屏蔽双绞线，非车载充电机端屏蔽层接地。

4. 直流充电系统的组件

图 4-36 所示为直流充电高压电缆。该车型的直流充电高压电缆经过 VTOG（高压电控总成）后再进入动力蓄电池，从而实现能量的补充。

图 4-36　直流充电高压电缆

图 4-37 所示为比亚迪 e6 高压配电箱总成上的部分高压电缆。该车型的直流充电高压电缆经过高压配电箱后再进入动力蓄电池，实现能量的补充。

由此可见，不同车型的直流充电系统流经的部件也有所区别。

四、纯电动汽车无线充电技术

1. 无线充电技术概述

纯电动汽车无线充电技术通过埋于地面下的供电导轨以高频交变磁场的形式将

图 4-37　高压配电箱总成上的直流充电电缆

电能传输给运行在地而上一定范围内的车辆接的电能拾取机构，从而给车载储能设备供电。无线充电可使电动汽车搭载少量蓄电池组，延长其续驶里程，同时电能补给变更加安全、便捷。动态无线供电技术的主要参数指标有电能传输距离、功率、效率、耦合机构侧移适应能力、电磁兼容性等。开发大功率、高效率、强侧移适应能力、低电磁辐射、成本适中的动态无线供电系统，成为国内外各大研究机构当前的主要研究热点。

2. 无线充电技术的发展背景

为了节约能源，减少环境污染，电动汽车受到了世界各国的大力推广。由于动力蓄电池容量及充电基础设施等条件的限制，充电问题成为电动汽车发展过程中面临的最主要的瓶颈。由于无线充电技术可以解决传导式充电面临的接口限制、安全问题等而逐渐发展成为电动汽车充电的主要方式。然而，静态无线充电与有线充电同样存在着充电频繁、续驶里程短、电池用量大且成本高昂等问题。特别是对于电动公交车辆，其连续续驶能力格外重要。在这样的背景下，电动汽车动态无线充电技术应运而生，通过非接触的方式为行驶中的电动汽车实时地提供能量供给。

然而，随着研究的深入，许多关键问题与瓶颈需要解决，例如高性能磁耦合机构设计问题、电磁兼容问题、能量传输鲁棒控制问题等，这些问题的解决对于动态无线供电技术的发展具有指导性作用。低碳经济核心是新能源技术与节能减排技术的应用，电动汽车能够较好地解决机动车排放污染与能源短缺问题，是我国战略性新兴产业。作为电动汽车大规模推广应用的重要前提和基础，电动汽车充换电设施建设引起了各方广泛关注。新能源产业的发展，尤其纯电动汽车的快速增长，必然会对电动汽车的充电方式多样化和方便性提出更高的要求。无线充电技术作为一项新兴技术，商业化运作主要应用于手机、计算机、随身听等小功率设备的充电上，在电动汽车领域还是一个全新的概念。随着无线充电技术的成熟，电动汽车将是无线充电设备最具潜力的市场。图 4-38 所示为无线与传统充电站对比。

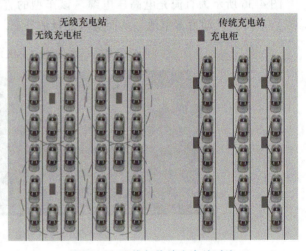

图 4-38　无线与传统充电站对比

3. 无线充电的类型

（1）电磁感应式充电　电磁感应——发射线圈中一定频率的交流电，通过电磁感应在接收线圈中感应出一定的电流，从而将能量从传输端转移到接收端。此种类型的充电能量转换率较高，但只能一对一充电，而且充电距离为 0~10cm，代表车型有宝马、奔驰、日产、比亚迪等。图 4-39 所示为电磁感应充电原理。

（2）微波式充电　微波通信的大功率应用，主要由微波发射装置和微波接收装置组成，接收电路可以捕捉到从墙壁弹回的微波能量，在随负载做出调整的同时保持稳定的直流电压。

Powercast 公司研制出可以将微波转化成直流电的接收装置，可在约 1m 范围内为不同电

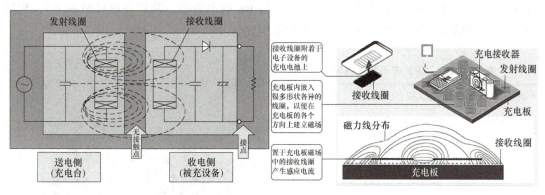

图 4-39　电磁感应充电原理

子装置的电池充电。

（3）磁场共振式充电　磁场共振式充电是电磁感应式充电的细分。磁场共振充电系统由能量发送装置和能量接收装置组成，当两个装置调整到相同频率，或者说在一个特定的频率上共振，它们就可以交换彼此的能量。此种充电方式可实现一对多充电，无须精准对位，但能量传输的损耗较高，代表车型有丰田、高通等。

（4）电场耦合式充电　是利用电容两个极板间的电场传输电能，又称静电耦合式电容耦合。通过电感和耦合电容的谐振特性，提高耦合电容的电压，产生较大的位移电流，实现能量的传输。同时电容和电感之间的谐振，还可以补偿变换器的无功功率，提高变换器的工作效率。

4. 电动汽车无线充电系统实际结构及原理图

无线充电系统由位于汽车外部原边电路和位于汽车的内部的副边电路、整流器以及驱动系统构成。通常在充电的时候，带有扁平铁心的原边线圈，即耦合器，是通过手动

图 4-40　无线充电结构

的方式插在副边铁心中一个缝隙处，这样，能量就能够从安置在底层的原边电路被转换到蓄电池中。如图 4-40 所示。

【操作技能】

五、充电接口检测与充电作业

1. 充电接口端子测量

慢充时，交流电通过充电桩或者适配器后，经车辆的慢充口（交流充电接口）进入车载充电系统，经线束将交流电送入车载充电机或者其他控制装置，车载充电机将交流电转化为直流电后经高压控制盒，通过高压母线给动力蓄电池进行充电。

由于充电设备不同，充电功率不同，汽车完成充电的时间也有所不同。维修人员可以通过测量充电接口的 CC 和 PE 的电阻值来确认充电接口的额定功率和额定电流。如图 4-41 所

示，通过测量比亚迪 e5 的随车充电适配器 CC 与 PE 的电阻值，我们可以对照表 4-7，判断该充电适配器的额定功率为 3.3kW，充电电流为 8A。

表 4-7　CC 和 PE 电阻值对照表

CC 与 PE 之间的电阻值	额定功率	额定电流
680Ω/1500Ω	3.3kW 以下	16A/8A
220Ω	7kW	32A
100Ω	40kW 以上	63A

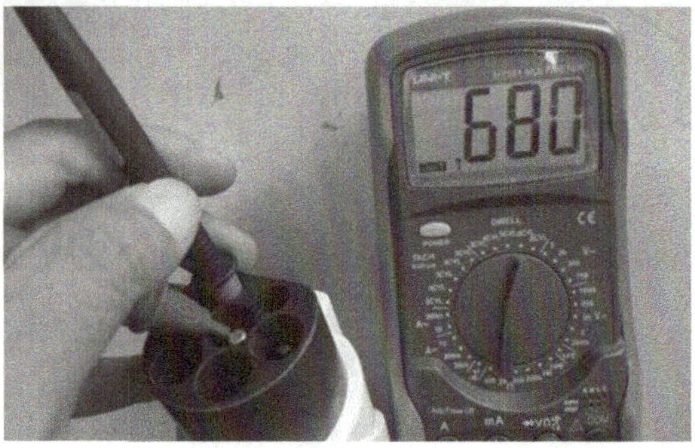

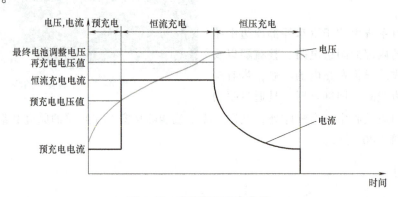

图 4-41　测量 CC 和 PE 电阻值

2．交流慢充充电作业

（1）交流充电的充电方式　蓄电池的充电过程对动力蓄电池的性能及寿命有一定的影响，合理的充电方式对保护动力蓄电池意义重大。按照动力蓄电池的最佳曲线充电会大大降低动力蓄电池的充电时间，并且减小对动力蓄电池造成的危害以及对动力蓄电池的寿命及容量的影响。动力蓄电池电压超过一定电压值，其内物质会发生分解，影响动力蓄电池的安全性。锂电池对充电终止电压的精度要求很高，一般误差不能超过额定值的 10%，所以锂电池慢充时一般采用恒压充电的方式进行充电。

对于锂电池，充电过程一般分为 3 个阶段：预充电阶段、恒定电流充电阶段和恒定电压充电阶段，这样能够更好保护电池，延长动力蓄电池的使用寿命。交流慢充的充电曲线如图 4-42 所示。

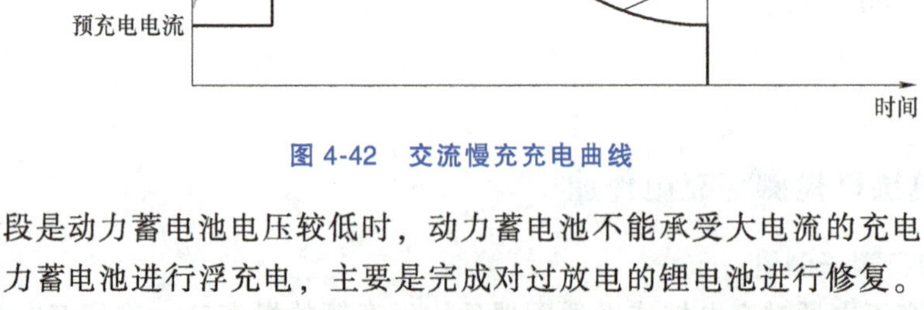

图 4-42　交流慢充充电曲线

预充电阶段是动力蓄电池电压较低时，动力蓄电池不能承受大电流的充电，这时有必要以小电流对动力蓄电池进行浮充电，主要是完成对过放电的锂电池进行修复。

当动力蓄电池电压达到一定值时，可以受大电流充电，这时以恒定的大电流充电，以使锂离子快速均匀地转移。这个时候便处于恒流充电阶段，在这个过程中电流保持恒定不变，在充电的过程中，由于电池内阻的增加，电池两端的电压会慢慢增加，当达到电池的额定电压时就认为其已充满。恒流充电阶段的特点是控制比较简单，但是在充电的整个过程中，动力蓄电池接收电流的能力是呈下降的趋势，因此使用后期会不利于动力蓄电池的长期维护。

最后阶段时是恒压充电阶段，它与恒流充电阶段相似，不同的是这个阶段是在充电过程中保持电压不变，充电电流逐渐减小，单节动力蓄电池的恒压充电电压应在规定值的±5%范围变化。恒压充电的截止条件一般用最小充电电流来控制，充电电流很小时（一般为0.05C，或恒流充电电流的1/10），表明动力蓄电池充满，应停止充电。

（2）充电适配器的使用

1）准备充电适配器。从车上取下充电适配器，并检查适配器的状况，如图4-43所示。

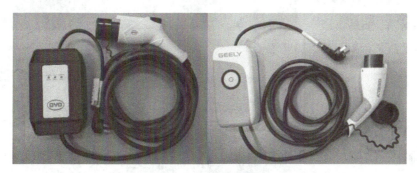

图4-43　e5的充电适配器

2）打开充电口。拉起充电口盖拉手开关（比亚迪e5的拉手开关位于仪表板左下方，吉利EV300拉手开关位于驾驶人座椅左下方），如图4-44所示，打开车辆的充电口外盖板。

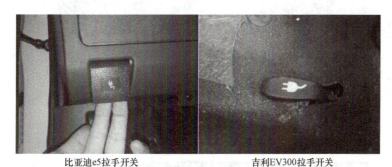

比亚迪e5拉手开关　　　　　　　吉利EV300拉手开关

图4-44　充电口拉手开关

充电口盖的打开方式根据车型也有所不同。比亚迪e6在按下钥匙的解锁按钮时，就可解锁充电口盖板；吉利EV300同样也有充电口盖板的开关，但其位置不同；北汽EV180可以直接打开充电口外盖板。

图4-45展示了典型电动汽车的充电口位置（一般都是交流充电口和直流充电口布置在一起）。比亚迪e5的充电口位于汽车前格栅位置，比亚迪e6、北汽EV180、吉利EV300的充电口位于车辆左后方（传统燃油车油箱盖位置），广汽传祺的充电口位于前格栅上，长安电动汽车充电口位于机舱里面。

3）连接充电适配器插头。确认家用插座的电源已断开，将充适配器的三相插头插入电源插座，确保插头与插座可靠连接。如图4-46所示。

4）连接充电枪到车辆充电口。用手轻轻推开充电口内盖的锁止扣，打开充电口内盖，如图4-47所示。

图 4-45　充电口位置

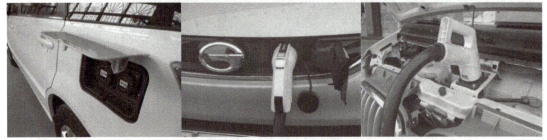

图 4-46　连接充电适配器到家用电源

图 4-47　打开充电口内盖

注意：充电口的内盖表面有危险警告标识，上面标记了最大充电电压和充电电流，所示必须选择合适的充电设备对车辆进行充电作业。图 4-48 中所示最大充电电压为 250V，最大充电电流为 32A。

取下充电枪的防尘保护盖，按下充电枪的锁止按钮，对准车辆的充电口，垂直插入充电枪。如图 4-49 所示。

图 4-48　充电额定电压及电流

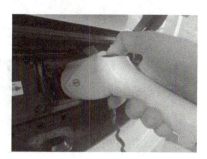

图 4-49　插入充电枪

确认充电枪完全插入到位，如图 4-50 所示，且插入后无法拔出充电枪。

完全插入状态　　　　　　　　　　　未完全插入状态

图 4-50　检查充电枪状态

5）打开电源进行充电。充电适配器连接完成后，打开家用电源开关，此时，充电适配器上的电源指示灯亮起，如图 4-51 所示。

充电系统进行自检并确认正常后，充电适配器的电源指示灯、充电指示灯亮起，此时进行对车型充电，如图 4-52 所示。

图 4-51　充电连接指示灯

图 4-52　充电指示灯

车辆仪表上的动力蓄电池充电连接指示灯也会同时亮起，如图 4-53 所示。

如果充电系统出现故障、充电适配器故障、充电适配器连接不当，适配器的故障指示灯会亮起，如图 4-54 所示。

6）充电完成后的作业。当充电完成时，断开电源插座开关，拔下充电适配器插头，按下充电枪的锁止按钮，垂直拔出充电枪（不要晃动充电枪），盖上充电口内外盖板，整理并放置好充电适配器。

注意：使用充电适配器进行充电作业时，应确保充电口干燥且无异物，供电端必须增加

图 4-53　动力蓄电池充电连接指示灯

图 4-54　故障指示灯

漏电保护开关，三相插头必须与插座可靠连接，供电端必须可靠接地。使用过程中严禁撞击、拖拽充电线；此连接线仅用于电动汽车充电使用，雨天不可使用此设备进行充电；充电时要注意额定充电电流与供电端匹配。

（3）固定充电桩的使用　在使用固定充电桩充电时，其作业步骤增加了刷卡取电和刷卡停止充电的操作步骤，以家用充电桩为例，具体可按照以下操作流程进行作业，如图 4-55 所示。

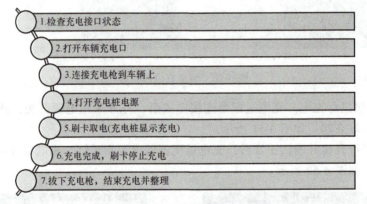

1.检查充电接口状态

2.打开车辆充电口

3.连接充电枪到车辆上

4.打开充电桩电源

5.刷卡取电(充电桩显示充电)

6.充电完成，刷卡停止充电

7.拔下充电枪，结束充电并整理

图 4-55　固定充电桩充电作业流程

3. 直流充电作业

在使用直流充电桩进行充电作业操作时时，其步骤与固定式交流充电桩的操作步骤基本相同，如图 4-56 所示。

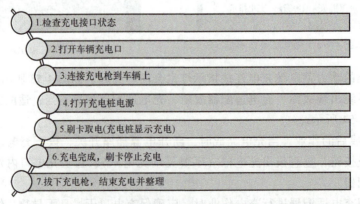

1.检查充电接口状态

2.打开车辆充电口

3.连接充电枪到车辆上

4.打开充电桩电源

5.刷卡取电(充电桩显示充电)

6.充电完成，刷卡停止充电

7.拔下充电枪，结束充电并整理

图 4-56　直流充电基本操作流程

学习任务工单

<table>
<tr><td colspan="4" align="center">实训：充电设备的认知</td></tr>
<tr><td>专业</td><td></td><td>班级</td><td></td></tr>
<tr><td>姓名</td><td></td><td>学号</td><td></td></tr>
</table>

一、接收任务

　　充电站近期新进了一批员工，为了便于这批员工尽快投入工作岗位，公司领导安排技术总监下个星期对他们进行技术培训。培训目的主要是让他们尽快熟悉公司主营的各类充电桩产品，了解国家对充电设备的各种要求。如果你是公司的技术总监，你打算如何准备这个培训呢？

二、收集信息（25分）	成绩：

　　1）电动汽车充电设备的类型一般分为_____、_____、交流充电桩、直流充电桩和交_____等。

　　2）_____是指固定安装在电动汽车上运行，将电网的交流电转换成直流电，采用传导方式为电动汽车蓄电池组充电的装置。

　　3）_____是指固定安装在电动汽车外，与交流电网连接，将电网的交流电转换成直流电，可以为电动汽车提供直流电源的装置。

　　4）国内电动汽车充电设备的建设上主要有集中式充电站、_____以及_____3种模式。

　　5）根据电动汽车补充电能的方式，电动汽车可分为_____、_____和磁耦合无线充电式3种。

　　6）交流充电接口包含CC和CP结构，其中CP是_____。

　　7）交流充电桩的电源分为_____相和_____相。

　　8）直流充电桩将AC_____V动力电引入直流充电桩的_____模块单元，通过控制单元对整流模块单元进行控制，之后连接充电线缆和充电枪。

　　9）无线充电的类型有_____式充电、_____式充电、_____充电。

　　10）直流充电桩按照充电枪的数量可以分为单枪充电桩和双枪充电桩，单枪充电桩充电功率为_____kW/_____kW/_____kW 3种，双枪充电桩充电功率为120kW。

三、制定计划（计划 10 分、分工 5 分、准备 5 分）　　成绩：

1）根据高压安全流程规范和要求，制定充电设备认知实训计划

实训计划

序号	计划项目	操作要点

计划审核：　　　　　审核意见：

　　　　　　　　　　　　　　　　　　　　　　　时间：　　　　签字：

2）任务分工

操作员		记录员	
监护员		展示员	

作业注意事项

①着装统一、整洁规范。
②思想集中，正确使用安全器具。
③选择合适的个人防护用具。
④点火钥匙要有专人保管。
⑤操作完毕后，应清洁物品，放置原位。
⑥维修人员禁止带有手表、金属笔等金属物品。

四、实施计划（45 分）　　成绩：

1. 操作前准备(10分)	操作记录：
1)设置警戒带,设置隔离间距。	隔离带设置:□是　□否
2)检测举升机工作是否正常。	设置距离:_____ m
3)检查维修工位光线和通风是否良好。	光线通风:□良好　□较差
4)检查维修工位上的消防设施是否良好。	灭火器指针位置_____
	压力值:□正常　□异常
5)设立标注"高压危险""有电危险""禁止合闸"等警示牌。	警示牌设置:□是　□否
6)维修人员防护用具检查:绝缘手套、绝缘服、护目镜、安全帽、绝缘鞋。	绝缘手套是否存在破损和漏气状况:□正常　□异常
	绝缘鞋是否存在破损和断裂状况:□正常　□异常
7)检查维修作业时可能用到的手电筒或其他可移动照明设备是否正常。	照明设备状况:□正常　□异常
8)安放车内四件套。	车内四件套安放:□是　□否
9)安放车外三件套。	车外三件套安放:□是　□否
10)检查维修检测工具是否正常。	万用表状况:□正常　□异常
	绝缘测试仪状况:□正常　□异常

（续）

2. 交流、直流充电接口端子认知（25分）

L1：＿＿＿＿＿＿＿＿＿＿＿＿＿＿＿＿＿

L2：＿＿＿＿＿＿＿＿＿＿＿＿＿＿＿＿＿

L3：＿＿＿＿＿＿＿＿＿＿＿＿＿＿＿＿＿

CC：＿＿＿＿＿＿＿＿＿＿＿＿＿＿＿＿＿

CP：＿＿＿＿＿＿＿＿＿＿＿＿＿＿＿＿＿

PE：＿＿＿＿＿＿＿＿＿＿＿＿＿＿＿＿＿

N：＿＿＿＿＿＿＿＿＿＿＿＿＿＿＿＿＿

L1 单相额定电压和电流：＿＿＿＿＿＿＿＿＿

L1 三相额定电压和电流：＿＿＿＿＿＿＿＿＿

L2 三相额定电压和电流：＿＿＿＿＿＿＿＿＿

L3 三相额定电压和电流：＿＿＿＿＿＿＿＿＿

N 单相额定电压和电流：＿＿＿＿＿＿＿＿＿

N 三相额定电压和电流：＿＿＿＿＿＿＿＿＿

CC 单相额定电压和电流：＿＿＿＿＿＿＿＿＿

CC 三相额定电压和电流：＿＿＿＿＿＿＿＿＿

CP 单相额定电压和电流：＿＿＿＿＿＿＿＿＿

CP 三相额定电压和电流：＿＿＿＿＿＿＿＿＿

DC+：＿＿＿＿＿＿＿＿＿＿＿＿＿＿＿＿＿

DC−：＿＿＿＿＿＿＿＿＿＿＿＿＿＿＿＿＿

PE：＿＿＿＿＿＿＿＿＿＿＿＿＿＿＿＿＿

S+：＿＿＿＿＿＿＿＿＿＿＿＿＿＿＿＿＿

S−：＿＿＿＿＿＿＿＿＿＿＿＿＿＿＿＿＿

CC1：＿＿＿＿＿＿＿＿＿＿＿＿＿＿＿＿＿

CC2＿＿＿＿＿＿＿＿＿＿＿＿＿＿＿＿＿

A+：＿＿＿＿＿＿＿＿＿＿＿＿＿＿＿＿＿

A−：＿＿＿＿＿＿＿＿＿＿＿＿＿＿＿＿＿

DC+额定电压和电流：＿＿＿＿＿＿＿＿＿＿

DC−额定电压和电流：＿＿＿＿＿＿＿＿＿＿

S+额定电压和电流：＿＿＿＿＿＿＿＿＿＿

S−额定电压和电流：＿＿＿＿＿＿＿＿＿＿

CC1 额定电压和电流：＿＿＿＿＿＿＿＿＿＿

CC2 额定电压和电流：＿＿＿＿＿＿＿＿＿＿

A+额定电压和电流：＿＿＿＿＿＿＿＿＿＿

A−额定电压和电流：＿＿＿＿＿＿＿＿＿＿

3. 测量充电接口 CC 和 PE 电阻，查阅资料完成题目（10分）

　　交流充电接口 CC 和 PE 之间的电阻决定充电接口的额定功率和额定电流。测量充电接口 CC 和 PE 电阻。

CC-PE 电阻：＿＿＿＿＿＿＿＿＿＿＿＿＿＿

额定功率：＿＿＿＿＿＿＿＿＿＿＿＿＿＿＿

额定电流：＿＿＿＿＿＿＿＿＿＿＿＿＿＿＿

五、检查与点评（教师点评）

六、反思与评价（10分）	成绩：
自我反思：	
自我评价：	

【课后思考】

    1. 电动汽车充电有哪些类型？

    2. 电动汽车充电作业有哪些步骤？

学习任务二　纯电动汽车充电系统故障诊断与检修

【学习目标】

    1. 了解交流充电系统的工作原理。

    2. 了解交流充电系统的控制策略。

    3. 了解直流充电系统的工作原理。

    4. 了解直流充电系统的控制策略。

    5. 能描述纯电动汽车充电系统的工作过程。

    6. 能正确进行充电系统简单故障的诊断与排除。

【任务导入】

    某一天，比亚迪4S店的维修服务顾问接到车主救援电话，反映车辆无法进行充电。机电维修车间技术组长带领新员工进行外出救援，经现场确认，故障为充电设备与车辆无法进行通信，车辆无法进行充电。

【知识准备】

一、交流充电系统的控制策略

1. 交流充电接口的连接界面及控制

    （1）交流充电连接界面　在充电连接操作过程中，首先接通的是保护接地插头，最后接通控制确认和充电连接确认插头；在脱开的过程中则刚好相反，首先脱开的是控制确认和充电连接确认插头，最后脱开保护接地插头。与车辆相连的电气连接界面示意图如图4-57所示。

    （2）交流充电控制导引电路与控制原理　交流充电控制导引电路与控制原理如图4-58

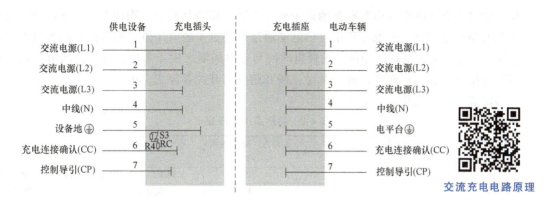

交流充电电路原理

图 4-57　车辆接口电气连接界面示意图

所示。该电路由控制供电装置、接触器 K1 和 K2（可仅有一个）、电阻 R1、R2、R3、R4、二极管 VD1、开关 S1、S2、S3、车载充电机和车辆控制装置（可集成于其他控制器中）组成，电阻 RC 安装在充电枪上。开关 S1 为供电设备内部开关，S2 为车辆内部开关，在车辆接口与供电口完全连接后，如果车载充电机自检无故障后，并且动力蓄电池组处于可充电状态时，S2 闭合。开关 S3 为充电枪的内部常闭开关，与充电枪上的按钮联动（该按钮用于触发机械锁止装置），按下按钮的同时，S3 处于断开状态。

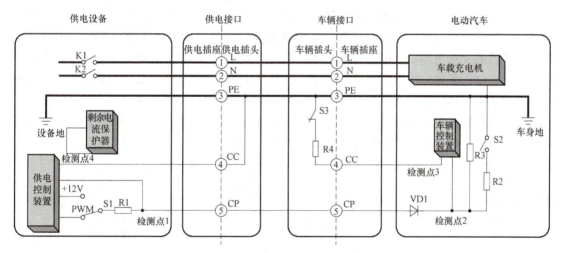

图 4-58　交流充电控制导引电路与控制原理

充电接口的连接状态的检测原理如下：供电设备插头与插座连接后，车辆控制装置通过测量检测点 3 与 PE 之间的电阻值来判断车辆插头与车辆插座是否完全连接。未连接时，S3 处于闭合状态，CC 未连接，检测点 3 与 PE 之间的电阻无限大；半连接时，S3 处于断开状态，CC 已连接，检测点 3 与 PE 之间的电阻为 RC+R4；完全连接时，S3 处于闭合状态，CC 已连接，检测点 3 与 PE 之间的电阻为 RC。对于连接方式 A 和 B，供电控制装置通过测量检测点 1 或者检测点 4 的电压值来判断供电插头与供电插座是否完全连接。在完成插头与插座连接状态检测后，操作人员对供电设备完成充电起动设置，则开关 S1 从连接 +12V 状态切换至 PWM 连接状态，供电控制装置发出 PWM 信号。供电控制装置通过测量检测点 1 的电压值判断充电连接装置是否已完全连接。车辆控制端检查无误后闭合 S2，供电控制装置通过再次测量检测点 1 的电压值判断车辆是否准备就绪，如满足要求，则闭合开关 K1、K2 使交流供电回路导通。正常充电过程中，供电端通过检测点 4 的电压值、车辆控制端通过检测点 2 的占空比（占空比是指脉冲信号的通电时间与通电周期之比）和检测点 3 的阻值，判断充电接口连接状态，当检测值出现异常时，断开相应的开关并停止充电。

检测点 1 电压变化见表 4-8。

表 4-8　检测点 1 电压变化

充电连接装置是否连接	S2 状态	车辆是否可以充电	检测点 1 峰值电压 /V	说明
否	断开	否	12	车辆接口未完全连接，检测点 2 的电压为 0
是	断开	否	9	S1 切换至 PWM 连接状态，R3 被检测到
是	闭合	是	6	车载充电机及供电设备处于正常工作状态

2. 车载充电机的工作原理

（1）车载充电机概述　车载充电机通过电缆与交流充电桩或电缆控制器等设备相连接并进行通信，从而获得交流电能的供给。车载充电机完成交流电转直流电的 AC/DC 转换。车载充电机的后端与动力蓄电池系统（包括动力蓄电池组及蓄电池管理系统）相连并进行通信，得到剩余电量、所需充电电压和充电电流等信息，并提供直流电能进行能量补充。

充电时，车载充电机主要完成信息通信、能量获取、有效处理及输送，同时有效提高电能的利用效率。在充电准备及充电过程中，交流充电桩通过交流充电接口将能量发送给车载充电机，车载充电机与动力蓄电池管理系统通信，动力蓄电池管理系统（BMS）将动力蓄电池组所需的充电电压、充电电流等充电需求状态经 CAN 总线发送给车载充电机，车载充电机则把充电回路的输出电压和输出电流等功率信息实时反馈给动力蓄电池管理系统。车载充电机在地面充电装置与动力蓄电池之间起到一个功率转换窗口的作用。

整个交流充电系统由软硬件两部分构成：软件包括实时控制功率传输过程的程序系统；硬件包括动力蓄电池实现能量传输的主功率回路。车载充电机的电气原理如图 4-59 所示。

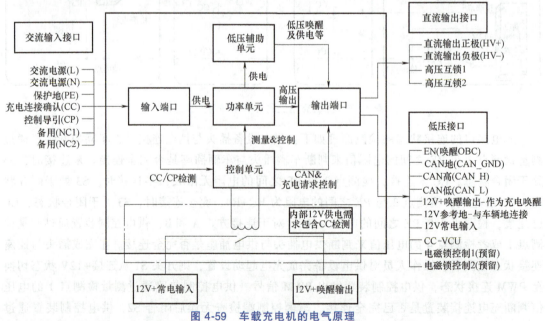

图 4-59　车载充电机的电气原理

（2）车载充电机工作过程　充电时，首先连接交流充电桩给车载充电机供给交流电，在充电前低压唤醒整车控制系统，整车控制系统给 BMS 系统信号去检测电源系统的充电需求，然后进入如图 4-60 所示的充电流程，BMS 先对动力蓄电池电压进行检测，当检测动力蓄电池深度放电等原因出现电压过低时，BMS 系统给车载充电机发送工作指令并闭合充电继电器。此时，车载充电机开始工作，进行充电。先要用小电流对其进行修复性充电；若检测电池电压在正常范围内，则可跳过涓流充电这一步，直接进入恒流充电模式，然后再进入恒压充电。当 BMS 系统检测电源系统充电完成后，给车载充电机发送停止指令，车载充电机接收该指令后停止工作，此时断开交流充电接触器。

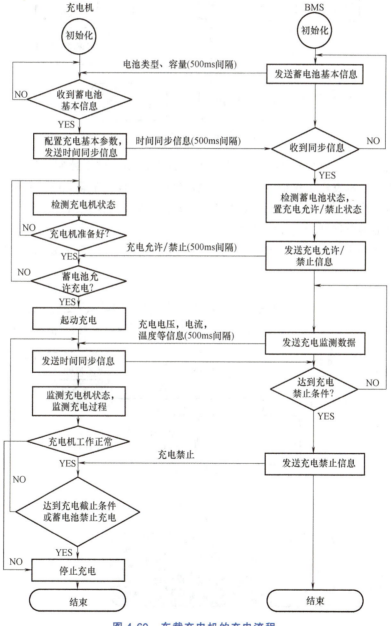

图 4-60　车载充电机的充电流程

3. 交流充电系统的控制策略及电路

（1）交流充电系统的控制策略　交流充电系统的控制策略如图 4-61 所示。充电接口连接通过充电机反馈到整车控制器，再唤醒仪表显示连接状态（负触发）；充电机同时唤醒整车控制器和动力蓄电池 BMS（正触发），整车控制器唤醒仪表启动显示充电状态（负触发）；动力蓄电池正、负主继电器由整车控制器发出指令由 BMS 控制闭合。

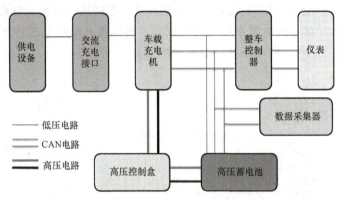

图 4-61　交流充电系统的控制策略

慢充系统起动，充电桩提供交流供电，蓄电池低压唤醒整车控制系统，BMS 检测充电需求并给车载充电机发送工作指令，动力蓄电池继电器闭合，车载充电机开始工作，进行充电，当动力蓄电池检测充电完成后，BMS 给车载充电机发送停止指令，车载充电机停止工作，动力蓄电池继电器断开，充电结束。

（2）交流充电系统的电路　图 4-62 所示为 2017 款比亚迪 e5 交流 220V 充电系统电路简图。

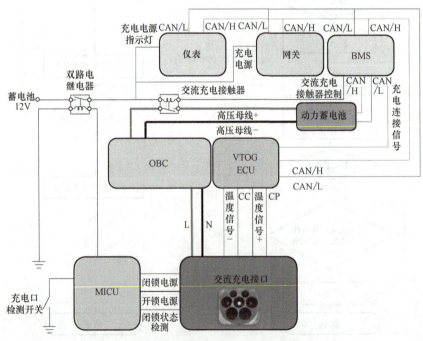

图 4-62　比亚迪 e5 交流 220V 充电系统电路简图

在此电路中，展示了家用 220V 单相充电，参与充电系统工作的部件包括了 MICU（多路控制单元）、交流充电口、OBC（车载充电机）、VTOG ECU（高压电控总成）、动力电池、BMS（动力蓄电池管理系统）、网关、仪表等。当充电枪插入到充电口后，充电信号进入 MICU，此时，MICU 控制双路继电器接通；VTOG ECU 与外部充电设备通过 CC 和 CP 两个端口进行信号确认，VTOG ECU 通过动力 CAN 总线将信号发给 BMS，BMS 进行充电接口的功率确认，同时 BMS 通过蓄电池子网 CAN 子总线采集动力蓄电池的电压、温度等信息，内部进行计算后，接通交流充电接触器，接触器开关闭合，由交流充电口输入的交流电经过 OBC 后转换成直流电，给动力蓄电池充电。

在充电过程中，BMS 时刻保持对动力蓄电池相关信号的监测。当动力蓄电池充满后，BMS 控制断开交流充电接触器。同时，VTOG ECU 采集充电接口的温度信号，然后将信号传给 BMS，从而实现充电接口温度的监控。如果在监测过程中，系统出现异常，BMS 会自动断开交流充电接触器，停止充电。

图 4-63 所示为 2017 款比亚迪 e5 使用交流 380V、40kW 充电设备时车辆充电系统电路简图。在此电路中，交流三相电经过 VTOG 中的整流模块，然后再进入动力蓄电池，从而实现能量的补充。

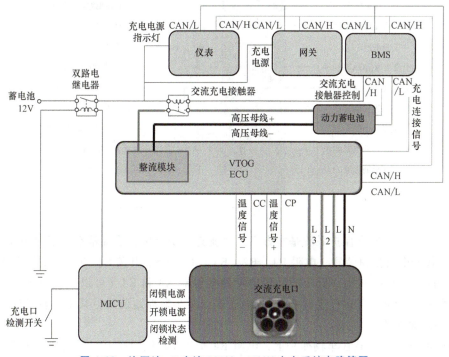

图 4-63　比亚迪 e5 交流 380V、40kW 充电系统电路简图

注意：在接通交流充电接触器之前都需要先接通主预充接触器。

（3）交流充电系统的条件

1）充电线连接确认信号正常。

2）充电机供电电源 220V 和 12V 正常，充电机工作正常。

3）充电唤醒信号 12V 输出正常。

4）充电机、整车控制器、BMS 之间通信正常，主继电器闭合、发送电流强度需求。

5）0℃<动力蓄电池电芯温度<45℃。

6）电芯最高电压与最低电压差<300mV。

7）电芯最高温度与最低温度差<15℃。

8）绝缘性能>500Ω/1V。

9）实际电芯最高电压不大于额定电芯电压0.4V。

10）高、低压电路连接正常，远程控制开关关闭状态。

二、直流充电系统的控制策略

1. 直流充电接口的连接界面及控制

（1）直流充电连接界面　在进行充电操作的过程中，车辆插头和车辆插座在连接过程中充电接口各个端子耦合的顺序为：保护接地，直流电源正，直流电源负，车辆端连接确认，低压辅助电源正与低压辅助电源负，充电通信与供电端连接确认；在脱开的过程中则顺序相反。直流充电接口的连接界面如图4-64所示。

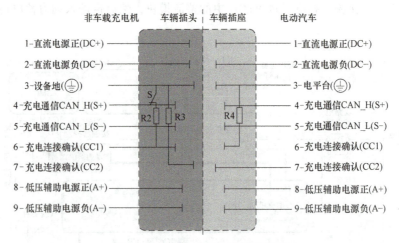

图 4-64　直流充电接口的连接界面

（2）直流充电安全保护系统基本方案　直流充电安全保护系统基本方案如图4-65所示。包括非车载充电机控钳装置、电阻 R1、R2、R3、R4、R5、开关 S、直流供电回路接触器 K1 和 K2（可以仅设置一个）、低压辅助供电回路接触器 K3 和 K4（可以仅设置 K3）、充电回路接触器 K5 和 K6（可以仅设置一个）、电子锁以及车辆控制装置，其中车辆控制装置可以集成在 BMS 系统中。

电阻 R2 和 R3 安装在车辆插头上，电阻 R4 安装在车辆插座上。开关 S 为车辆插头的内部常闭开关，当车辆插头与车辆插座完全连接后，开关 S 闭合。在整个充电过程中，非车载充电机控制装置应能监测接触器 K1、K2，继电器 K3、K4 及电子锁状态并控制其接通及关断。电动汽车车辆控制装置应能监测接触器 K5 和 K6 状态并控制其接通及关断。

2. 充电过程的操作与控制程序

（1）车辆插头与车辆插座插合，使车辆处于不可行驶状态　将车辆插头与车辆插座插合，车辆的总体设计方案可以自动启动某种触发条件（如打开充电门、车辆插头与车辆插座连接或对车辆的充电按钮、开关等进行功能触发设置），通过互锁或其他控制措施使车辆

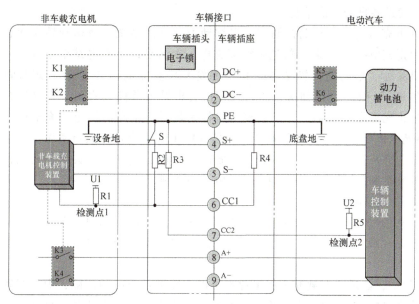

直流充电电路原理

图 4-65　直流充电安全保护系统基本方案

处于不可行驶状态。

（2）车辆接口连接确认　操作人员对非车载充电机进行充电设置后，非车载充电机控制装置通过测量检测点 1 的电压值判断车辆插头与车辆插座是否已完全连接，充电桩的检测点 1 将检测到 12V→6V→4V 的电压变化，当检测点 1 电压值为 4V，则判断车辆接口完全连接。当操作人员对充电机人机交互设置完成后且非车载充电机判断车辆接口已完全连接后，非车载充电机控制充电枪的电子锁锁止，防止充电枪脱落。整个充电过程只有在操作人员对非车载充电机设置充电停止指令后才可对电子锁解锁。

（3）非车载充电机完成自检　在车辆接口完全连接后，如非车载充电机完成自检，则闭合接触器 K3 和 K4，使低压辅助供电回路导通，给到车辆的控制模块供电（如 BMS）。同时开始周期发送"充电机辨识报文"。在得到非车载充电机提供的低压辅助电源供电后，车辆控制装置通过测量检测点 2 的电压值判断车辆接口是否已完全连接。如检测点 2 的电压值为 6V，则车辆控制装置开始周期发送"车辆控制装置（或 BMS 系统）辨识报文"，该信号也可作为车辆处于不可行驶状态的触发条件之一。接着闭合 K1、K2，系统进入绝缘检测，即检测 DC 电路的绝缘性能，保证后续充电过程的安全性。绝缘检测结束后将泄放回路接通，释放能量并断开 K1、K2，同时开始发送通信握手报文。

（4）充电准备就绪　车辆控制装置与非车载充电机控制装置通过通信完成握手（确认信号）和配置后，车辆控制装置闭合接触器 K5 和 K6，使充电回路导通。充电桩检测到车辆端动力蓄电池电压正常（电压与通信报文描述的电压误差为 5%，且在充电桩输出最大、最小电压的范围内），非车载充电机控制装置闭合接触器 K1 和 K2，使直流供电回路导通，此时，车辆准备开始充电。

（5）充电阶段　在整个充电阶段，车辆控制装置通过向非车载充电机控制装置实时发送蓄电池充电级别需求来控制整个充电过程。非车载充电机控制装置根据蓄电池充电级别需求来调整充电电压和充电电流以确保充电过程正常进行。此外，车辆控制装置和非车载充电

机控制装置还相互发送各自的状态信息。

（6）正常条件下充电结束　车辆控制装置根据动力蓄电池系统是否达到满充状态或是否收到"充电机中止充电报文"来判断是否结束充电。在满足以上充电结束条件时，车辆控制装置开始周期发送"车辆控制装置（或BMS系统）中止充电报文"，在一定时间（如1s）后断开接触器K5和K6。当达到操作人员设定的充电结束条件或收到"车辆控制装置（或BMS系统）中止充电报文"后，非车载充电机控制装置开始周期发送"充电机中止充电报文"，并控制充电机停止充电，之后断开接触器K1和K2。当操作人员实施了停止充电指令时，非车载充电机控制装置开始周期发送"充电机中止充电报文"，并控制充电机停止充电，之后断开接触器K1、K2、K3和K4，然后电子锁解锁。

（7）非正常条件下充电终止

1）在充电过程中，如果车辆出现不可以继续进行充电的故障，则向非车载充电机周期发送"车辆控制装置（或BMS系统）终止充电报文"，在一定时间（如300ms）后断开接触器K5和K6。

2）在充电过程中，如果非车载充电机出现不可以继续进行充电的故障，则向车辆周期发送"充电机中止充电报文"，并控制充电机停止充电，应在100ms内断开接触器K1、K2、K3和K4。

3）在充电过程中，非车载充电机控制装置如发生通信超时（状态6），则非车载充电机停止充电，应在10s内断开接触器K1、K2、K3和K4；非车载充电机发生3次通信超时即确认通信中断，则非车载充电机停止充电，应在10s内断开K1~K6。

4）在充电过程中，非车载充电机控制装置通过对检测点1的电压进行检测，如果判断开关S由闭合变为断开（状态7），应在50ms内将输出电流降至5A或以下。

5）在充电过程中，非车载充电机控制装置通过对检测点1的电压进行检测，如果判断车辆接口由完全连接变为断开，则控制非车载充电机停止充电，并断开K1、K2、K3和K4，然后电子锁解锁。

充电过程的各状态定义见表4-9。

表4-9　充电过程的各状态定义

充电过程状态	充电接口状态	开关S	充电机自检	握手和配置	通信状态	可否充电	说明
状态1	断开	断开	—	—	否	12	没有建立通信
状态2	断开	闭合	—	—	否	6	没有建立通信
状态3	连接	闭合	否	—	否	4	非车载充电机没有完成自检，没有建立通信
状态4	连接	闭合	是	有	否	4	闭合接触器K3和K4，建立通信
状态5	连接	闭合	是	有	是	4	闭合接触器K5和K6，闭合接触器K1和K2
状态6	连接	闭合	是	无	否	4	通信中断，启动相应保护策略
状态7	连接	断开	是	—	否	6	如在一定时间内（如200ms）持续保持，则非车载充电机启动相应保护策略
状态8	断开	断开	是	—	否	12	非车载充电机和车辆分别启动相应的保护策略

3. 直流充电系统的控制电路

图 4-66 所示为 2017 款比亚迪 e5 的直流充电系统电路简图。当进行直流充电时，充电枪插入到车辆充电口，充电桩确认插枪完成后，由充电桩经过充电口提供的低压辅助电源供电给直流充电继电器，继电器工作后将车辆低压蓄电池 12V 电源引入到 BMS 模块中，给 BMS 供电，使得 BMS 能够正常工作。此时 BMS 与充电桩进行系统检测，在确认正常的情况下进行通信握手、参数的读取后，进入充电状态。在充电过程中，车辆通过 CAN 系统向充电桩发送动力蓄电池充电需求参数，充电桩进行数据分析后实时调整充电电压和电流，并相互发送各自的状态信息（包括充电桩的输出电压、电流，车辆动力蓄电池电压电流、SOC 值等。）

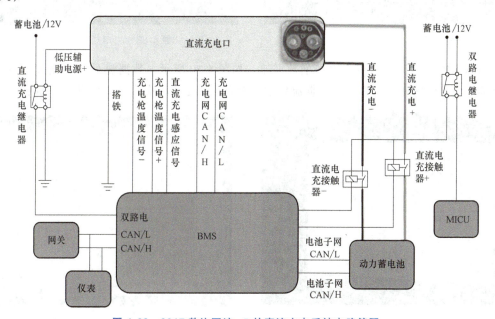

图 4-66 2017 款比亚迪 e5 的直流充电系统电路简图

【操作技能】

三、交流充电系统故障诊断与检修

1. 故障确认及初检

车辆拖车进厂后，机电维修技师对车辆进入故障确认。利用交流充电设备对车辆进行充电作业，确认充电设备连接完好，发现车辆仪表的充电指示灯未亮起，如图 4-67 所示，且未能听到车载充电机正常工作的声音，同时，冷却风扇也未工作（正常工作时，冷却风扇会正常运转，对冷却液进行散热。）

对车辆进行充电，仪表未显示插枪信号，充电指示灯也未亮起，如图 4-68 所示。

根据以上故障现象，确认该车交流充电系统存在故障。

对系统涉及的相关部件、电路进行外观、连接性能检查，未发现有异常。

2. 读取故障码及数据流

利用诊断仪读取车辆故障，显示无故障码，如图 4-69 所示。

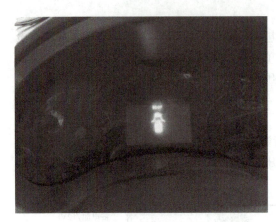

图 4-67　仪表指示灯未亮

图 4-68　充电指示灯未亮

进入 BMS，读取车辆充电系统的数据流，如图 4-70 所示。数据流显示"充放电系统工作状态"处于"初始化状态"，数据流异常，而当正常充电时应为"充电开始"状态。

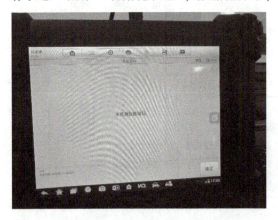

图 4-69　读取车辆故障码

图 4-70　读取数据流

3. 故障分析

根据交流充电系统的工作原理，当进行交流充电时，充电桩与车辆通过 CC 与 CP 两个端子进行信号确认后，进行握手报文和控制模块之间的信息确认完成后便进行充电。根据以上故障诊断流程及车辆状况的观察分析，可大概推断充电设备已经与车辆完成了 CC 与 CP 这两组信号的交互确认，由此判断导致该故障的原因是由于充配电总成与 BMS 之间可能存在信息交互确认的故障而导致车辆无法正常充电。

4. 故障排除

（1）断电作业　拔下充电枪，按以下流程对车辆进行高压断电作业，如图 4-71 所示。

（2）检查及测量　查找该车型的充配电总成的电路图，如图 4-72 所示。

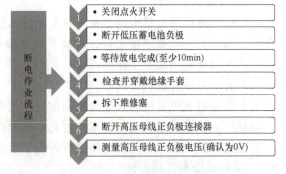

断电作业流程

1 • 关闭点火开关
2 • 断开低压蓄电池负极
3 • 等待放电完成(至少10min)
4 • 检查并穿戴绝缘手套
5 • 拆下维修塞
6 • 断开高压母线正负极连接器
7 • 测量高压母线正负极电压(确认为0V)

图 4-71　高压断电流程

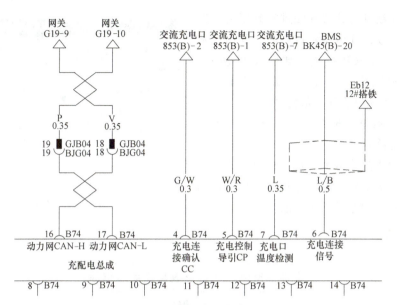

图 4-72　充配电总成电路图

测量 BMS 连接器 B74 的 4 号端子与与交流充电口连接器 B53（B）的 2 号端子之间的导线电阻，如图 4-73 所示，其电阻值为 0 欧姆，正常。

a) 充电口　　　　　　　　b) 连接器B74　　　　　　　　c) 测量

图 4-73　测量 B74/4-B53（B）/2 线束

测量 BMS 连接器 6 号端子与充配电总成连接器 BK45（B）的 20 号端子之间的导线电阻，如图 4-74 所示，其阻值为无穷大，异常，该线束存在断路现象。

连接器BK45(B)　　　　　　　　连接器B74　　　　　　　　测量

图 4-74　测量 B74/6-BK45（B）/20 线束

检查该导线并对该段导线进行修复后，进行充电作业，仪表充电指示灯亮起，利用诊断仪进行诊断并读取数据流，如图 4-75 所示，数据流"充电系统工作状态"显示"正在充电"，车辆进入充电程序，故障排除。

在进行故障排除时应从故障现象、故障码、数据流及冻结帧数据入手，对故障进行确认、分析，缩小故障范围，再根据故障诊断流程对故障涉及的电路、部件进行逐一检查，确定导致故障产生的原因并排除故障。

图 4-75　数据流

学习任务工单

实训：交流充电系统故障诊断与排除			
专业		班级	
姓名		学号	

一、接收任务

同事小白下班回家后，习惯性的利用自家车库的交流充电桩，对他的比亚迪 e5 轿车进行充电。车辆虽然显示已连接到充电枪却并未进行充电，小白又重新操作了几次，均存在同样的问题，于是将车开往 4S 店进行维修。作为维修人员希望你尽快处理车辆的问题。

二、收集信息（25 分）	成绩：

1）充电时，车载充电机主要完成_____、_____、有效处理及输送，同时有效提高电能的利用效率。

2）整个交流充电系统由软硬件两部分构成：软件包括实_____传输过程的程序系统；硬件包括动力蓄电池实现_____传输的主功率回路。

3）在进行直流充电操作的过程中，车辆插头和车辆插座在连接过程中最先接触的端子是_____。

4）交流充电接口有_____个连接端子，而直流充电接口有_____个连接端子。

5）在交流充电连接操作过程中，首先接通的是_____插头，最后脱开_____插头。

6）车载充电机通过电缆与交流充电桩或电缆控制器等设备相连接并进行通信，从而获得_____电能的供给，车载充电机完成_____电转_____电的 AC/DC 转换。

7）车载充电机的后端与蓄电池系统（包括动力蓄电池组及 BMS 系统）相连并进行通信，得到_____、所需充电_____和充电_____等信息，并提供直流电能进行能量补充。

8）直流充电桩将_____ V AC 动力电引入直流充电桩的_____模块单元，通过控制单元对整流模块单元进行控制，之后连接充电线缆和充电枪。

9）纯电动汽车单相充电和三相充电，单相充电电压_____ V，三相充电电压_____ V。

10）交流充电动力蓄电池温度应在_____℃。

11）非车载充电机控制装置根据蓄电池充电级别需求来调整充电_____和充电_____以确保充电过程正常进行。

12）比亚迪 e5 当进行直流充电时，充电枪插入到车辆充电口，充电桩确认插枪完成后，由_____提供的低压辅助电源供电给直流充电继电器。

13）直流充电接口连接确认信号是_____和_____。

三、制定计划（计划 10 分、分工 5 分、准备 5 分）　　　**成绩：**

1）根据高压安全流程规范和要求，制定交流充电系统故障诊断与排除实训计划

实训计划		
序号	计划项目	操作要点

计划审核：	审核意见：
	时间：　　　　签字：

2）任务分工

操作员		记录员	
监护员		展示员	

作业注意事项
①着装统一、整洁规范。 ②思想集中，正确使用安全器具。 ③选择合适的个人防护用具。 ④点火钥匙要有专人保管。 ⑤操作完毕后，应清洁物品，放置原位。 ⑥维修人员禁止带有手表、金属笔等金属物品。

四、实施计划（45 分）	成绩：

| 1. 操作前准备(15 分)
　1)描述故障现象。

　2)读取故障码。
　3)能否清除故障码。
　4)根据故障现象可能有的故障原因。 | 操作记录：
故障现象：

故障码：
能否清除：□能　　　□否
故障原因：＿＿＿＿＿＿＿＿＿＿＿＿＿
＿＿＿＿＿＿＿＿＿＿＿＿＿＿＿＿＿＿＿
＿＿＿＿＿＿＿＿＿＿＿＿＿＿＿＿＿＿＿
＿＿＿＿＿＿＿＿＿＿＿＿＿＿＿＿＿＿＿
＿＿＿＿＿＿＿＿＿＿＿＿＿＿＿＿＿＿＿ |
| 2. 检查作业(30 分)
　1)检查充电口。

　2)检测线束和中性电缆,按下要求测量电缆电阻。

　交流充电口 L~L(高压电控总成)。
　交流充电口 N~N(高压电控总成)。
交流充电口 NC1~NC1(高压电控总成)。
交流充电口 NC2~NC2(高压电控总成)。
　3)将启动开关置于"OFF"位置,拔出高压控制总成64Pin 线束插件。
　4)检测交流充电口 CC 和 CP 端子与高压控制总成64Pin 线束插件的 13 号端子和 47 号端子之间导线是否导通。
　5)将交流充电口接入充电桩或家用电源。
　6)用万用表测量高压电控总成接插件交流充电感应信号脚端子电压,即 BMC02 的 18 号端子（B18）与车身接地电压。
　7)判断故障部位。 | 充电口端子是否锈蚀:□是　　　□否
充电口端子是否存在烧蚀:□是　　　□否
准备和个人防护是否完成:□是　　　□否
未完成内容:＿＿＿＿＿＿＿＿＿＿＿＿
L~L 测量值:＿＿＿＿＿＿＿＿＿＿＿＿
N~N 测量值:＿＿＿＿＿＿＿＿＿＿＿＿
NC1~NC1 测量值:＿＿＿＿＿＿＿＿＿
NC2~NC2 测量值:＿＿＿＿＿＿＿＿＿
是否完成:□是　　　□否

CC-13 电阻:＿＿＿＿＿＿＿＿＿＿＿＿
CP-47 电阻:＿＿＿＿＿＿＿＿＿＿＿＿

是否完成:□是　　　□否
测量值:＿＿＿＿＿＿＿＿＿＿＿＿＿＿

故障部位:＿＿＿＿＿＿＿＿＿＿＿＿＿ |

五、检查与点评（教师点评）

＿＿＿＿＿＿＿＿＿＿＿＿＿＿＿＿＿＿＿＿＿＿＿＿＿＿＿＿＿＿＿＿＿＿＿＿＿＿＿

六、反思与评价（10 分）	成绩：

| 自我反思：

自我评价： | |

【课后思考】

1. 纯电动汽车如何实现对低压蓄电池的充电？

2. 如果故障车辆在未出现故障码的时候，如何有效地进行故障诊断？

项目五

纯电动汽车整车控制系统的原理与检修

学习任务一　整车控制系统的认识

【学习目标】

1. 了解电控系统的组成。
2. 了解整车控制器的作用。
3. 熟悉整车控制器的电路。
4. 熟悉整车控制器的高压控制系统。
5. 了解整车网络控制系统。
6. 独立完成整车控制器的拆装作业。

【任务导入】

　　一天，某车主因车辆故障到 4S 店进行车辆检查，车主反映车辆曾经无法起动。经试车并诊断后，发现该故障是整车控制器内部故障导致的。机电维修组长安排机电维修工进行整车控制器的更换工作。

【知识准备】

一、整车控制系统概述

1. 电子控制系统的认识

（1）电子控制系统三要素　车辆电子控制系统一般由 3 部分组成，分别是传感器、执行器和电子控制单元。传感器采集信息并转换成电信号发送给电子控制单元，控制单元根据传感器的信息进行运算、处理和决策，并向执行器发送控制指令以完成某项控制功能，如图 5-1 所示。

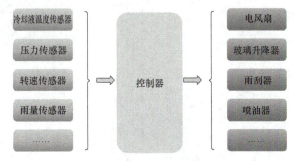

图 5-1　电子控制系统简图

（2）多个电子控制系统的组成　新能源汽车上主要有 4 种电子控制系统：底盘控制系统、发动机控制系统（混合动力车型）、车身电气控制系统、高压电控制系统。4 种电子控制系统里面又各自有自己的子系统，例如高压电控制系统里面包括了电机控制系统、电池管理系统和电控系统 3 大系统。

当系统中有两个控制系统且两个控制系统需要相互通信时，可以通讨 CAN（Controller Area Network）总线将两个控制系统连接起来，如图 5-2 所示。

汽车电子控制系统是由多个子系统组合而成的系统，所以当系统中有多个控制系统且控制系统之间有通信需求时，多个控制系统可以连接在 CAN 总线上实现控制系统之间的信息通信，如图 5-3 所示。在传统汽车控制系统中，这些控制系统是对等的、没有主次之分的。在新能源汽车控制系统中，一般会有一个控制器，即整车控制器，除了完成自身一些控制功能外，还肩负着整个控制系统的管理和协调功能。

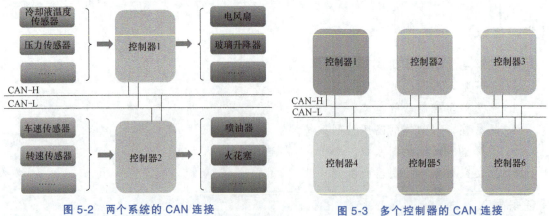

图 5-2　两个系统的 CAN 连接　　　　图 5-3　多个控制器的 CAN 连接

2. 车辆网络系统

汽车上的多个类型的 CAN 网络构成了整车网络系统，包括了充电子网系统、动力网络系统、底盘网络系统、舒适网络系统等，它们彼此之间通过网关单元（Gateway）进行信息交互。图 5-4 所示为某车型动力网络系统图，整车控制器装备在该网络上。

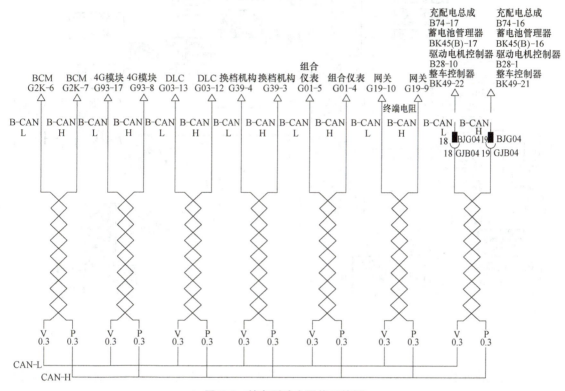

图 5-4　某车型动力网络系统图

二、整车控制系统的结构组成

1. 整车控制系统的组成

纯电动汽车的整车控制系统一般包含低压电器控制系统、高压电器控制系统和整车网络控制系统 3 部分，如图 5-5 所示。

低压电器控制系统主要由低压蓄电池和若干低压电器设备组成。低压电器控制系统采用直流 12V 或 24V 电源，一方面为灯光、刮水器等车辆的常规低压电器供电，另一方面为整车控制器、高压电器设备的控制电路和辅助部件供电。燃油汽车与纯电动汽车的低压电器控制系统的主要区别在于：燃油汽车的低压蓄电池由与发动机相连的发电机来充电，而纯电动汽车的低压蓄电池由动力蓄电池通过 DC/DC 变换器来充电。

高压电器系统主要由动力蓄电池、驱动电机、空调压缩机、PTC 加热器和功率转换器等大功率、高压电器设备组成。

整车网络化控制系统主要包括整车控制器、驱动电机控制器、BMS、车身控制管理系统、信息显示系统和通信系统等。整车控制器是整车控制系统的核心，承担了数据通信的工作，目前常用的通信协议是 CAN 协议，具有较好的可靠性、实时性和灵活性。

整车控制系统必须具有可靠性、容错性、电磁兼容性和环境适应性等，以保障纯电动汽车整车的安全和可靠运行。

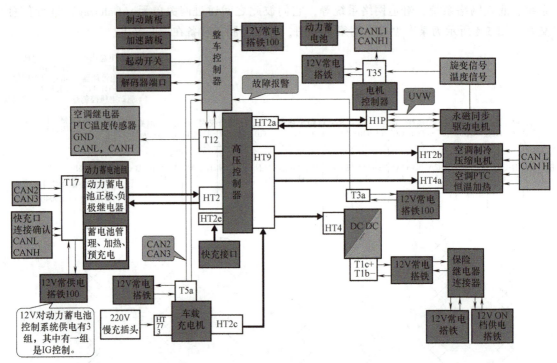

图 5-5 整车控制系统框图

2. 整车控制器

新能源汽车作为一种绿色的运输工具，在环保、节能以及驾驶性能等方面具有诸多内燃机汽车无法比拟的优点。为了满足整车动力性、经济性、安全性和舒适性的目标，一方面必须具有智能化的人车交互接口，另一方面，各系统还必须彼此协作，优化匹配，这项任务需要由控制系统来完成，多数车型采用整车控制器来完成此项任务。

整车控制器（Vehicle Control Unit，VCU），是整个电动汽车的核心控制部件，如图 5-6 所示。它通过采集加速踏板信号、制动踏板信号及其他部件信号，进行相应的判断，然后控制各部件控制器动作，实现电动汽车的正常行驶和各种功能的使用。整车控制器通过 CAN 总线与相关部件控制器交换信息并对当前车辆运行状态进行管理、调度。例如整车控制器通过采集踏板信号对驾驶人意图进行解读，然后针对车辆的不同配置，进行相应的能量管理，通过 CAN 总线将控制指令传递给电机控制器，实现整车驱动及相应部件的控制。

图 5-6 整车控制器

3. 整车控制系统低压电路

2019 款比亚迪 e5 纯电动汽车的整车控制器如图 5-7 所示。

从图中可以得出，加速踏板信号、制动踏板信号、压力传感器信号、无级风扇控制信

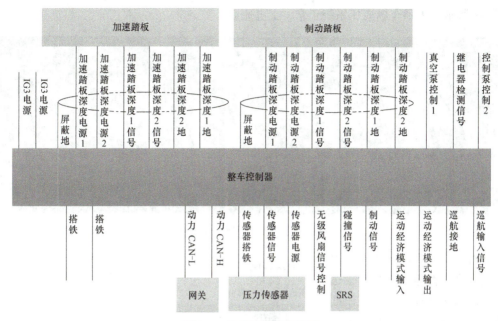

图 5-7　整车控制器电路图

号、碰撞信号、制动信号等这些信号都是输入到整车控制器里面，整车控制器再通过 CAN 网络系统与其他控制单元进行信息的交互，从而实现对车辆控制。

4. 整车控制系统的高压系统

图 5-8 所示为整车控制系统的高压电器控制系统，在高压电器系统里面包括了电机控制器、驱动电机、动力蓄电池、高压配电盒、空调压缩机、PTC 加热器、DC/DC 变换器和车载充电机等高压部件。

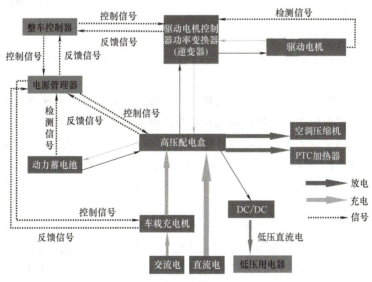

图 5-8　高压电器控制系统

（1）整车高压上电控制　当车辆起动后，相关控制单元接通高压直流电的接触器，从而接通高压直流电路。当系统检测高压系统正常时，仪表上的"OK"或者"Ready"点亮，

157

如图 5-9 所示，表示车辆高压系统正常，上电完成。

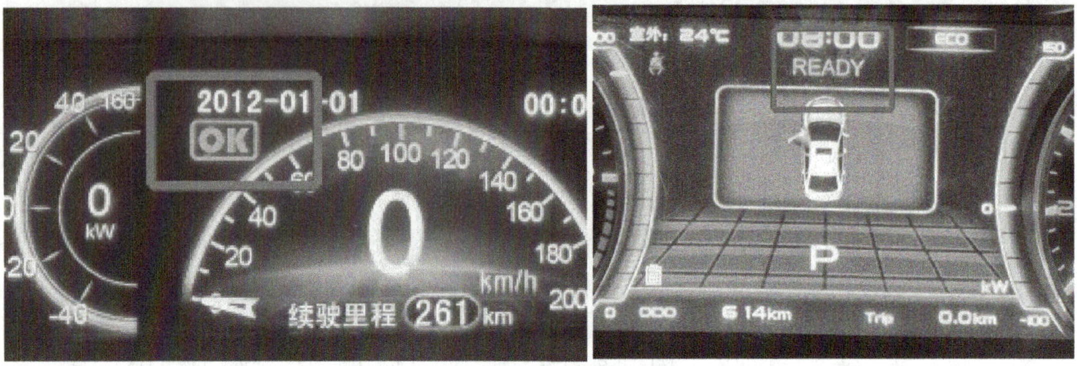

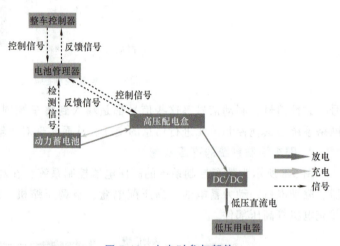

图 5-9　高压上电完成指示灯

此时，高压直流电从动力蓄电池包经高压配电盒分配后输送到相关的高压部件，进入工作准备状态。图 5-10 所示为高压上电参与部件的能量拓扑图。

图 5-11 所示为比亚迪 e5 接触器电路图。接触器一般安装高压配电盒里面（有些车型集成在动力蓄电池总成里面），如图 5-12 所示。在整车高压上电时，先接通蓄电池的分压接触器，然后主预充接触器接通，再接通负极接触器，此时完成预充电流程，接下

图 5-10　上电时参与部件

来接通主接触器、正极接触器，并断开预充接触器，这 3 个接触的动作基本上在同一时间进行，整车高压上电完成。

在进行高压上电时，如果没有预充回路，当主接触器接合时，高压系统就接通，直接形成高压回路。动力蓄电池的电压经由高压正极母线施加到接触器开关的一端，接触器开关另一端与电容连接，由于动力蓄电池的电压较高（车型不同，电压值不同），而电容的电压差不多为 0V，此时相当于电路出现短路现象，开关端的负载电阻只有导线电阻和接触器的触点电阻，阻值小，根据欧姆定律，可得出其产生的电流能达上万安培，很容易导致接触器或者其他高压部件的损坏。

预充电回路的作用就是避免上电过程的大电流冲击，保护接触器及高压器件。预充电回路就是在接触器两端再并一个电阻及主预充接触器，整车上高压时，先闭合主预充接触器，由于有电阻的存在，电流较小，逐渐给电容充电，电容电压上升，当电容电压与蓄电池电压差不多时（一般在 90% 左右），再闭合主接触器，之后断开主预充接触器。此时，高压电施加到相应的高压部件上，进入相应的工作状态。

（2）驱动系统　如图 5-13 所示为纯电动汽车的驱动系统框图。

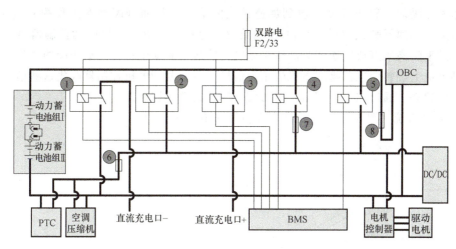

图 5-11　比亚迪 e5 接触器电路图

1—直流充电接触器-　2—交流充电接触器+　3—直流充电接触器+
4—主预充接触器　5—主接触器　6—压缩机熔丝　7—预充电阻　8—OBC 熔丝

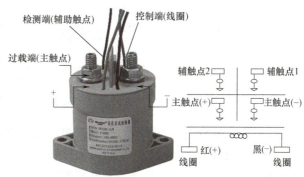

图 5-12　接触器

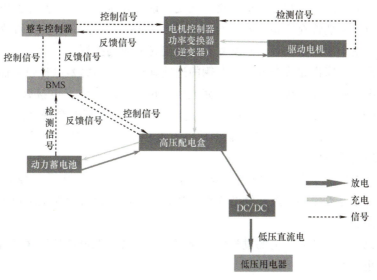

图 5-13　驱动系统

159

当车辆行驶时，整车控制器收到加速踏板的信号，从而判断整车工作模式（如起步、加速、减速、匀速行驶），将控制信号发送给驱动电机控制器，电机驱动控制器将从高压配电盒输送过来的高压直流电逆变为高压交流电，输送到驱动电机，完成相应的工作模式。

驱动电机上旋转变压器检测电机的相关信号，并由驱动电机控制器收集这些信号，判断电机的工作状态，通过内部处理后将反馈信号输送给整车控制器。

（3）充电系统　图 5-14 所示为纯电动汽车充电系统框图。

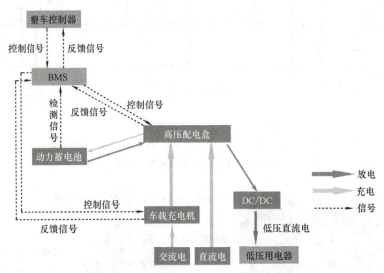

图 5-14　纯电动汽车充电系统

充电系统主要分为慢充系统（交流充电系统）和快充系统（直流充电系统）。

在进行慢充时，充电桩与车辆进行连接确认后，动力蓄电池里面的分压接触器先接通，让蓄电池包形成一个整体后接通主预充接触器，然后接通负极接触器，完成车辆预充流程。此后接通正极接触器，断开预充接触器，接合交流充电接触器+。系统完成上述流程后，从充电桩输入的交流电通过车载充电机整流、逆变后进入高压配电盒的交流充电接触器，再进入动力蓄电池包，实现慢充充电。在充电过程中，BMS 监测车载充电机和动力蓄电池的相关信息，然后与整车控制器进行信息交互，实现慢充充电的控制。

在进行快充时，同样完成充电桩与车辆的连接确认后，动力蓄电池包里面的分压接触器先接通，然后再接通主预充接触器，预充完成后，再到接通直流充电接触器−、直流充电接触器+，最后断开主预充接触器。此时，从充电桩输入到高压配电盒的直流电开始对动力蓄电压进行充电。在充电的过程，BMS 监测动力电池包的相关信息，然后与整车控制器进行信息交互，实现快充充电的控制。

进行直流充电时，如果车辆安装了烧结传感器，如图 5-15 所示，控制单元（一般是 BMS）还会对直流充电接触器进行烧结检查，如果高压电路没有存在烧结现象，则系统会进入下一步工作流程。

在进行慢充充电、快充充电的过程中，控制单元还会对充电口的温度进行监测，当温度过高时，会停止充电。

在进行充电时，DC/DC 变换器将动力蓄电池的高压直流电转换为 12V 的低压直流电，

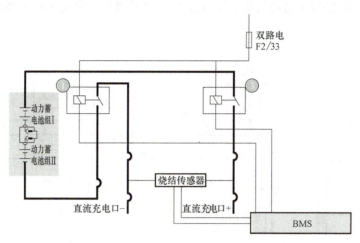

图 5-15　烧结传感器

为整车低压系统供电，并在低压蓄电池亏电时对其进行充电，保证在车辆工作时各个系统的低压电路能正常供电。

（4）空调压缩机及 PTC 加热器　如图 5-16 所示为纯电动汽车空调压缩机及 PTC 加热器的系统框图。

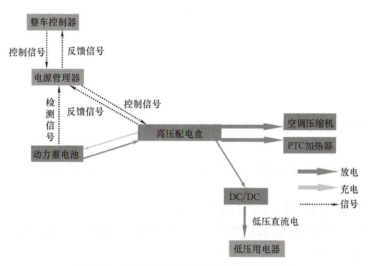

图 5-16　空调压缩机及 PTC 加热器的系统

车辆高压系统完成上电后，高压直流电施加到空调压缩机和 PTC 加热器上。当压缩机和 PTC 加热器收到工作指令后，高压直流电形成回路，压缩机和 PTC 加热器工作。此时，空调控制单元会对压缩机和 PTC 加热器进行监测，并将信息反馈到相应的其他控制单元，进行信息交互，以达到最佳的控制效果。

5. 纯电动整车网络控制系统

汽车整车控制系统是基于 CAN 总线的多个控制系统的集成系统，以整车控制器为管理核心，实现蓄电池管理控制、驱动电机控制、空调控制、电动助力转向控制、制动控制等。主要控制系统均连接在 CAN 总线，实现控制系统之间的信息交互，如图 5-17 所示。系统程序需要更新时，通过 CAN 总线与整车控制器 VCU 进行通信，利用专用仪器对程序进行更新（刷程序）。

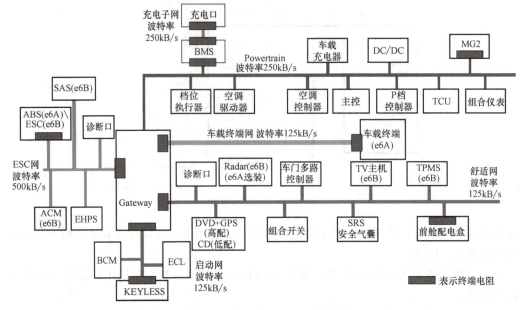

图 5-17　比亚迪 e6 CAN 网络图

【操作技能】

整车控制
器的更换

三、整车控制器的拆装

下面介绍 2019 款比亚迪 e5 整车控制器的拆装过程。

1. 准备工作

场地与设备准备工作与动力蓄电池拆装作业一样，不再进行描述。

2. 拆卸作业

1）断开低压蓄电池负极，并进行绝缘处理。

2）拆卸车辆右前座椅。拆卸座椅的四个固定螺栓，如图 5-18 所示，将座椅向后移动（注意：座椅底部有连接器，小心不要拉断）。

图 5-18　拆卸座椅固定螺栓

3）断开整车控制连接器，如图 5-19 所示。

图 5-19　断开整车控制连接器

4）拆卸整车控制器的 4 个固定螺栓，如图 5-20 所示，取出整车控制器。

3. 安装作业

安装作业与拆卸作业流程相反。安装完后首先连接低压蓄电池负极，接着利用解码仪对车辆进行故障码清除，再次对车辆进行上电，检验车辆运行性能。

4. 场地恢复

1）收拾解码仪和拆卸时使用的工具。

2）收拾车外三件套和车内四件套。

3）收回隔离带和警示牌。

4）对维修工位场地进行清扫。

图 5-20　拆卸整车控制器固定螺栓

学习任务工单

实训：整车控制器的拆装			
专业		班级	
姓名		学号	

一、接收任务

　　一天，某车主因车辆故障到 4S 店进行车辆检查，车主反映车辆曾经无法起动。经试车并诊断后，发现该故障是整车控制器内部故障而导致的。机电维修组长安排机电维修工进行整车控制器的更换工作。

二、收集信息（25 分）	成绩：

　　1）车辆电子控制系统一般由 3 部分组成，分别是_____、_____和控制单元。

　　2）新能源汽车上主要有 4 种电子控制系统：_____、发动机控制系统（混合动力车型）、车身电气控制系统、_____。

　　3）纯电动汽车的整车控制系统一般包含低压电器控制系统、_____控制系统和_____控制系统 3 部分。

4) 高压电器系统主要由动力蓄电池、驱动电机、空调压缩机、PTC 加热器和功率转换器等大功率高压电器设备组成，根据车辆行驶的_____需求完成从动力蓄电池到驱动电机的能量变换与传输过程。

5) 整车控制器是整车控制系统的核心，承担了数据通信的工作。目前常用的通信协议是_____协议，具有较好的可靠性、实时性和灵活性。

6) 整车控制器简称_____。

7) 比亚迪 e5 车辆起动后，相关控制单元接通高压直流电的接触器，从而接通高压直流电路，当系统检测高压系统正常时，仪表上的_____点亮。

8) 比亚迪 e5 在整车高压上电时，先接通_____接触器接通，再接通_____接触器，此时完成预充电流程，接下来接通_____接触器，并断开_____接触器。

9) 新能源汽车整车控制系统是基于_____的多个控制系统的集成系统，以_____为管理核心，实现_____控制、_____控制、空调控制、电动助力转向控制、制动控制等。

10) 充电系统中主要分为_____系统和_____系统。

11) 非车载充电机控制装置根据蓄电池充电级别需求来调整充电_____和充电_____以确保充电过程正常进行。

12) 直流充电接触器主要由_____触点、_____触点和线圈组成。

13) 比亚迪 e5_____点亮，表示车辆高压系统正常，上电完成。

三、制定计划（计划 10 分、分工 5 分、准备 5 分）	成绩：

1) 根据高压安全流程规范和要求，制定整车控制器拆装实训计划

实训计划

序号	计划项目	操作要点

计划审核：	审核意见：
	时间：　　　　　　签字：

2）任务分工

操作员		记录员	
监护员		展示员	

作业注意事项

①着装统一、整洁规范。
②思想集中,使用安全器具正确。
③选择合适的个人防护用具。
④点火钥匙要有专人保管。
⑤操作完毕后,应清洁物品,放置原位。
⑥维修人员禁止带有手表、金属笔等金属物品。

四、实施计划（45分）　　　　　　成绩:

1.操作前准备(15分) 　1)场地准备是否完成。	操作记录: 完成情况:□能　　　□否 未完成记录:_____ _____
2)工具准备是否完成。	完成情况:□能　　　□否 未完成记录:_____
3)写出比亚迪 e5 2019 款整车控制器安装位置。	安装位置:_____ _____ _____ _____ _____
2.整车控制更换作业(30分) 　1)关闭点火开关 OFF 位置。 　2)断开低压蓄电池负极接线柱。	是否完成:□是　　　□否 是否完成:□是　　　□否 低压蓄电池负极是否拥有绝缘胶带缠好: □是　　　□否
3)拆卸右前座椅前螺栓。	使用工具:_____
4)拆卸安全带警报插接器和右前座椅重量插接器,移出右前座椅。	是否完成:□是　　　□否
5)翻开地毯垫盖,拔出整车控制器插接器。	是否完成:□是　　　□否
6)拆卸整车控制器固定螺栓,取出点整车控制器。	使用工具:_____ _____
7)安装整车控制器。	标准力矩:_____
8)安装右前座椅、安装安全带警报插接器和右前座椅重量插接器。	是否完成:□是　　　□否
9)安装桌椅固定螺栓,使用扭力扳手拧紧到标准力矩。	标准力矩:_____
10)安装低压蓄电池负极接线柱。	标准力矩:_____

五、检查与点评（教师点评）

六、反思与评价（10分）	成绩：
自我反思：	
自我评价：	

【课后思考】

    1. 高压上电完成是否代表车辆可以正常行驶？

    2. 为什么在有些车型上没有维修开关？

学习任务二　整车控制系统故障诊断与检修

【学习目标】

    1. 熟悉整车控制器的原理。

    2. 熟悉整车控制系统的功能。

    3. 熟悉整车控制系统的控制策略。

    4. 能独立完成整车控制系统简单故障的诊断与检修。

【任务导入】

    一天，某车主因车辆故障到4S店进行车辆检查，车主反映车辆曾经无法起动，且仪表提示"请检查动力系统"。机电维修车间技术组长带领新员工进行对车辆进行检修，经试车并诊断后，发现高压互锁1存在故障。

【知识准备】

一、整车控制系统的工作原理、功能及控制策略

1. 整车控制原理

    纯电动汽车整车控制系统采用了集中控制与分布式处理相结合的车辆控制系统结构，各部件都有独立的控制器，整车控制器对整个系统集中进行能量管理及各部件的协调控制。为满足系统数据交换量大，实时性、可靠性要求高的特点，整个分布式控制系统之间采用CAN总线进行通信。图5-21所示为北汽新能源汽车的整车控制原理。

2. 整车控制器的监测与控制功能

    纯电动汽车的整车控制器的主要功能包括：整车控制模式判断和驱动控制、整车能量优

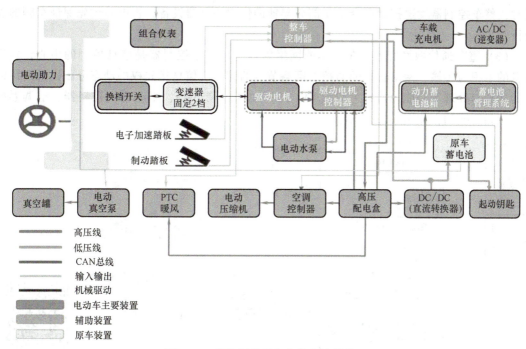

图 5-21　北汽新能源汽车整车控制原理

化管理、整车通信网络管理、制动能量回收控制、故障诊断和处理、车辆状态监测与显示和远程控制等。整车控制器功能框图如图 5-22 所示。整车采用 CAN 总线和 IO 端口来获得如加速踏板开度、蓄电池 SOC、车速等信息，并根据这些信息输出不同的控制动作。

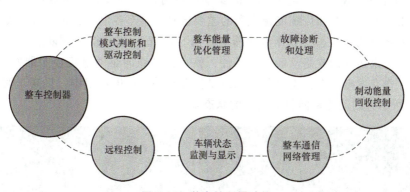

图 5-22　整车控制器功能

（1）整车控制模式判断和驱动控制　整车控制器通过车辆相关系统的各种状态信息（起动钥匙、充电信号、加速/制动踏板开度、当前车速和整车是否有故障信息等）来判断当前需要的整车工作模式（充电模式和行驶模式），然后根据当前的参数和状态及前一段时间的参数及状态，算出当前车辆的转矩能力，按当前车辆需要的转矩，计算出合理的最终实际输出的转矩。例如，当驾驶人踩下加速踏板时，整车控制器向驱动电机控制单元发送驱动电机输出转矩信号，驱动电机控制系统控制驱动电机按照驾驶人的意图输出转矩。

（2）整车能量优化管理　纯电动汽车有很多用电设备，包括电机和空调设备等。整车控制器可以对能量进行合理优化来提高纯电动汽车的续驶里程。例如当动力蓄电池组电量较低时，整车控制器发送控制指令关闭部分起辅助作用的电器设备，将电能优先保证车辆的安全行驶。

（3）整车通信网络管理　在整车的网络管理中，整车控制器是信息控制的中心，负责信息的组织与传输、网络状态的监控、网络节点的管理、信息优先权的动态分配以及网络故障的诊断与处理等功能。通过 CAN（EVBUS）总线协调 BMS、驱动电机控制器、空调系统等模块相互通信，如图 5-23 所示。

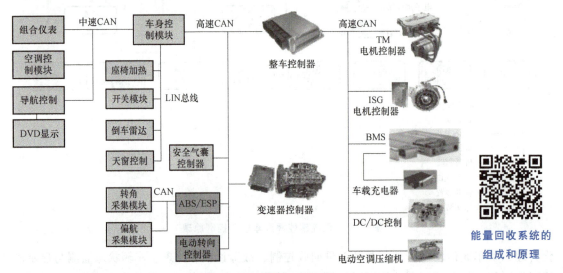

图 5-23　整车控制网络管理系统图

（4）制动能量回收控制　电动汽车的驱动电机可以工作在再生制动状态，对制动能量进行回收利用是电动汽车和传统能源汽车的重要区别。整车控制器根据行驶速度、驾驶人制动意图和动力蓄电池组状态（如蓄电池荷电状态 SOC 值）进行综合判断后，对制动能量回馈进行控制。如果达到回收制动能量的条件，整车控制器向驱动电机控制器发出控制指令，使驱动电机工作在发电状态，将部分制动能量储存在动力蓄电池组中，提高车辆能量利用效率。图 5-24 所示为制动能量回收时仪表的状态显示。

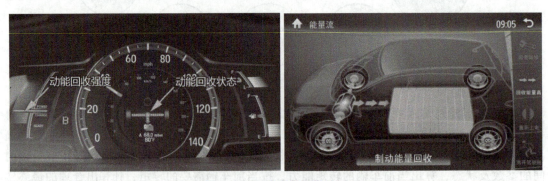

图 5-24　制动能量回收显示

（5）故障诊断和处理　整车控制器连续监视整车电控系统，进行故障诊断，并及时进行相应安全保护处理。根据传感器的输入及其他通过 CAN 总线通信得到的电机、蓄电池、充电机等的信息，对各种故障进行判断、等级分类、报警显示，储存故障码供维修时查看。

故障指示灯指示出故障类型和部分故障码，对于不太严重的故障，能做到"跛行回家"。图 5-25 所示为故障分级图。

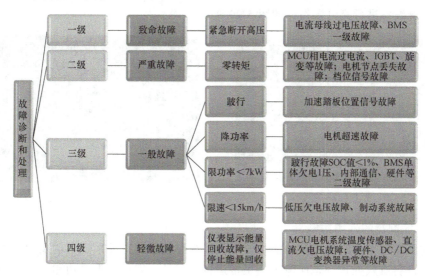

图 5-25　故障分级

（6）车辆状态监测和显示　整车控制器能够对车辆的状态进行实时检测，并且将各个子系统的信息发送给车载信息显示系统，其过程是通过传感器和 CAN 总线，检测车辆状态，将状态信息和故障诊断信息通过数字仪表显示出来。显示内容包括：车速，里程，电机的转速、温度，蓄电池的电量、电压、电流和故障信息等。如图 5-26 所示。

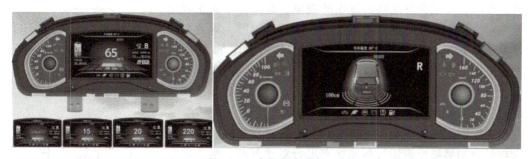

图 5-26　车辆状态显示

（7）远程控制　某些电动汽车具有便捷的远程控制功能，主要包括远程查询功能、远程空调控制和远程充电控制。用户可以通过手机 APP 进行远程控制。

远程查询功能：用户可以通过收集 APP 实时查询车辆状态，包括蓄电池 SOC 值、续驶里程、空调状态和蓄电池温度等，如图 5-27 所示。

远程空调控制：在夏季或冬季，用户可以在使用车辆前通过手机 APP 实现车辆空调系统远程控制，包括空调制冷、空调暖风

图 5-27　远程查询功能

和除霜等功能，如图 5-28 所示。

远程充电控制：用户离开车辆时，将充电枪插入充电桩，可以不立即充电，而通过远程控制利用电价波谷进行充电操作，如图 5-29 所示。

图 5-28　远程空调控制

图 5-29　远程充电控制

3. 整车控制器的保护功能

纯电动汽车整车控制器保护功能主要是从系统控制层面对关系到车辆及驾驶人安全的功能、故障等进行有效处理，是保障车辆正常运行及驾驶人安全的重要功能。纯电动汽车整车控制器能够完成的保护功能主要可分为功能类保护和故障类保护两大类。功能类保护主要是指整车控制器对关系到车辆行驶安全的功能能够进行妥善地控制，如防溜车控制、充电保护控制等；故障类保护是指整车控制器对车辆运行状态进行实时诊断，对出现的故障进行预警及应急处理，以保证整车在安全要求范围内的可使用性。

（1）防溜车功能控制　当车辆在坡道上起步时，驾驶人从松开制动踏板到踩下加速踏板的过程中，可能会出现向后溜车的现象。此外，车辆在坡道上行驶时，如果驾驶人踩下的加速踏板的深度不够，导致驱动力不足，车辆也会出现车速逐渐降到 0 然后向后溜车的现象。溜车现象产生的最主要原因是车辆驱动力不足以克服车辆在坡道上受到的上坡阻力。为了防止车辆在坡道上向后溜车，在纯电动汽车整车控制策略中需要增加防溜车控制功能。

整车控制器首先判断车辆是否允许进行防溜车控制，并对驱动电机控制器输出转矩与车速状态进行对比判断，当发现车辆出现溜车现象时，整车控制器将命令驱动电机控制器适当加大电机转矩，从而控制车辆车速，以防止溜车现象的出现。防溜车控制功能可以保证车辆在坡上起步时，向后溜车距离小于 10cm；车辆在上坡行驶过程中如果动力不足时，车辆车速会慢慢降到 0，然后保持 0 车速，不再向后溜车，其控制流程如图 5-30 所示。

（2）充电过程保护控制　在为动力蓄电池充电时，整车控制器将与 BMS 系统共同进行充电过程中的充电功率控制。整车控制器在此处的主要功能是：在接收到充电信号后，禁止整车高压系统上电，以保证车辆在充电状态下处于行驶锁止状态。

此外，整车控制器将实时监控动力蓄电池状态信息，配合

图 5-30　防溜车控制流程

BMS 系统合理控制充电功率，以保护动力蓄电池，避免出现过充电现象。对应于充电过程对动力蓄电池的保护控制，在车辆实际运行过程中，整车控制器也将实时监控动力蓄电池状态信息，以避免动力蓄电池出现过放电现象。

（3）高压上下电保护控制 在驾驶人使用车辆过程中，整车控制器将根据驾驶人对行车钥匙开关的操作，进行动力蓄电池高压接触器的开关控制，完成高压设备电源通断和预充电控制。这样能够做到当整车只有低压用电需求时，高压系统处于断电状态，以保护用电器及人员的安全。

此外，整车控制器还将根据各用电器的用电需求，协调控制各相关部件的上电与下电（断电）流程，包括驱动电机控制器、BMS 系统等部件的供电以及预充电继电器、主继电器的吸合和断开时间等。有序的上下电流程能够保证高压系统的稳定工作，并避免高压上下电的瞬时电流过大导致用电设备损坏。

（4）故障保护功能控制 在车辆上电后，无论车辆处于静止状态还是运行状态，整车控制器都将连续监视整车电控系统，对系统实时出现的故障进行诊断，并及时进行相应的安全保护处理。根据传感器的输入信号及其他通过 CAN 总线通信得到的驱动电机、动力蓄电池、车载充电机等状态信息，对各种故障进行判断、等级分类、报警显示，并实时存储故障码，供维修时查看。

通过对故障进行分级处理，能够有效保证车辆的正常运行和整车安全。整车控制器通过显示系统，能够对于各级故障进行显示，提醒驾驶人及时处理。如当空调压缩机电流过大时，整车控制器将断开空调压缩机供电电路，以对空调系统进行保护；在进行车辆换档控制时，当整车控制器检测到驾驶人换档误操作时，将不解读驾驶人的换档意图，同时会通过仪表等提示驾驶人，使驾驶人能迅速做出纠正。

（5）高压互锁功能

1）高压互锁功能概述。高压互锁回路简称 HVIL（High Voltage Interlock），是利用电气小信号来检测整个高压系统包括导线、插接器及护盖在内的电器完整性和连续性，并能够在互锁回路异常断开时，及时断开高压电。

高压互锁回路具体功能如下：

① 在高压上电前，确保整车高压系统的完整性，使高压处于一个封闭的环境下工作，提高整车安全性。

② 在车辆运行过程中，若高压系统回路断开或者完整性受到破坏时，高压互锁装置需能够及时启动安全防护。

③ 防止带电插拔高压插接器给高压端子造成拉弧损坏。

2）高压互锁回路。图 5-31 所示为 2015 款比亚迪 e5 的高压互锁信号回路。

在此高压互锁回路中，BMS BK45（A）/1 输出一个 PWM 信号，经过部件 PTC、高压电控总成、动力蓄电池包，再由 BK45（B）/7 输入到 BMS，完成整个互锁回路的监测。

图 5-32 所示为 2018 款比亚迪 e5 的高压互锁信号回路。

可以看出该款车型的高压互锁有 2 条回路，第 1 条回路中，由 BMS 的 BK45（B）/4 号端子输出 PWM 信号，流经动力蓄电池包的 BK51/30 端子，信号进入动力蓄电池包后，经由 BK51/29 端子输出后，由 B74/12 端子进入充配电总成，再由充配电总成的 B74/13 输出出去，经 BK45（B）/5 进入 BMS，从而完成互锁回路的监测。

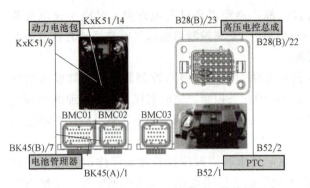

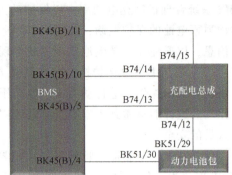

图 5-31　2015 款比亚迪 e5 的高压互锁信号回路　　图 5-32　2018 款比亚迪 e5 的高压互锁信号回路

第 2 条回路中，由 BMS 的 BK45（B）/10 端子输出 PWM 信号，流经 B74/14 端子进入充配电总成，再通过充配电总成的 B74/15 输出到 BK45（B)/11 进入 BMS，从而完成互锁回路的监测。

高压部件连接器中的互锁结构如图 5-33 所示。

图 5-33　高压部件连接器中的互锁结构

高压部件连接器的低压互锁端子要比高压导线端子短，其效果图如图 5-34 所示。这样能够在带电情况下对连接进行插拔作业时（注意，带电情况下严禁对连接器进行插拔作业）有效保护高压系统电路及部件。

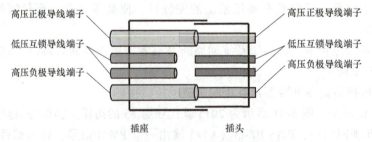

图 5-34　高压部件连接器互锁效果图

图 5-35 所示为北汽 EV160 的高压互锁信号回路。

从图中可以得知该款车型的高压互锁有 4 条回路，分别为维修开关 MSD 低压互锁线，动力蓄电池高压插件低压互锁线，驱动电机控制器 U、V、W 高压插件低压互锁线和其他高压部件低压互锁线。

其他高压部件低压互锁线通过一根低压导线将整车控制器 VCU、空调压缩机、车载充

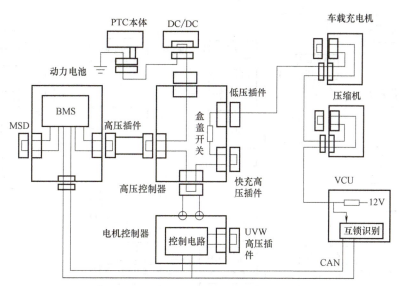

图 5-35　北汽 EV160 的高压互锁信号回路

电机、高压控制器开盖开关、高压控制器上所有高压插件、DC/DC 变换器、PTC 加热器串联在一起。低压互锁线的 12V 电压来自整车控制器 VCU 内部，低压互锁线经 PTC 加热器后搭铁形成封闭回路。当高压回路所有插件连接完好，VCU 内部检测电压 $V_S = 0V$，高压回路完整；当高压回路内某一个插件没有连接好，VCU 内部检测电压 $V_S = 2V$，高压回路不完整。此时整车控制器切断高压供电回路，禁止动力蓄电池对外供电。互锁回路还包括了用于检测高压部件盖板是否可靠关闭的行程开关。

在高压互锁信号回路中，基本上每个部件都会有高压互锁的信号监测点，如果回路上出现断路或者短路现象，车辆故障检测系统会进行故障记录，并通过点亮故障警告灯和显示故障提示信息，通知驾驶人车辆出现故障。

（6）碰撞保护功能　当车辆发生碰撞时，控制单元检测到碰撞信号大于一定阈值时，会切断高压系统主回路的电气连接，同时通知驱动电机控制器激活主动泄放，从而使发生碰撞时的短路危险、人员电击危险降低到最低。

泄放包括了主动泄放和被动泄放。

驱动电机控制器中含有主动泄放回路，当检测到车辆发生较大碰撞、高压回路中某处接插件存在拔开状态或含有高压的高压电控产品存在开盖情况，可在 5s 内将高压回路直流母线电压泄放到 60V 以下，迅速释放危险电能，最大限度保证人员安全。

在主动泄放的同时，驱动电机控制器、空调驱动控制器等内部含有的高压产品同时设计有被动泄放回路，可在 2min 内将高压回路直流母线电压泄放到 60V 以下，被动泄放作为主动泄放失效的二重保护。

【操作技能】

二、整车控制系统故障诊断与检修

当仪表显示整车故障时，可参考图 5-36 的故障诊断流程进行排除。

当我们进行故障诊断时，先确认车辆故障，再观察车辆的故障现象，通过故障现象包括

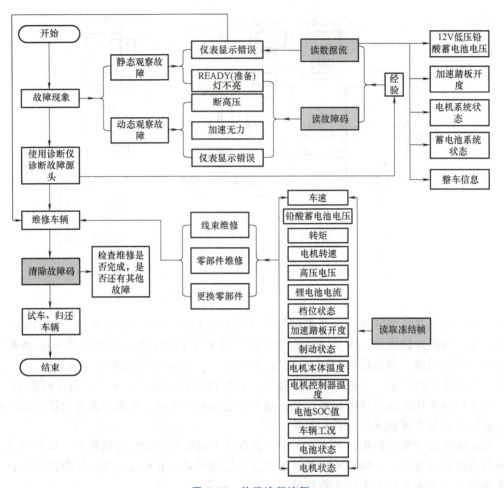

图 5-36　故障诊断流程

仪表故障指示灯、仪表提示信息、车辆状态等，初步判断故障范围。读取故障码、数据流和冻结帧，从获得的相关数据进行下一步的分析判断。记录相关信息后，尝试清除故障，观察故障是否重新再现。根据以上步骤，可以基本锁定故障范围。然后对系统部件进行外观检查，确认连接、外观是否良好，再对电路、部件等进行检查、维修。最后清除故障码，恢复车辆，再进行试车，确认故障排除。

1. 故障确认及初检

车辆进厂后，机电维修技师对车辆进行故障确认。操作起动按钮后发现仪表出现相应的故障指示灯："⬆" 动力系统故障指示灯、"⚠" 主警告指示灯、"🌡" 电机冷却液温度过高警告灯。还出现仪表提示信息："请检查动力系统""请检查电子驻车系统""请检查制动系统"，包括 "OK" 灯未点亮、档位指示灯未点亮，如图 5-37 所示。由以上故障现象可初步确认整车高压上电没有完成，高压系统出现故障。

比亚迪 e5 的仪表显示结构如图 5-38 所示，其中包括了功率表、信息显示屏和车速表 3 个部分。仪表中各种指示灯的名称见表 2-7。

确认故障后，通过电路图，找到相关部件的连接器，检查连接器、继电器、熔丝等是否

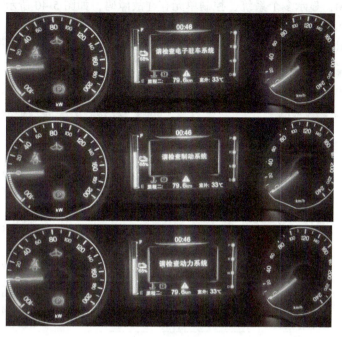

图 5-37　仪表显示状态

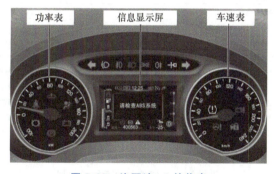

图 5-38　比亚迪 e5 的仪表

连接稳固，外观是否有损坏等，经过检查，并未发现异常，如图 5-39 所示。

图 5-39　部件及电路外观检查

2. 读取故障码及数据流

起动车辆，利用诊断仪读取车辆故障码和数据流。

通过扫描车辆，显示多个系统、控制单元存在故障码，如图 5-40 所示。

MaxiSys	车辆诊断报告	AUTEL®

车辆信息

比亚迪　　E5出行版

VIN:　　　　　　　　　　　　　　　　　行驶里程:
诊断时间: 2020/07/16 11:06　　　　　　诊断路径: 手动选择车型 > E5 > E5出行版 > 诊断 > 自动扫描 >

自动扫描

1	动力网-电池管理系统_400	故障 |1
2	ESC网-车轮防抱死系统	通过 | 无故障
3	舒适网-安全气囊	通过 | 无故障
4	舒适网-组合仪表	故障 |2
5	ESC网-(萨克)电子驻车系统	故障 |1
6	启动网-车身控制器	故障 |1
7	启动网-转向轴锁	-|-
8	启动网-智能钥匙	通过 | 无故障
9	ESC网-助力转向	故障 |1
10	动力网-电池采集器	通过 | 无故障
11	动力网-DC/DC总成	通过 | 无故障
12	动力网-档位控制器	故障 |1
13	动力网-漏电传感器	通过 | 无故障
14	动力网-车载充电器_7KW	故障 |1
15	舒适网-4G通讯模组	通过 | 无故障
16	舒适网-空调控制器	通过 | 无故障
17	舒适网-空调压缩机控制器	通过 | 无故障
18	舒适网-空调控制面板	通过 | 无故障
19	舒适网-组合开关	故障 |1
20	舒适网-车门多路控制器	通过 | 无故障
21	舒适网-多功能屏	通过 | 无故障
22	舒适网-空调水加热器	通过 | 无故障
23	舒适网-收音机	通过 | 无故障
24	舒适网-引擎音模拟器	故障 |1
25	网关模块-网关	通过 | 无故障

图 5-40　车辆控制单元扫描结果

进入相关系统调取故障码，图 5-41 所示为通过诊断仪读取到 BMS 系统存在故障码。调取部分系统和控制单元故障代码，其中包括 U016400（与空调通讯故障）、U011087（与电机控制模块失去通信）、U016487（与空调控制器失去通信）。

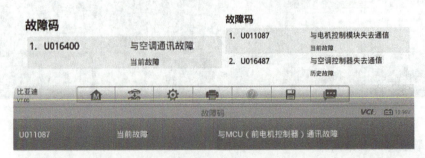

图 5-41　故障码

读取相关系统的数据流，包括接触器状态数据、预充状态数据、高压互锁数据等，如图 5-42 所示。

MaxiSys　　　　**车辆诊断报告**　　　　**AUTEL®**

车辆信息

比亚迪　　E5出行版

VIN:　　　　　　　　　　　　　　行驶里程：

诊断时间：2020/07/16 11:13　　　诊断路径：手动选择车型 > E5 > E5出行版 > 诊断 > 自动扫描 > 读数据流 > 数据流 >

数据流

编号	名称	值	最小值	最大值	单位
1	车辆VIN	LGXCE6DB8K0136248			
2	SOC	68	0	100	%
3	低温标志	Bd2.2			
4	电池包品检代号	Bd2.2			
5	电池组当前总电压	410	0	1000	伏
6	电池组当前总电流	0.0	-500	1000	安培
7	最大允许充电功率	0.0	0	500	千瓦
8	充电次数	0	0	0	
9	满电次数	2	0	65535	次
10	最大允许放电功率	0.0	0	500	千瓦
11	累计充电电量	202	100	300	AH
12	累计放电电量	133	0	200	AH
13	累计充电电能	65	50	70	千瓦时
14	累计放电电能	43	30	50	千瓦时
15	历史顶端压差	59	0	5000	毫伏
16	历史底端压差	0	0	5000	毫伏
17	绝缘阻值	60000	50000	70000	千欧
18	放电是否允许	不允许			
19	充电是否允许	无效数据/预留			
20	充电感应信号-交流	无			
21	充电感应信号-直流	无			
22	预充状态	未预充			
23	主接触器状态	断开			
24	负极接触器状态	断开			
25	预充接触器状态	断开			
26	充电接触器状态	断开			
27	正极接触器状态	断开			
28	高压互锁1	未锁止			
29	高压系统状态	正常			

图 5-42　车辆相关数据流

有时还可以通过读取故障的冻结帧，来分析故障产生时候车辆的相关数据，这样能更好地对故障进行诊断与排除。

3. 故障分析

车辆出现该故障后，仪表多个故障指示灯点亮，而"OK"灯没有点亮，并伴随有多个提示警告信息。利用诊断仪进行整车扫描后，发现多个系统存在故障，且调取故障码后得知车辆这些故障码基本指向通信故障。数据流显示接触器都处于断开状态，预充未完成，而高压互锁处于正常的"未锁止"状态。从以上可大概判断出由于多个系统出现通信故障，那么有可能是某个涉及这些系统供电、搭铁、CAN 通信网络出现问题。

4. 故障排除

查找电路图，如图 5-43 所示。从电路图可以看出，在这条回路上，电机冷却水泵、无级风扇、BMS、驱动电机控制器、整车控制器都搭载在这条回路上，供电由低压蓄电池（常电）经由熔丝 F1/23、继电器 KI-5 输送到相关系统。如果主电路上出现短路、断路等故障，那么就会出现如上所述的多个系统、控制单元通信丢失的故障。可以先围绕这条回路做检查。

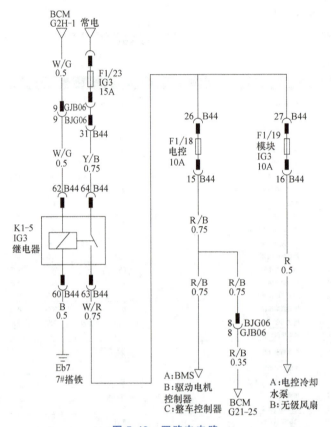

图 5-43　双路电电路

起动车辆，检查熔丝两端电压，如图 5-44 所示。通过检查发现熔丝一端有电压，另外一端没有电压，根据电路图，如果回路正常的话两端应该都有电压才是正常的。

图 5-44　检查熔丝两端电压

拔出熔丝，对熔丝进行导通性检查和外观检查，如图 5-45 所示。熔丝电阻值为无穷大，异常。如图 5-46 所示，通过观察，熔丝处于烧断状态，且断开位置开口较大，周围有黑色污渍，判断属于瞬间短路造成。

图 5-45　检查熔丝

图 5-46　熔丝烧损

熔丝烧损，说明回路上有短路现象，不能马上更换新的熔丝，应对回路进行短路检查，确认故障原因后再更换熔丝。

由于 F1/18 和 F1/19 两根熔丝没有烧损，说明这两根熔丝后面的电路没有问题，那么，只需要检查熔丝 F1/23 到 F1/18、F1/19 之间的电路是否存在短路就可以。如图 5-47 所示，拔掉继电器 KI-15，熔丝 F1/18、F1/19。

检查熔丝 F1/23 的 B44/31 端子到继电器 KI-5 的 B44/64 端子之间的电路是否存在对搭铁短路现象。如图 5-48 所示，其电阻为无穷大，正常。

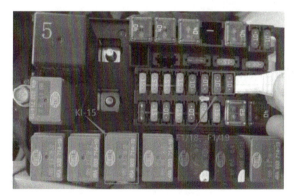

图 5-47　拔掉熔丝及继电器

图 5-48　检查 B44/31-B44/64 的电路

检查 KI-5 的 B44/64 端子到 F1/18 的 B44/26 端子之间的电路是否存在对搭铁短路现象。如图 5-49 所示，其电阻为无穷大，正常。

检查 KI-5 的 B44/64 端子到 F1/19 的 B44/27 端子之间的电路是否存在对搭铁短路现象。如图 5-50 所示，其电阻为无穷大，正常。

通过以上检查，未发现此段电路上有异常，那问题出在哪里呢？通过再次分析电路图，如果继电器位置的 B44/64 与 B44/60 两个端子短路的情况下也会出现熔丝烧损的故障，接下来检查继电器。如图 5-51 所示，检查继电器的开关的输入端与继电器线圈的输出端两

图 5-49　检查 B44/26-B44/64 的电路

图 5-50　检查 B44/27-B44/64 的电路

个端口的电阻，发现其电阻为 1.7Ω，异常，这两个端子正常情况下应处于断路的状态。

　　更换继电器和熔丝，再次启动车辆，清除故障码，车辆恢复正常。

　　在进行故障排除时应从故障现象、故障码、数据流及冻结帧数据入手，对故障进行确认、分析，缩小故障范围，再根据故障诊断流程对故障涉及的电路、部件进行逐一检查，确定导致故障产生的原因并排除故障。

图 5-51　检查继电器

学习任务工单

实训：整车控制器通信故障诊断与检修			
专业		班级	
姓名		学号	

一、接收任务

　　一辆比亚迪 e5 汽车出现不能行使故障，仪表上多个报警灯点亮。经维修技师确认是没有高压上电，请根据故障现象完成故障排除。

二、收集信息（25 分）	成绩：

　　1）纯电动汽车整车控制系统采用了_____控制与_____控制处理相结合的车辆控制系统结构，各部件都有独立的控制器，整车控制器对整个系统集中进行能量管理及各部件的协调控制。

　　2）纯电动汽车的整车控制器的主要功能包括：整车控制模式判断和_____控制、整车能量优化管理、整车_____管理、_____控制、故障诊断和处理、车辆状态监测与显示和远程控制等。

3）当动力蓄电池组电量_____时，整车控制器发送控制指令关闭部分起辅助作用的电器设备，将电能优先保证车辆的安全行驶。

4）在整车的网络管理中，整车控制器是信息控制的中心，负责信息的组织与传输、网络状态的监控、网络节点的管理、信息优先权的_____以及_____的诊断与处理等功能。

5）制动能量回馈控制也称为_____。

6）纯电动汽车整车控制器保护功能主要是从系统控制层面对关系到车辆及驾驶人安全的功能、故障等进行有效处理，是保障_____及驾驶人安全的重要功能。

7）纯电动汽车整车控制器能够完成的保护功能主要可分为_____保护和_____保护两大类。_____指整车控制器对关系到车辆行驶安全的功能能够进行妥善地控制，如防溜车控制、充电保护控制等；_____是指整车控制器对车辆运行状态进行实时诊断，对出现的故障进行预警及应急处理，以保证整车在安全要求范围内的可使用性。

8）高压互锁回路简称_____。

9）高压互锁回路利用电气小信号来检测整个高压系统包括_____、_____及护盖在内的电器完整性和连续性，并能够在互锁回路异常断开时，及时断开高压电。

10）泄放包括了_____和_____泄放。当检测到车辆发生较大碰撞，可在_____s内将高压回路直流母线电压泄放到_____V以下。

11）_____回路，可在2min内将高压回路直流母线电压泄放到60V以下。

12）在驾驶人使用车辆过程中，整车控制器将根据驾驶人对行车钥匙开关的操作，进行动力蓄电池高压接触器的_____控制，完成高压设备电源_____和_____控制。

三、制定计划（计划10分、分工5分、准备5分）	成绩：

1）根据高压安全流程规范和要求，制定整车控制器通信故障检修实训计划

实训计划		
序号	计划项目	操作要点

计划审核：	审核意见：
	时间：　　　　　　签字：

2）任务分工

操作员		记录员	
监护员		展示员	

作业注意事项

①着装统一、整洁规范。
②思想集中,正确使用安全器具。
③选择合适的个人防护用具。
④点火钥匙要有专人保管。
⑤操作完毕后,应清洁物品,放置原位。
⑥维修人员禁止带有手表、金属笔等金属物品。

四、实施计划 (45分)	成绩:

1. 操作前准备(15分)
 	
  1)描述故障现象。
 	
  2)读取故障码。
 	
  3)能否清除故障码。
 	
  4)使用诊断仪读取数据。
 	
  5)根据故障现象可能有的故障原因。
	操作记录:
	故障现象:_____
	_____
	故障码:_____
	能否清除:□能 □否
	蓄电池组总电压:_____
	蓄电池组总电流:_____
	预充状态:_____
	主接触器状态:_____
	负极接触器状态:_____
	预充接触器状态:_____
	正极接触器状态:_____
	高压互锁1:_____
	高压互锁2:_____
	高压系统状态:_____
	
	故障原因:_____
	_____
	_____
	_____
	_____
	_____

2. 检查作业(30分) (1)仪表的认知 下面是常见的纯电动汽车仪表故障指示灯,写出其含义。 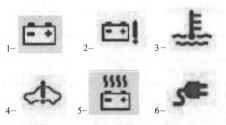	指示灯含义 1-:_____ 2-:_____ 3-:_____ 4-:_____ 5-:_____ 6-:_____

（续）

（2）故障诊断与排除 1）测量蓄电池电压。	蓄电池电压：＿＿＿＿＿＿＿＿＿＿＿＿＿ 是否正常：□是　　□否
2）检查 F1/23、F1/18、F1/19 熔丝。	F1/23　　F1/18　　F1/19 是否断路:□是□否　□是□否　□是□否 对搭铁短路:□是□否　□是□否　□是□否
3）检查 IG3 继电器,测量继电器开关电阻。	是否锈蚀:□是□否　□是□否　□是□否 未施加蓄电池电压开关电阻：＿＿＿＿＿＿
4）检查 VCU 搭铁电路,断开 VCU 线束连接器,测量线束端子 5 和 7 对地电阻。	施加蓄电池电压开关电阻：＿＿＿＿＿＿＿＿＿＿ 测量 5-对地电阻：＿＿＿＿＿＿＿＿＿＿＿
5）检查 VCU 电源电路,打开点火开关测量 1 和 3 对地电压。	测量 7-对地电阻：＿＿＿＿＿＿＿＿＿＿＿ 测量 1 对地电压：＿＿＿＿＿＿＿＿＿＿＿
6）检查 CAN 通信,测量动力网 21 和 22 端子波形,画出动力网 21 和 22 波形。	测量 3-对地电压：＿＿＿＿＿＿＿＿＿＿＿ 动力网 21 波形： 动力网 22 波形：
7）检查线束,测量 IG3 与熔丝、动力网 CANH、CANL 与网关间导线电阻。	测量 IG3 与熔丝 F18 电阻：＿＿＿＿＿＿＿
8）判断故障部位。	VCU-22 与网关 9 电阻：＿＿＿＿＿＿＿ VCU-21 与网关 10 电阻：＿＿＿＿＿＿＿ 故障位置：＿＿＿＿＿＿＿＿＿＿＿＿＿＿＿ ＿＿＿＿＿＿＿＿＿＿＿＿＿＿＿＿＿＿＿＿＿ ＿＿＿＿＿＿＿＿＿＿＿＿＿＿＿＿＿＿＿＿＿

五、检查与点评（教师点评）

_____

六、反思与评价（10 分）	成绩：
自我反思：	
自我评价：	

【课后思考】

1. 如何区分新能源汽车控制单元的功能划分？

2. 如果诊断仪无法与车辆连接，应如何进行诊断？

项目六

纯电动汽车热管理系统的
原理与检修

学习任务一　纯电动汽车热管理系统的结构认识

【学习目标】

1. 掌握纯电动汽车冷却系统的作用和结构。

2. 掌握纯电动汽车冷却系统与传统汽车冷却系统的区别。

3. 能描述纯电动汽车冷却系统的循环回路。

4. 掌握纯电动汽车冷却方式。

【任务导入】

　　某比亚迪 4S 店有一辆比亚迪 e5 进厂维修，客户反映最近在行车过程中仪表显示电
机过热的故障。

【知识准备】

一、冷却系统概述

1. 传统汽车的冷却系统

传统汽车中发动机工作时，气缸内的可燃气体温度可高达 2000℃ 左右，若不及时冷却，将造成发动机零部件温度过高，尤其是直接与高温气体接触的零件，会因受热膨胀影响正常的配合间隙，导致运动部件受阻甚至卡死。此外，高温还会造成发动机零部件的机械强度下降，使润滑油失去作用等。冷却系统可以在发动机工作时对温度进行合理的调节与控制，带走发动机因燃烧所产生的热量，使发动机各部件保持在正常的工作温度，从而获得理想的动力输出与良好的燃油经济性。

2. 纯电动汽车与传统汽车制冷系统的区别

纯电动汽车的冷却系统功能要求与传统汽车的基本相同。但是由于两者之间的结构和原理的差异导致了热源及其散热方式的不同。纯电动汽车关键零部件动力蓄电池、电机、电机控制器及充电机的效率不能达到 100%，在其能量转化过程中产生大量的热，这些产生的热能如果不能够及时地转换或者散发出去，将导致车辆无法正常运行或相关零部件的损坏。纯电动汽车冷却系统如图 6-1 所示，其功用是将电机、电机控制器及充电机产生的热能及时散发出去，保证其在要求的温度范围内能够稳定高效地工作。

3. 纯电动汽车的热源

纯电动汽车主要的热源有动力蓄电池、驱动电机和驱动电机控制器等，其总的散热量大概相当于同功率传统汽车的 2.5~3 倍，而这些热源的工作温度范围又有较大的差别。要将这些部件的热量及时散走，维持部件可靠工作，必须有一套有效的体积、质量和尺寸合理的冷却系统。

图 6-1　纯电动汽车冷却系统的组成

4. 对电机和电机控制器进行冷却的原因

电机在运行过程中产生的热对电机的物理、电气和力学特性有着重要影响。当温度上升到一定程度时，电机的绝缘材料会发生本质上的变化，最终使其失去绝缘能力，另一方面，随着电机温度的升高，电机中的金属构件强度和硬度也会逐渐下降。由电子元器件构成的控制器，同样会由于温度过高而导致性能下降，出现不利影响，如过高温度会导致半导体结点和电路损害、增加电阻、甚至烧坏元器件。

5. 纯电动汽车的动力蓄电池冷却

目前，纯电动汽车的动力蓄电池冷却系统可以分为两种方式：风冷和水冷。部分车辆还在其蓄电池上设计了热管理系统，热管理主要是集成在 BMS 上，通过温度采集对蓄电池进行热管理。图 6-2 所示为动力蓄电

冷却管路

图 6-2　动力蓄电池的冷却管路

池的冷却管路。

二、纯电动汽车冷却系统的组成

纯电动汽车冷却系统主要由电动水泵、散热器、电风扇、水管和冷却液等组成。

1. 电动水泵

电动水泵如图 6-3 所示，是冷却液循环的动力源。电动水泵的作用是对冷却液加压，促使冷却液在冷却系统中进行循环，带走系统散发的热量。电动水泵采用的是永磁无刷直流电动机。电动水泵剖面图如图 6-4 所示，整个部件中没有动密封（有相对运动的密封），浮动式转子与叶轮注塑成一体。严禁电动水泵在没有冷却液的情况下空载运行，否则将导致转子、定子的磨损，将最终导致水泵的损坏。

图 6-3　电动水泵

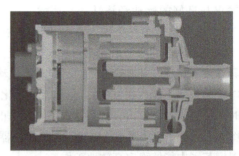

图 6-4　电动水泵剖面

电动水泵电气插接件位于水泵后盖上，如图 6-5 所示。插接件为两线，分别为正极和负极。

图 6-6 所示为电风扇，它的作用是提高流经散热器、冷凝器的空气流速和流量，以增强散热器的散热能力，并冷却车辆前机舱的其他附件。

图 6-5　电动水泵电气插接件

图 6-6　电风扇

2. 电风扇

电风扇采用左右双风扇构架，采用半径为 125mm、6 叶不对称结构的扇叶，两档调速。双风扇分别由整车电源提供输入，根据电机、控制器、空调压力等参数由整车控制器控制双风扇运行。电子风扇电气插接件为 4 线，如图 6-7 所示。

高速：两"+"接正极，两"-"接负极；

低速：两"+"接正极，一"-"接负极。

无级电风扇会接收前驱动电机控制器、车载充电器、空调控制器发送的风扇占空比需求，整车控制器通过分析采用最高占空比进行风扇控制。

3. 膨胀水箱

膨胀水箱如图 6-8 所示，其作用是为冷却系统冷却液的排气、膨胀和收缩提供受压容积，补充冷却液和缓冲热胀冷缩的变化，同时也作为冷却液加注口。所以膨胀水箱不要加液过满。如果膨胀水箱完全用空，就不能仅仅在罐中加液，需要开启散热器盖检查液面并添加冷却液，否则膨胀水箱就失去功用。膨胀水箱位置要高于冷却系统的所有部件，目的是当冷却液受热膨胀至散热盖的蒸汽阀打开时，部分冷却液随着高压蒸气通过水管进入膨胀水箱。

图 6-7　电风扇插接件

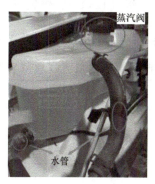

图 6-8　膨胀水箱

4. 冷却管路总成

目前冷却管内外均为三元乙丙橡胶（EPDM），中间层由织物增强，耐温等级是Ⅰ级（125℃），爆破压力达到 1.3MPa。

冷却水管壁厚为 4mm，端口有安装定位标识，装配时标识与散热器上的定位标识对齐。

学习任务工单

实训：电动水泵的更换			
专业		班级	
姓名		学号	

一、接收任务

一辆比亚迪 e5 汽车出现不能行驶故障，仪表上多个报警灯点亮。经维修技师确认是因为电动水泵不工作，导致温度过高，报动力系统故障。请根据故障现象完成故障排除。

二、收集信息（25 分）　　　　　　　　　　成绩：

1）电动汽车冷却系统功用是将_____、_____及_____生产的热能及时散发出去，保证其在要求的温度范围内能够稳定高效地工作。

2）纯电动汽车的动力蓄电池冷却系统可以分为_____和_____。

3）电动汽车冷却系统主要由_____、_____、_____、水管和冷却液等组成。

4）_____作用是对冷却液加压，促使冷却液在冷却系统中进行循环，其采用的是_____电机。

5）比亚迪 e5 电动风扇采用_____控制。

6）膨胀水箱作用是为冷却系统冷却液的_____、_____和_____提供受压容积，补充冷却液和缓冲热胀冷缩的变化，同时也作为冷却液加注口。

7）冷却管内外均为三元乙丙橡胶（EPDM），中间层由织物增强，耐温等级是_____级（125℃），爆破压力达到_____MPa。

三、制定计划（计划 10 分、分工 5 分、准备 5 分）	成绩：

1）根据触电急救流程规范和要求，制定电动水泵更换实训计划

实训计划

序号	计划项目	操作要点

计划审核：	审核意见：
	时间：　　　　签字：

2）任务分工

操作员		记录员	
监护员		展示员	

作业注意事项

①着装统一、整洁规范。
②思想集中，正确使用安全器具。
③选择合适的个人防护用具。
④点火钥匙要有专人保管。
⑤操作完毕后，应清洁物品，放置原位。
⑥维修人员禁止带有手表、金属笔等金属物品。

四、实施计划（45分）　　　　　　　　　成绩：

1. 操作前准备(15分)	操作记录：
1)场地准备是否完成。	完成情况:□能　　　□否 未完成记录:＿＿＿＿＿＿＿＿＿
2)工具准备是否完成。	完成情况:□能　　　□否 未完成记录:＿＿＿＿＿＿＿＿＿
3)写出比亚迪 e5 2019 款电动水泵的安装位置。	安装位置:＿＿＿＿＿＿＿＿＿ ＿＿＿＿＿＿＿＿＿＿＿＿＿
2. 电动水泵更换作业(30分) 　1)将电源档位退至 OFF 档。 　2)断开低压蓄电池负极。 　3)断开水泵接插件。 　4)断开与电动水泵相连的水管,将冷却液放掉。 　5)卸下支架的 2 个紧固件,取出电动水泵。 　6)将需要更换的电动水泵装好。 　7)连接水管,安装卡箍,确认安装紧固。 　8)按要求进行加注冷却液。 　9)将低压蓄电池负极接好。 　10)上电用 VDS 检测功能是否正常。	是否完成:□是　　　□否 是否完成:□是　　　□否 蓄电池负极是否拥有绝缘胶带缠绕 □是　　　□否 使用工具:＿＿＿＿＿＿＿＿＿ ＿＿＿＿＿＿＿＿＿＿＿＿＿ 是否完成:□是　　　□否 是否完成:□是　　　□否 使用工具:＿＿＿＿＿＿＿＿＿ ＿＿＿＿＿＿＿＿＿＿＿＿＿ 标准力矩:＿＿＿＿＿＿＿＿＿ 是否完成:□是　　　□否 电动水泵是否能正常工作:□是　　　□否

五、检查与点评(教师点评)

六、反思与评价(10分)　　　　　　　　　成绩：

自我反思：	
自我评价：	

【课后思考】

1. 电动汽车冷却系统检查有哪些要点？

2. 维护电动汽车冷却部位有哪些步骤？

学习任务二　纯电动汽车热管理系统的原理与检修

【学习目标】

1. 掌握纯电动汽车冷却系统的工作原理。
2. 能描述纯电动汽车冷却系统的循环回路。
3. 掌握蓄电池系统冷却的工作原理。
4. 掌握驱动电机系统冷却的工作原理。
5. 能独立完成纯电动汽车冷却系统简单故障的诊断与排除。

【任务导入】

某比亚迪 4S 店有一辆比亚迪 e5 进厂维修，客户反映最近在行车过程中仪表显示电机过热故障。

【知识准备】

一、纯电动汽车冷却系统的类型及工作原理

1. 冷却系统的类型

目前纯电动汽车冷却方式主要分为风冷和液冷 2 种。

风冷系统主要是利用附加安装的鼓风机对部件进行冷却。有些车型是利用空调蒸发器的冷气对部件进行冷却，而有些则是自然冷却。

液冷系统主要是通过冷却液流经部件后带走热量的形式对部件进行冷却。某些车型的冷却系统是利用散热器来实现热交换，而有些车型则是利用空调制冷系统来实现热交换。

2. 蓄电池冷却系统的结构与工作原理

蓄电池冷却系统采用风冷和液冷 2 种方式，但现在大部分车型都采用了液冷的方式。

风冷的典型代表车型为日产聆风 Leaf：采用鼓风机（专门为动力蓄电池冷却用）驱动空气通过空调制冷系统的蒸发器后变成冷风，再去冷却动力蓄电池图 6-9 所示为强制空调风冷蓄电池的技术原理图。目前该技术比较成熟，由于空气的比热较小，带走的热量较少，主要适用于动力蓄电池散热量较小的情况。一般针对续驶里程短、整车重量较轻的情况。

2018 款比亚迪 e5 采用了液冷的方式对动力蓄电池进行冷却，但它的热交换是与制冷介质进行的，同时具备了对蓄电池加热的功能。

该车型采用如图 6-10 所示的冷却系统来实现动力蓄电池冷却。其中，冷却介质通过板式换热器和空调制冷介质（制冷剂）进行热量交换。在板式换热器里面降温后的冷却介质通过电动水泵带到动力蓄电池包里面与进行热量交换，从而带走动力蓄电池产生的热量，达到动

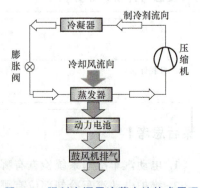

图 6-9　强制空调风冷蓄电池技术原理

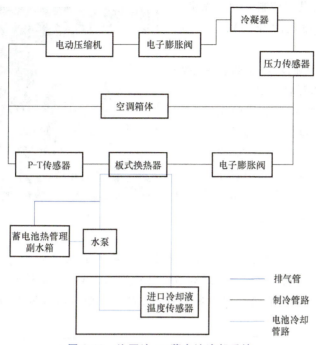

图 6-10　比亚迪 e5 蓄电池冷却系统

力蓄电池降温的效果。

　　空调根据动力蓄电池包目标冷却液温度，通过调节板式换热器处冷却介质的状态（压力、温度、流量）和压缩机转速来控制蓄电池包进口的冷却液温度，从而达到较精准的冷却控制。

　　图 6-11 所示为板式换热器，在其内部包含了冷却水道和制冷介质通道。

　　在该车型的动力蓄电池冷却系统中，具有 4 种工作模式：

　　1）乘员舱制冷：关闭动力蓄电池冷却电子膨胀阀，如图 6-12 所示，打开空调电子膨胀阀，然后根据目标通道温度来控制电动压缩机的转速。

图 6-11　板式换热器

图 6-12　动力蓄电池冷却电子膨胀阀

　　2）动力蓄电池冷却：关闭空调电子膨胀阀，如图 6-13 所示，打开动力蓄电池冷却电子膨胀阀。然后根据过热度控制电子膨胀阀开度；根据蓄电池包进口的冷却液温度信号来控制电动压缩机的转速，且开启水泵。

　　3）乘员舱制冷+蓄电池冷却：打开两个电子膨胀阀。根据乘员舱目标通道温度及动力蓄电池包进口的水温共同控制电动压缩机的转速（或者驱动压缩机的开关），且开启水泵。

4）动力蓄电池内循环：空调收到 BMS 内循环命令后，空调开启电动水泵。

该车型采用如图 6-14 所示的系统来实现动力蓄电池加热。动力蓄电池冷却液通过 PTC 加热器加热升温，在 PTC 加热器中加热后的动力蓄电池冷却液通过电动水泵带到动力蓄电池包里面与动力蓄电池进行热量交换，从而传递热量给动力蓄电池升温，达到激活蓄电池包的效果。

图 6-13　空调电子膨胀阀

空调根据 BMS 发出的动力蓄电池加热需求，控制四通阀（如图 6-15 所示）阀门的开关。当有动力蓄电池加热需求时，四通阀 B-C 通道接通，A-D 通道接通，与采暖系统回路串联在一起，同时开启 PTC 加热器加热系统回路冷却液，通过水泵带入动力蓄电池包进行热交换实现加热。

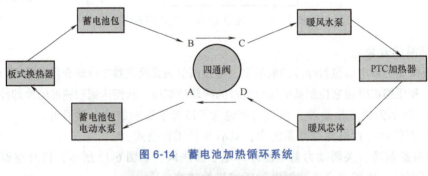

图 6-14　蓄电池加热循环系统

图 6-15　四通阀

图 6-16 所示为动力蓄电池包电动水泵，图 6-17 所示为 PTC 电动水泵。

3. 驱动电机冷却系统的结构与工作原理

比亚迪 e5 车型采用的是闭式强制水冷却循环系统，由电动水泵提供动力，图 6-18 所示为比亚迪 e5 车型的冷却系统循环框图。该冷却系统主要由充配电总成、驱动电机控制器、驱动电机、电动水泵、散热器、冷却液、电风扇和冷却水管等组成。

图 6-16　蓄电池包电动水泵

出水管

进水管

图 6-17　PTC 电动水泵

进水管

电动水泵由主控制器进行控制，电风扇和散热器的安装位置与传统燃油汽车基本相同，电风扇总成采用吸风式双风扇，通过串联调速电阻的方式来实现风扇的高低速分级，从而降低风扇的噪声，提高整车舒适性。

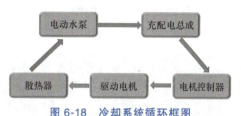

图 6-18　冷却系统循环框图

在 e5 的驱动电机冷却系统中，驱动电机控制器和驱动电机、充配电总成都安装有进出水管。图 6-19 所示为驱动电机与控制器的冷却管道，图 6-20 所示为充配电总成的冷却管道。

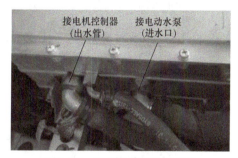

图 6-19　驱动电机与控制器冷却管道

电机控制器进水管

驱动电机出水管

电机控制器出水管

驱动电机进水水管

接电机控制器（出水管）　接电动水泵（进水口）

图 6-20　充配电总成冷却管道

当冷却系统需要冷却时，低温的乙二醇型长效防锈冷却液（常温性：冰点-25℃，适用于南方全年及北方夏季；耐寒性：冰点-40℃，适合于北方冬季，用量 2.6L）在电动水泵的驱动下通过冷却管路由散热器流向驱动电机控制器、DC/DC 变换器和驱动电机的冷却水道，吸收热量后，再通过冷却管路流经散热器进行散热，之后进行下一个冷却循环，如此反复，使冷却系统的温度保持在 95~105℃。

【操作技能】

二、冷却系统故障检修

1. 故障确认及初检

车辆进厂后，机电维修技师对车辆进行故障确认。起动车辆后，发现车辆的冷却风扇高速旋转，且空调并未开启。观察仪表未发现故障指示灯点亮或故障提示信息，"OK"灯点亮，如图 6-21 所示。

图 6-21　车辆仪表状态

确认故障后，通过电路图，找到相关部件的连接器，检查连接器、继电器、熔丝等是否连接稳固，外观是否有损坏等，经过检查，并未发现异常，如图 6-22 所示。

整车控制器　　　　　　　　熔丝盒　　　　　　　　风扇连接器

图 6-22　部件及电路外观检查

2. 读取故障码及数据流

利用诊断仪对车辆进行扫描，如图 6-23 所示。

	MaxiSys	车辆诊断报告	AUTEL

车辆信息

比亚迪　　E5出行版
VIN:　　　　　　　　　　　　行驶里程：
诊断时间：2020/07/19 09:26　　诊断路径：手动选择车型 > E5 > E5出行版 > 诊断 > 自动扫描 >

自动扫描

1	动力网-整车控制器	故障	1
2	动力网-电池管理系统_400	通过 | 无故障
3	ESC网-车轮防抱死系统	通过 | 无故障
4	舒适网-安全气囊	通过 | 无故障
5	舒适网-组合仪表	通过 | 无故障
6	ESC网-(萨克)电子驻车系统	通过 | 无故障
7	启动网-车身控制器	通过 | 无故障
8	启动网-转向轴锁	-|-
9	启动网-智能钥匙	通过 | 无故障

图 6-23　车辆控制单元扫描结果

调取整车控制器的故障码，故障码为 P1D8E00-无级风扇过温保护、电子错误等故障，为当前故障，如图 6-24 所示。

图 6-24　故障码

调取整车控制器数据流，如图 6-25 所示，发现无级风扇请求状态为 10%，而此时无级风扇处于高速旋转状态，其数据流应不是 10% 的状态，而是正常 67%。

图 6-25　相关数据流

风扇正常工作时的数据流见表 6-1。

表 6-1　正常数据流

风扇状态	数据流	风扇状态	数据流
停止	10%	中速	50%
低速	27%	高速	67%

3. 故障分析

车辆出现该故障时，仪表"OK"灯点亮，说明高压上电正常，同时，仪表未出现任何故障指示和故障提示信息，说明此故障处于控制单元监控的盲区，控制单元无法进行有效识别。

风扇能转动，说明风扇本身没有故障，风扇的供电没有问题。

通过数据流观察，相关的水温传感器和空调压力传感器的数据没有任何异常现象，故障产生原因不是因为传感器故障（空调压力传感器如果出现短路现象，会导致风扇高速旋转）。

风扇控制电路如图 6-26 所示。从电路图可以看出，供电进入无级风扇调速模块后，就将电源输送到风扇电动机，使风扇工作；无级风扇调速模块还有一根连接到整车控制器的电路，查看整车控制器电路，如图 6-26 所示，发现该电路为"无级风扇信号控制/回检"，它是整车控制器用于监控风扇的工作状态所用。

综上所述，该故障有可能是由于监控电路、部件出现故障后而导致风扇高速旋转。

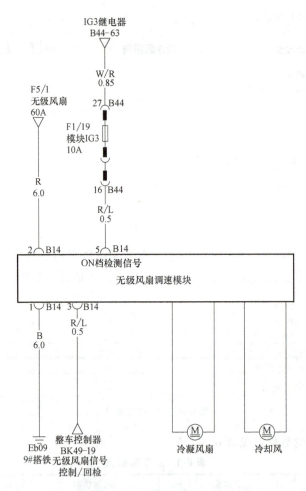

图 6-26　风扇控制电路图

4. 故障排除

根据电路图，查找整车控制器连接器 BK49 和无级风扇调速模块连接 B14。起动车辆，利用万用表检查 B14/3 的回检信号电压，检查结果保持 13.17V 不变，属于异常电压信号，如图 6-27 所示。

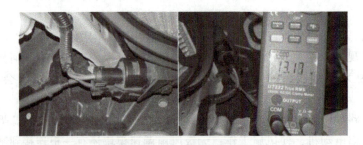

图 6-27　检查回检信号电压

正常风扇工作时回检信号电压见表 6-2 所示。

表 6-2　回检信号电压值

风扇状态	电压值
低速	3.45V
中速	6.41V
高速	8.61V

关闭点火开关，断开无级风扇调速模块连接器 B14 和整车控制器连接器 BK49，检查电路 B14/3 与 BK49/19 的电路导通性，如图 6-28 所示。检查结果为无穷大，异常。

图 6-28　检查电路导通性

对故障电路进行检查修复后，故障排除，车辆恢复正常。

在进行故障排除时应从故障现象、故障码、数据流及冻结帧数据入手，对故障进行确认、分析，缩小故障范围，再根据故障诊断流程对故障涉及的电路、部件进行逐一检查，确定导致故障产生的原因并排除故障。

学习任务工单

实训：冷却风扇一直高速运转故障的诊断与排除			
专业		**班级**	
姓名		**学号**	
一、接收任务			
某比亚迪 4S 店有一辆比亚迪 e5 进厂维修，客户反映最近在行车过程中仪表显示电机过热的故障，而冷却风扇一直高速运转。			
二、收集信息（25 分）		**成绩：**	
1）纯电动汽车冷却系统功用是将_____、_____及_____产生的热能及时散发出去，保证其在要求的温度范围内能够稳定高效的工作。 　　2）纯电动汽车的动力蓄电池冷却系统可以分为_____和_____。 　　3）纯电动汽车冷却系统主要由_____、_____、_____、水管和冷却液等组成。			

4）_____作用是对冷却液加压，促使冷却液在冷却系统中进行循环。其采用的是_____电机。

5）比亚迪 e5 电动风扇采用_____控制。

6）膨胀水箱作用是为冷却系统冷却液的_____、_____和_____提供受压容积，补充冷却液和缓冲热胀冷缩的变化，同时也作为冷却液加注口。

7）冷却管内外均为三元乙丙橡胶（EPDM），中间层由织物增强，耐温等级是_____级（125℃），爆破压力达到_____MPa。

8）比亚迪 e5 采用了液冷的方式对动力蓄电池进行冷却，但它的热交换是与_____进行的，同时具备了对动力蓄电池加热的功能。

9）空调根据动力蓄电池包目标水温，通过调节板式换热器处冷却介质的_____和压缩机_____来控制动力蓄电池包进口冷却液温度，从而达到较精准冷却控制。

10）比亚迪 e5 驱动电机冷却系统主要由_____、_____、_____等组成。

11）比亚迪 e5 采用的冷却液类型_____，更换时正常加注量是_____L，间隔_____更换一次冷却液。

三、制定计划（计划 10 分、分工 5 分、准备 5 分）	成绩：

1）根据高压安全流程规范和要求，制定冷却风扇高速运转故障检修实训计划

实训计划

序号	计划项目	操作要点

计划审核：	审核意见：
	时间：　　　　　签字：

2）任务分工

操作员		记录员		
监护员		展示员		

作业注意事项

①着装统一、整洁规范。
②思想集中,正确使用安全器具。
③选择合适的个人防护用具。
④点火钥匙要有专人保管。
⑤操作完毕后,应清洁物品,放置原位。
⑥维修人员禁止带有手表、金属笔等金属物品。

四、实施计划（45分）　　成绩：

1. 车上检查(15分)

　1)检查冷却液液位。

　2)检查冷却管路是否存在泄漏。

　如无泄漏,液位过低时,添加冷却液到标准位置。

　3)故障诊断与排除

　　①使用诊断仪读取故障码和数据流。

　　②分析故障原因。

　　正常风扇状态为

　　停止:10%;

　　低速:27%;

　　中速:50%;

　　高速:67%。

操作记录:

液位检查:□正常　　□异常

冷却管路:□正常　　□异常

故障码:_____

无级风扇状态:_____

水温报警:_____

初步判断故障原因:_____

_____
_____
_____
_____
_____
_____

2. 故障诊断与排除(30分)

　1)检测电源电路。

F5/1熔丝是否正常:□是　　□否

F1/19熔丝是否正常:□是　　□否

F1/18熔丝是否正常:□是　　□否

2-对搭铁电压:_____

5-对搭铁电压:_____

　2)检查控制电路。

3-对搭铁电压:_____

　3)检查线束和连接器。

1-对搭铁电阻:_____

3(无级风扇)-19(VCU)电阻:_____

3(无级风扇)-对地:_____

　4)确定故障位置。

故障位置:_____
_____
_____

五、检查与点评（教师点评）

六、反思与评价（10分）	成绩：

自我反思：

自我评价：

【课后思考】

1. 为什么当车辆行驶时，车辆冷却液温度正常，而当车辆停止行驶时温度过高？
2. 如何对蓄电池冷却液进行更换？

项目七

纯电动汽车辅助系统的原理与检修

学习任务一　纯电动汽车空调系统的原理与检修

【学习目标】

1. 了解纯电动汽车空调系统的种类、组件及结构原理。
2. 掌握纯电动汽车空调系统的工作原理。
3. 能掌握纯电动汽车空调系统的使用及操作方法。
4. 能独立完成空调系统简单故障的诊断与排除。

【任务导入】

　　某一天，客户到某纯电动汽车 4S 店进行车辆维修，向售后维修服务顾问反映车辆在跑完长途，停放一个晚上后空调不制冷。服务顾问接车移交给机电维修车间，经机电维修技师确认后，空调存在不制冷的现象。

【知识准备】

一、车辆驾驶舒适性

对于驾驶车辆而言，舒适感对于驾驶过程来说非常重要。"车内气候"对驾驶人无疲劳驾驶和行驶安全有直接影响。舒适的车内温度由当前车外温度、阳光直射情况和足够的空气流量来决定，车内的空气温度越高时，驾驶人身体所承受的负荷就会成倍增加，例如体温升高、心跳加快、出汗多、大脑供氧减少等，在这种压力和负荷下，驾驶人的注意力集中能力和反应能力明显降低，从而影响安全驾驶。

为了减少或完全排除这类负荷，减少安全事故的发生，车辆上安装了空调系统，该系统能将车内空气调节到令人舒适的温度，同时也可以净化空气及除湿。

二、空调系统的功能

汽车空调系统具有调控车内温度、车内湿度、净化空气和调控车内空气流通速度 4 项功能，通过实现这些功能提高车内的舒适性，减少驾驶人的疲劳，提高驾驶安全性，如图 7-1 所示。

1. 调控车内温度

由于热量是一种负荷，对于驾驶人来说，车内最佳温度是 20~22℃。为了能够达到这一要求，驾驶人可根据季节不同，利用汽车空调系统将车内的温度调控到舒适的范围。一般冬季需要对车内进行升温，夏季需要对车内进行降温；适合驾驶舒适性的温度要求一般为冬季 16~18℃，夏季 25~28℃。

图 7-1 汽车空调的功能

2. 调控车内湿度

在冬天，由于车内外的温差较大，车内潮湿的热空气会凝集在较冷的玻璃车窗上，空气就会被冷却下来，并以水雾（结霜）的形态吸附在汽车的车窗上，会影响驾驶人的视线，降低行车安全性。

具有冷暖一体的汽车空调系统具备了对车内湿度调控的功能。它通过空调系统制冷装置对热空气进行冷却、去除空气中的水分，再由取暖装置升温以降低空气的相对湿度。在同样的温度下，湿度越大，人会感到越热，人体一般感觉的舒适的湿度一般为夏季 50%~60%，冬季 40%~50%。

3. 净化车内空气

如果车辆车窗长期处于关闭状态，车内乘客呼出的二氧化碳、排出的汗液气味等会聚焦在车内，而且车外废气、粉尘、花粉会进入到车内，造成车内空气混浊，长时间不进行流通、净化，会导致车内舒适性降低，影响驾驶安全性。

为了净化车内空气，提高驾驶舒适性和安全性，现有汽车空调系统基本具有补充车外新鲜空气、过滤和净化车内空气的功能。

4. 调控车内空气流通速度

实现了以上 3 项功能，空调系统还可以通过调控车内空气的流速来提高驾驶舒适性。夏季，气流速度稍大，有利于人体散热降温；但过大的风速直接吹到人体上，也会使人感到不舒服。冬季，风速大了会影响人体保温，因而冬季采暖时气流速度应尽量小一些。根据人体的生理需求，汽车空调出风口送风温度调节一般采取上冷下暖的方式。

三、空调制冷系统的组成及工作原理

空调制冷系统
组成与原理

1. 空调制冷系统的组成

空调制冷系统一般由压缩机、冷凝器、散热风扇、干燥器、膨胀阀、蒸发箱、管路、控制面板等组成。图 7-2 所示为比亚迪 e5 的空调系统组件，其压缩机为 BC14 型的电动压缩机，制冷剂为 R410a，冷冻油型号为 POE。另外，空调系统采用的是电子式的膨胀阀。

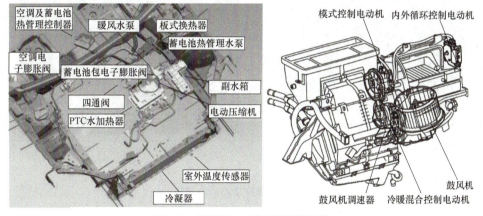

图 7-2　比亚迪 e5 的空调系统组件

（1）空调压缩机　根据工作方式的不同，压缩机一般可以分为往复式和旋转式；常见的往复式压缩机有曲轴连杆式和轴向活塞式，常见的旋转式压缩机有旋转叶片式和涡旋式。

1）曲轴连杆式压缩机。图 7-3 所示为曲轴连杆式空调压缩机。这种压缩机的工作过程可以分为 4 个，即压缩、排气、膨胀、吸气。曲轴旋转时，通过连杆带动活塞往复运动，由气缸内壁、气缸盖和活塞顶面构成的工作容积便会发生周期性变化，从而在制冷系统中起到

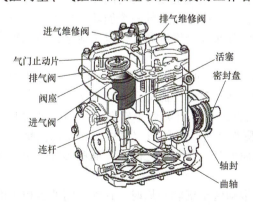

图 7-3　曲轴连杆式压缩机

压缩和输送制冷剂的作用。

曲轴连杆式压缩机是第1代压缩机，制造技术成熟，结构简单，而且对材料和加工工艺要求较低，造价比较低，适应性强，能适应广阔的压力范围和制冷量要求，可维修性强。

但是曲轴连杆式压缩机也有一些明显的缺点，例如无法实现较高转速，机器大而重，不容易实现轻量化，排气不连续，气流容易出现波动，而且工作时有较大的振动。由于曲轴连杆式压缩机的上述缺点，已经很少有小排量压缩机采用这种结构形式，曲轴连杆式压缩机目前大多应用在客车和货车的大排量空调系统中。

2）轴向活塞式压缩机。轴向活塞式压缩机可以称为第2代压缩机，常见的有摇板式和斜盘式压缩机，这是汽车空调压缩机中的主流产品，如图7-4所示。

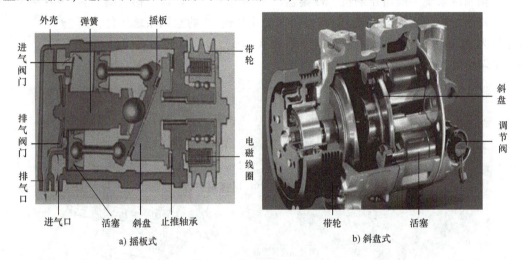

a) 摇板式   b) 斜盘式

图7-4　轴向活塞式压缩机

摇板式压缩机的主要部件是主轴和摇板。各气缸以压缩机主轴为中心圆周布置，活塞运动方向与压缩机的主轴平行。大多数摇板式压缩机的活塞被制成双头活塞，例如轴向6缸压缩机，则3个缸在压缩机前部，另外3个缸在压缩机后部。双头活塞在相对的气缸中一前一后地滑动，一端活塞在前缸中压缩制冷剂蒸气时，另一端活塞就在后缸中吸入制冷剂蒸气。各缸均配有高低压气阀，另有一根高压管，用于连接前后高压腔。

斜盘式压缩机主轴固定在一起，斜盘的边缘装合在活塞中部的槽中，活塞槽与斜盘边缘通过钢球轴承支承。当主轴旋转时，斜盘也随着旋转，斜盘边缘推动活塞做轴向往复运动。如果斜盘转动一周，前后2个活塞各完成压缩、排气、膨胀、吸气一个循环，相当于2个气缸工作。如果是轴向6缸压缩机，缸体截面上均匀分布3个气缸和3个双头活塞，当主轴旋转一周，相当于6个气缸的作用。

斜盘式压缩机比较容易实现小型化和轻量化，而且可以实现高转速工作。它的结构紧凑，效率高，性能可靠，在实现了可变排量控制之后，目前广泛应用于汽车空调。

3）旋转叶片式压缩机。旋转叶片式压缩机内部结构有点类似于转向液压助力泵的叶片结构，如图7-5所示。它的气缸形状有圆形和椭圆形2种。在圆形气缸中，转子的主轴与气缸的圆心有一个偏心距，使转子紧贴在气缸内表面的吸、排气孔之间。在椭圆形气缸中，转子的主轴和椭圆中心重合。

转子上的叶片将气缸分成几个空间，当主轴带动转子旋转一周时，这些空间的容积不断发生变化，制冷剂蒸气在这些空间内也发生体积和温度上的变化。旋转叶式压缩机没有吸气阀，因为叶片能完成吸入和压缩制冷剂的任务。如果有 2 个叶片，则主轴旋转一周有 2 次排气过程。叶片越多，压缩机的排气波动就越小。

作为第 3 代压缩机，由于旋转叶片式压缩机的体积和重量可以做到很小，易于在狭小的发动机舱内进行布置，加之噪声和振动小以及容积效率高等优点，在汽车空调系统中也得到了一定的应用。但是旋转叶片式压缩机对加工精度要求很高，制造成本较高。

4）涡旋式压缩机。这种压缩机可以称为第 4 代压缩机，也是新能源汽车使用较普遍的一种空调压缩机，图 7-6 所示为某车型空调压缩机。

图 7-5　旋转叶片式压缩机结构

图 7-6　某车型空调压缩机

旋涡式压缩机结构主要分为动静式和双公转式 2 种。目前动静式压缩机应用最为普遍，它的工作部件主要由动涡轮与静涡轮组成，动、静涡轮的结构十分相似，都是由端板和由端板上伸出的渐开线型旋涡齿组成，两者偏心配置且相差 180°，静涡轮静止不动，而动涡轮在专门的防转机构的约束下，由曲柄轴带动做偏心回转平动，即无自转，只有公转，如图 7-7 所示。

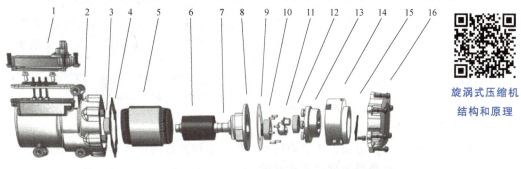

旋涡式压缩机
结构和原理

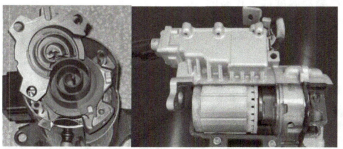

图 7-7　旋涡式压缩机

1—压缩机控制器（逆变器）　2—电动机壳　3—副轴承　4—密封垫　5—电动机定子　6—电动机转子
7—曲轴　8—前盖　9—前盖耐磨片　10—主轴承　11—偏心套　12—驱动轴承　13—动盘
14—静盘　15—排气阀片　16—后盖

旋涡式压缩机的结构主要包括高低压插件、驱动控制模块、直流无刷电动机和旋涡式压缩机。旋涡式压缩机由固定涡管和旋转涡管组成，两涡管相切，相互啮合形成一组月牙形空间。

旋涡式压缩机具有很多优点。例如体积小、重量轻，驱动动涡轮运动的偏心轴可以高速旋转。因为没有了吸气阀和排气阀，涡旋压缩机运转可靠，而且容易实现变转速运动和变排量技术。多个压缩腔同时工作，相邻压缩腔之间的气体压差小，气体泄漏量少，容积效率高。旋涡式压缩机以其结构紧凑、高效节能、微振低噪以及工作可靠等优点，在小型制冷领域获得越来越广泛的应用，也因此成为压缩机技术发展的主要方向之一。

旋涡式压缩机的工作原理如图 7-8 所示。随着旋转涡管的旋转，月牙形空间逐步移动，容积越来越小，通过吸入口吸入的制冷剂被压缩，直至从排出孔排除。如此周而复始地完成吸气、压缩、排气工作过程，整个过程是连续的。理论上，旋涡圈的圈数越多，动作越平稳，效率越高。实际应用中，为了防止过压缩和受直径限制，一般汽车空调旋涡式压缩机旋涡圈数为 2.5 ~ 3 圈。

吸气　　　吸气终止　　　压缩　　　再压缩

再压缩　　　压缩终了　　　排气　　　排气

图 7-8　旋涡式压缩机的工作原理

（2）冷凝器　冷凝器属于热交换器的一种，它安装于汽车的前端，如图 7-9 所示。它的主要作用是将进入其内部的高温高压的气态制冷剂转变成液态，在这个过程中，由于制冷剂状态的变化，冷凝器会将热量以很快的方式传到管子附近的空气中。同

图 7-9　冷凝器

时，在冷却风扇的作用下，加快了热量的散发，保证空调系统的正常工作。冷凝器工作过程是个放热的过程，所以冷凝器温度都是较高的。

冷凝器主要有 3 种类型，分别是管片式、管带式和平行流式，如图 7-10 所示。

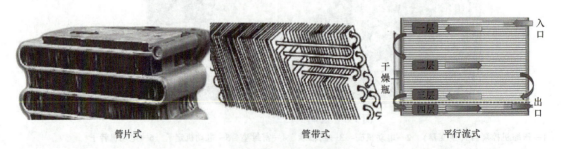

管片式　　　　　　　　管带式　　　　　　　　平行流式

图 7-10　冷凝器的类型

（3）冷却风扇　冷却风扇安装在冷凝器后端，它的主要作用是将外部的空气吸入，对冷凝器进行辅助散热，保证制冷剂在冷凝器里面完成物质状态的完全转化。汽车上基本配置了电风扇，如图7-11所示。

（4）干燥器　干燥器也称为储液干燥瓶、储液干燥器，它有2种类型，一种是独立式的（旧款车型使用），另一种是集成式的（与冷凝器集成），如图7-12所示。

在汽车的空调制冷系统中，干燥器的作用有3个。

1）储液作用。主要是用于储存和供应制冷系统里面的液体制冷剂，在各个工况下补偿和调剂液体制冷剂的供给量。制冷要求高（负荷大）的时候制冷剂供给量大，反之则小；同时它还可以补充因正常微量渗漏引起的制冷剂不足。

图7-11　电风扇

2）干燥作用。制冷系统在正常运作的情况下不会有水分产生，但由于制冷系统干燥不严格、空气进入、制冷剂中溶解水分而会导致制冷系统出现"冰堵"现象（特别是膨胀阀位置的结冰），或者因水分自成的酸性物质而导致对空调管道的腐蚀。所以在干燥器里面充填了干燥剂，对制冷剂进行干燥。

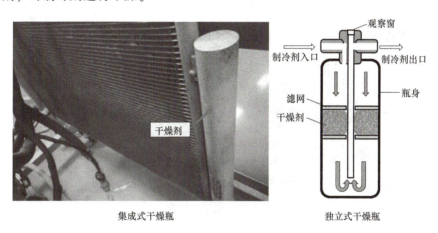

集成式干燥瓶　　　　　　　　　独立式干燥瓶

图7-12　储液干燥瓶

3）过滤作用。空调制冷系统是一个密封的管路系统，但是在安装部件、管路时，污物有可能会进入到管道系统中，另外制冷剂本身也不那么干净，加上压缩机运行时的金属粉末磨屑等。所以在干燥器里面的干燥剂上、下两端布置了过滤网，用于过滤这些机械杂质和污物，保证制冷剂顺利流通，避免"脏堵"现象的产生。

（5）膨胀阀　热力膨胀阀按照平衡方式不同，分内平衡式和外平衡式。外平衡式热力膨胀阀分F型和H型，图7-13所示为H型外平衡膨胀阀。图7-14所示为内平衡型膨胀阀。

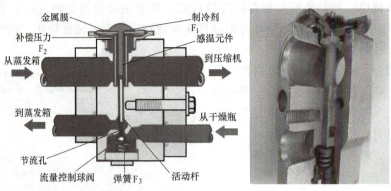

图 7-13　H 型外平衡膨胀阀

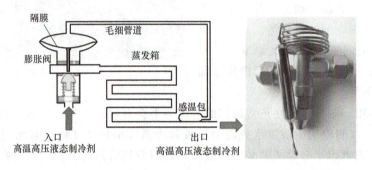

图 7-14　内平衡型膨胀阀

新能源汽车特别是纯电动汽车上大多数采用了电子膨胀阀，如图 7-15 所示。

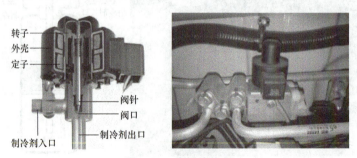

图 7-15　电子膨胀阀

膨胀阀主要的作用包括以下 2 个：

1）节流作用：高温高压的液态制冷剂经过膨胀阀的节流孔节流后，成为低温低压的雾状的液态制冷剂，为制冷剂的蒸发创造条件。

2）控制制冷剂的流量：进入蒸发器的液态制冷剂，经过蒸发器后，由液态蒸发为气态，吸收热量，降低车内的温度。膨胀阀控制制冷剂的流量，保证蒸发器的出口完全为气态制冷剂。若流量过大，出口含有液态制冷剂，可能进入压缩机产生液击；若流量过小，提前蒸发完毕，造成制冷不足。

（6）蒸发器　蒸发器是汽车制冷系统 4 大部件中很重要的一个部件，如图 7-16 所示。

蒸发器属于一个热交换器，当高温高压的液态制冷剂通过膨胀阀后以雾状（液/气态混

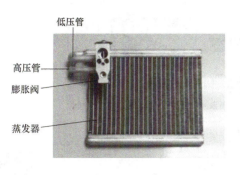

低压管
高压管
膨胀阀
蒸发器

图 7-16　蒸发器结构及温度传感器位置

合）进入到蒸发器，低温低压的制冷剂吸收蒸发器周围的空气热量，完成热交换后，达到制冷效果，吸热后的制冷剂变为气态，进入下一个循环。

另外，在蒸发器的表面上安装了一个温度传感器，如图 7-16 所示，它用于监测蒸发器表面的温度。当蒸发器表面温度达到一定阈值时，空调压缩机就会停止运转，防止蒸发器结冰、结霜；反过来就会起动空调压缩机。注意：空调系统是否运作还取决于设定温度、环境温度等。

2. 空调制冷系统的工作原理

（1）工作原理　由空调驱动器驱动的电动压缩机将气态的制冷剂从蒸发器中抽出，并将其压入冷凝器。高压气态制冷剂经冷凝器时液化而进行热交换（释放热量），热量被车外的空气带走。高压液态的制冷剂经膨胀阀的节流作用而降压，低压液态制冷剂在蒸发器中气化而进行热交换（吸收热量），蒸发器附近被冷却了的空气通过鼓风机吹入车厢。气态的制冷剂又被压缩机抽走，泵入冷凝器，如此使制冷剂进行封闭的循环流动，不断地将车厢内的热量排到车外，使车厢内的气温降至适宜的温度。

图 7-17 所示为空调制冷系统的工作原理。

空调系统中制冷剂的循环及状态如图 7-18 所示。来自膨胀阀的低温低压气态制冷剂经空调压缩机压缩后变成高温高压的气态制冷剂进入冷凝器，制冷剂在冷凝器流动的过程完成热交换，制冷剂开始液化，逐步变为高温高压的液态制冷剂（在冷凝器中，制冷剂会处于液气混合的状态）进入干燥器，干燥器对制冷剂进行过滤后进入到膨胀阀，高温高压的液态制冷剂经过膨胀阀的高压侧通道节流、减压后进入蒸发器，变为低温低压的液态制冷剂（此时制冷剂的状态为雾化的液态状），在蒸发器里面，制

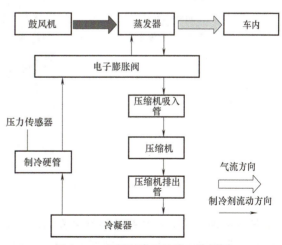

图 7-17　空调制冷系统的工作原理

冷剂吸收空气中的热量，变为低温低压的气态制冷剂进入膨胀阀的低压侧通道，再回到压缩机进行压缩。

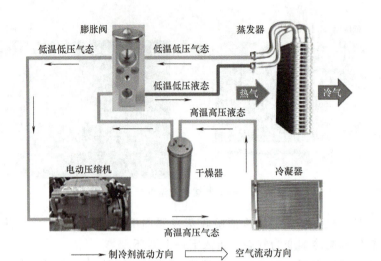

电动空调
制冷原理

图 7-18　空调制冷系统循环图

在整个循环过程中，冷凝器的散热风扇进行辅助散热，保证制冷剂能够完全液化；制冷剂进入蒸发器后，吸收蒸发器周围的热空气，而在空调鼓风机的作用下，实现对车内的空气进行冷却。

（2）控制原理　图 7-19 所示为制冷系统控制框图。该系统中 A/C ECU 收到相关传感器的信号后，根据实际需求，将驱动信号发送到相关的执行部件，执行部件完成动作后进行信号反馈，A/C ECU 进行对执行部件的动作监控。

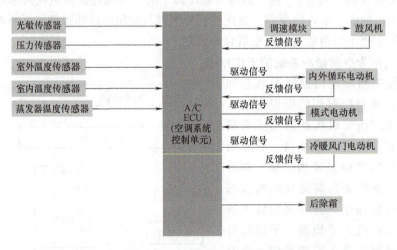

图 7-19　制冷系统控制框图

图 7-20 所示为制冷系统的控制流程图。从流程图可以看出，空调控制器收到来压力开关信号、温度传感器信号、控制面板操作指令后，发出请求信号到 ECU，ECU 根据实际工况进行逻辑判断后反馈允许信号指令给空调控制器，此时，高压电通过高压配电箱将高压电分配到电动压缩机上，电动压缩机动作，在工作过程中系统通过 CAN 总线进行信息交换，保证系统正常工作。

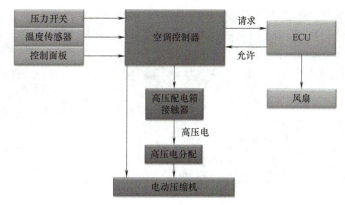

图 7-20 制冷系统控制流程图

四、空调取暖系统的组成及工作原理

纯电动汽车与传统汽车的空调取暖系统区别主要是取暖的热源。传统汽车取暖热源来自于冷却系统，而纯电动汽车大多数靠的是电加热器的热能来取暖，有一些中高端车型采用了热泵系统或者 PTC 热敏电阻型加热系统+热泵系统相结合来取暖。本节主要以 PTC 加热取暖进行介绍。

PTC 热敏电阻型加热取暖系统的生热原理相对来说比较简单，也比较容易理解，与电炉丝或者电热水棒类似，都是靠电流通过电阻生热，唯一的区别是电阻的材质。电炉丝或者电热水棒是用普通的电阻丝，而纯电动汽车上用的 PTC 是一种半导体热敏电阻。

由于 PTC 加热器具有结构简单、成本低、制热快等特点，目前已被纯电动汽车（尤其是中低端车型）广泛采用。

1. 空调取暖系统的组成

纯电动汽车空调取暖系统的组成主要有 PTC 加热器、暖风箱、电动水泵、储水壶和管路等组成。

（1）PTC 加热器 PTC 是正温度系数（Positive Temperature Coefficient）的英文缩写。

PTC 加热器
结构

PTC 加热器采用 PTC 热敏陶瓷元件，由若干单片组合后与波纹散热铝条经高温胶粘接组成，如图 7-21 所示。它具有热阻小、换热效率高的显著优点。它的最大特点在于其安全性，即遇风机故障堵转时，PTC 加热器因得不到充分散热，功率会自动急剧下降，此时加热器的表面温度维持限定在居里温度左右（一般为 240℃），从而不致产生电热管类加热器表面的"发红"现象，排除了发生事故的隐患。当然，取暖系统还有相应的控制系统的控制。

纯电动汽车的 PTC 加热器是采用来自动力蓄电池的高压电进行加热的，所以它属于汽车高压电系统的高压组件，在 PTC 加热器的外壳上粘贴有相应的黄色警告标记。因此，在进行对 PTC 加热器进行维修作业时，需要进行安全防护作业和安全断电作业。图 7-22 所示为比亚迪汽车上所使用的带高压互锁的 PTC 加热器。

（2）暖风箱 图 7-23 所示为某车型的暖风箱。它是实

图 7-21 PTC 加热器芯

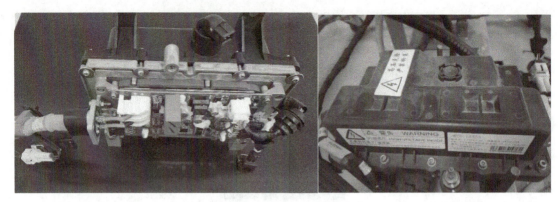

图 7-22 PTC 加热器总成

现取暖系统热交换的部件，安装于汽车空调蒸发器总成中。

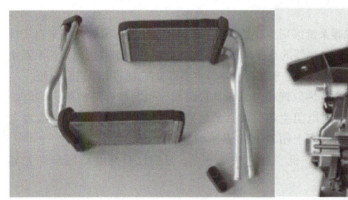

图 7-23 暖风箱结构及位置图

（3）电动水泵 新能源汽车上多数采用电动水泵。它是一种微型水泵，通过电动机的带动机械装置使水泵内部的隔膜做往复运动，从而压缩、拉伸泵腔内的空气，在单向阀作用下，在排水口处形成正压（实际输出压力大小与泵排水口受到的阻力和泵的特性有关），在抽水口处形成真空，从而与外界大气压间产生压力差。在压力差的作用下，将水压入进水口，再从排水口排出。图 7-24 所示为比亚迪 e5 取暖系统用到的电动水泵。

图 7-24 电动水泵　　　　　　　　图 7-25 储水壶

（4）储水壶　图 7-25 所示为某车型的储水壶，由壶体和密封盖组成，密封盖的表面上标记有黄色警告标记。储水壶除了用于取暖系统冷冻液存储外，还起到平衡系统压力的作用。当取暖系统温度高时，液体膨胀，冷冻液回流到储水壶；当温度下降时，系统内部出现负压，储水壶的冷冻液补充到系统管路中。

在储水壶的侧面标记有水位线，用于提示液位的高低，可以直观显示冷冻液的量，车主或者维修人员可根据液位情况进行冷冻液的补充。另外，PTC 在进行加热时，冷冻液的温度逐步升高，系统会有一定的压力，所以在打开储水壶盖时应按照作业流程进行压泄放，防止事故发生。

2. 空调取暖系统的控制原理

如图 7-26 所示，空调控制器收到来温度传感器的信号、控制面板操作指令后，发出请求信号到 ECU，ECU 根据实际工况进行逻辑判断后反馈允许指令给空调控制器，此时，高压电通过高压配电箱将高压电分配到 PTC 上，PTC 动作。在工作过程中系统通过 CAN 总线进行信息交换，保证系统正常工作。

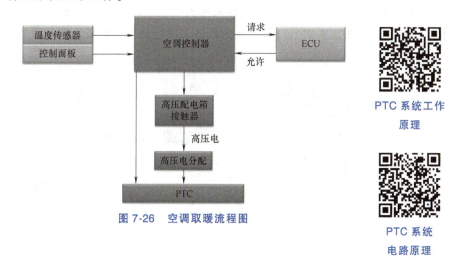

图 7-26　空调取暖流程图

PTC 系统工作
原理

PTC 系统
电路原理

【操作技能】

五、空调系统故障诊断与检修

1. 故障确认及初检

起动车辆，打开空调"A/C"开关，风量调至最大，观察发现鼓风机能正常工作，但出风口无冷风吹出，冷却风扇不转动，汽车仪表无高压绝缘性故障的显示，如图 7-27 所示。进一步检查发现空调压缩机不工作，初步判断为空调压缩机或其控制系统出现相关问题而导致空调不制冷，需要对空调压缩机及控制系统电路进行检查，并对系统进行诊断，查找故障原因。

对空调压力传感器连接器及空调控制面板的连接器等部件进行连接性及外观检查，

图 7-27　汽车仪表指示

未发现异常现象。

2. 读取故障码及数据流

利用诊断仪进行车辆诊断，读取车辆故障码，发现车辆空调控制系统存在两个故障码，如图 7-28 所示。通过故障码初步判断空调系统不制冷的原因能是由于空调压力传感器故障导致的。

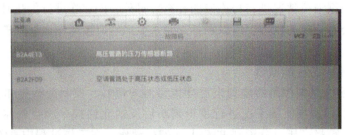

图 7-28　空调系统故障码

读取空调系统数据流，数据流中显示压力值的数据流为 652.8MPa，电动压缩机为"不请求"状态，如图 7-29 所示。与正常的数据流进行比对，发现此两项数据明显不正常。

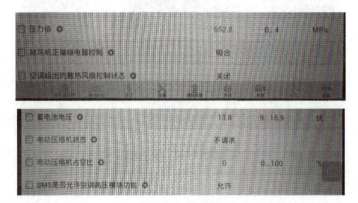

图 7-29　数据流

3. 故障分析

根据故障现象，当对空调进行操作时，A/C（空调）能正常打开，操作鼓风机风机档位时鼓风机能按各个档位正常变化，但无冷风吹出。在打开 A/C 开关时，冷却风扇不转动，再结合故障码与数据流的对比分析，决定对空调压力传感器及其电路进行相关检查。

注意：因空调压缩机是高压部件，如果涉及对空调压缩机进行检查，必须做好高压安全防护准备以及对车辆进行高压断电作业。

4. 故障排除

查找该车型的电路图，如图 7-30 所示。

找到压力传感器和空调控制器位置，并找到压力传感器 B13 连接器与空调控制器 G21（A）、G21（C），对其外观连接进行确认，并未发现连接器有松动、锈蚀现象，如图 7-31 所示。

图 7-32 所示为 B13 和 C21 连接器的外观图。

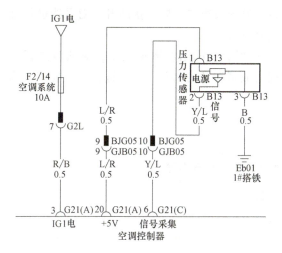

图 7-30　空调压力传感器电路图

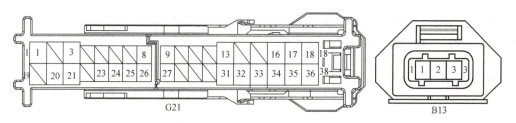

图 7-31　空调压力传感器连接器

图 7-32　连接器外观图

　　利用万用表检查压力传感器 B13-3 的对地电阻，显示为 0Ω，正常，如图 7-33 所示。

　　利用万用表检查 G21（A）-20 与 B13-1 的电阻，显示为 0Ω，正常，并检查其供电电压，如图 7-34 所示。

　　利用万用表检查 G21（C）-6 与 B13-3 的电阻，显示为无穷大，异常，如图 7-35 所示。

电压检查　　　　　电阻检查

图 7-33　检查 B13-3
对地电阻

图 7-34　检查电阻与电压

图 7-35　检查 G21（C）-
6 与 B13-3 的电阻

　　用手拉动 G21（C）-6 与 B13-3 的导线，发现电阻有时显示为 0Ω，特别是在拉动线束针脚与导线连接处附近时，现象越明显。检查线束，发现线束与针脚连接断开。对导线进行修复，再对车辆进行全车扫描，读取故障，车辆恢复正常。

在进行故障排除时应从故障现象、故障码、数据流及冻结帧数据入手，对故障进行确认、分析，缩小故障范围，再根据故障诊断流程对故障涉及的电路、部件进行逐一检查，确定导致故障产生的原因并排除故障。

学习任务工单

实训：空调系统不制冷故障诊断与排除			
专业		班级	
姓名		学号	

一、接收任务

某一天，客户到某纯电动汽车 4S 店进行车辆维修，向售后维修服务顾问反映车辆在跑完长途，停放一个晚上后空调就不制冷。服务顾问接车移交给机电维修车间，经机电维修技师检修后，确定是空调压力开关故障。

二、收集信息（25 分）	成绩：

1）汽车空调系统的主要作用包括调控＿＿＿＿＿＿＿＿＿、＿＿＿＿＿＿＿＿＿和净化空气 3 个，通过实现这些功能提高车内的舒适性，减少驾驶人的疲劳，提高驾驶安全性。

2）适合驾驶舒适性的温度要求一般为冬季＿＿＿＿＿＿℃，夏季＿＿＿＿＿℃。

3）人体一般感觉的舒适的湿度一般为夏季＿＿＿＿＿%，冬季＿＿＿＿＿%。

4）空调制冷系统一般由＿＿＿＿＿、＿＿＿＿＿、散热风扇、干燥瓶、＿＿＿＿＿、蒸发箱、管路、控制面板等组成。

5）根据工作方式的不同，压缩机一般可以分为＿＿＿＿＿式和＿＿＿＿＿式。

6）比亚迪 e5 采用的压缩机类型是＿＿＿＿＿＿＿＿式。

7）涡旋式压缩机工作过程主要包含＿＿＿＿＿＿、压缩、＿＿＿＿＿。

8）冷凝器主要作用是将进入其内部的高温高压的＿＿＿＿制冷剂转变成＿＿＿＿。

9）冷却风扇主要作用是将外部的空气吸入，对冷凝器进行辅助散热，保证制冷剂在冷凝器里面完成物质由＿＿＿＿＿＿转化＿＿＿＿＿。

10）干燥器也称为储液干燥瓶，主要是用于＿＿＿＿＿＿和＿＿＿＿＿制冷系统里面的液体制冷剂，在各个工况下＿＿＿＿＿和＿＿＿＿＿液体制冷剂的供给量。

11）热力膨胀阀按照平衡方式不同，分内＿＿＿＿＿式和＿＿＿＿＿衡式，比亚迪 e5 电磁阀采用＿＿＿＿＿＿。

三、制定计划（计划 10 分、分工 5 分、准备 5 分）　　成绩：

1) 根据高压安全流程规范和要求，制定空调系统不制冷空调故障诊断与排除实训计划

实训计划		
序号	计划项目	操作要点

计划审核：　　　审核意见：

时间：　　签字：

2) 任务分工

操作员		记录员	
监护员		展示员	

作业注意事项

①着装统一、整洁规范。
②思想集中，正确使用安全器具。
③选择合适的个人防护用具。
④点火钥匙要有专人保管。
⑤操作完毕后，应清洁物品，放置原位。
⑥维修人员禁止带有手表、金属笔等金属物品。

四、实施计划（45 分）　　成绩：

1. 车上检查(15 分)
1)整车上电到 OK 档，打开鼓风机和 A/C 开关，检查是否制冷。
2)读取故障码和数据流。

操作记录：
是否制冷:□是　　□否

故障码：_____
低压压力：_____
高压压力：_____
压缩机状态：_____
蒸发器温度：_____
室外温度传感器温度：_____
A/C(ON)开关信号_____
A/C(OFF)开关信号_____
是否正常：_____

（续）

3）检查蒸发器温度,将车辆静置一段时间,大约 1h,开启空调,查看制冷是否工作。	是否制冷:□是　□否 是否正常:_____
4）高压安全防护工作是否做好准备和进行下电工作。	是否进行安全防护:□是　□否 是否进行高压下电:□是　□否
2. 故障诊断与排除(30分) 1）检查压力开关线束连接器是否存在松动和锈蚀。 2）检查线束和连接器,测量空调压力开关与空调控制单元之间导线电阻。	是否存在松动:□是　□否 是否存在锈蚀:□是　□否 G21(A)-20-B13-1: G21(C)-6-B13-3: G16-2-车身搭铁电阻:
3）更换空调压力开关故障是否清除。 4）使用压力计检查空调制冷剂压力。 5）根据检测结果分析故障位置。	故障是否清除:□是　□否 低压侧:_____ 低压侧:_____ 故障位置:_____

五、检查与点评(教师点评)

六、反思与评价(10分)	成绩:
自我反思:	
自我评价:	

【课后思考】

1. 纯电动汽车的制冷剂与传统汽车的制冷剂有什么不同?

2. 什么原因会导致空调系统出现时冷时热的故障现象?

学习任务二　纯电动汽车制动系统的原理与检修

【学习目标】

1. 掌握纯电动汽车制动系统的结构与工作原理。

2. 了解纯电动汽车再生制动系统的工作原理。

3. 能独立完成纯电动汽车制动系统简单故障的诊断与排除。

【任务导入】

　　某纯电动汽车 4S 店维修一辆制动系统故障的车辆,车主反映该车仪表上显示相关制动系统故障,而且前机舱持续传出"叮、叮"的声音。机修组长带领新员工小王对该车进行故障诊断。

【知识准备】

一、制动系统概述

1. 汽车制动系统的作用及要求

汽车制动系统是指在汽车上设置一套（或多套）由驾驶人控制的、能产生与汽车行驶方向相反的外力装置，其作用是使行驶中的汽车按照驾驶人的要求进行适时的减速、停车或驻车，保持汽车下坡行驶的稳定速度。要满足汽车在使用过程中的制动安全性要求，需要制动系统能满足以下基本要求：

1）具有良好的制动性能，包括制动效能、制动效能的恒定性，制动时的方向稳定性3个方面。

2）操纵轻便。

3）制动平顺性好，制动力矩能迅速而平稳地增加，也能迅速而彻底地解除。

4）对有挂车的制动系统，还要求挂车的制动作用略早于拖车，挂车自行脱钩时能自行进行应急制动。

2. 电动制动系统与传统制动系统的区别

目前，绝大多数轿车采用电动制动系统，而纯电动汽车在燃油汽车制动系统的基础上经改装后使用，如图 7-36 所示，因此有很多地方并不能很好地实现对能量的控制。在燃油汽车中，因为不需要考虑汽车能量的问题，真空泵一直处于运行状态。但是在纯电动汽车中由于动力蓄电池电量的限制，人们不希望真空泵一直处于运转状态。如何能在保证安全性的基础上又做到节约能源是纯电动汽车电动制动系统必须考虑的问题。对于纯电动汽车电动制动系统，在制动过程中，驾驶人踩下制动踏板，起动真空助力装置，这时候需要使用在储气罐

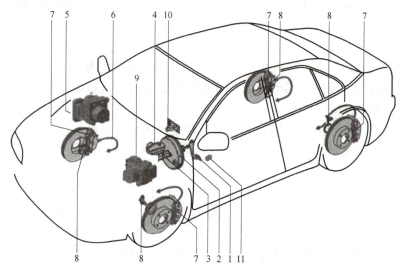

图 7-36 汽车制动系统的组成

1—制动踏板 2—真空助力装置 3—制动主缸 4—制动液储液罐 5—ESP 控制单元
6—制动软管 7—带制动器的制动轮缸 8—轮速传感器 9—ABS 控制单元
10—ABS 警告灯 11—诊断座

中所储存的真空。在制动过程结束后，检测到储气罐中真空度不能满足要求时，起动真空泵将储气罐中的气体抽出，加大真空度以满足下制动的使用。

另外，传统内燃机轿车的制动系统真空助力装置的真空源来自于发动机进气歧管，真空度一般可达到 0.05~0.7MPa。对于由传统车型改装成的纯电动汽车或燃料电池汽车，发动机总成被拆除后，制动系统由于没有真空动力源而丧失真空助力功能，仅由人力所产生的制动力无法满足行车制动的需要，因此需要对制动系统真空助力装置进行改制，而改制的核心动力无法满足行车制动的需要，因此电动汽车制动系统在传统真空助力系统的基础上增加了电动真空泵，如图 7-37 所示，来产生足够的真空度，从而实现制动的目的。

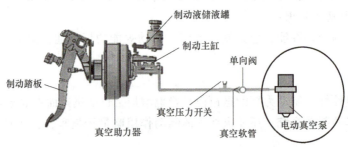

图 7-37　安装了电动真空泵的制动系统

二、纯电动汽车电动制动系统的组成

纯电动汽车电动制动系统主要由制动器、电动真空泵、真空助力器、真空罐及压力传感器、ECU 控制器等组成，布置在左侧纵梁内侧，散热器后方，固定在集成层支架上。

1. 制动器

制动器是产生阻碍车辆的运动或运动趋势的力（制动力）的部件。纯电动汽车所用的制动器，一般为前轮采用盘式制动器后轮采用鼓式制动器。盘式制动器效率比鼓式制动器高，但价格比较贵，盘式制动器如图 7-38 所示。现在使用的盘式制动器，主要是浮动钳盘式制动器，制动钳体是浮动的。制动油缸均为单侧的，且与油缸同侧的制动块总成是活动的，而另一侧的制动块总成则固定在钳体上。制动时在油液压力作用下，活塞推动活动制动块总成压靠到制动盘，而反作用力则推动制动钳体连同固定制动块总成压向制动盘的另一侧，直到两制动块总成受力均等为止。鼓式制动器用在后轮上的比较多，兼驻车制动的功能，如图 7-39 所示。内张型鼓式制动是利用制动鼓的圆柱内表面与制动蹄摩擦片的外表面作为一对摩擦表面在制动鼓上产生摩擦力矩。

2. 真空助力器

真空助力器结构如图 7-40 所示。真空助力器和制动主缸通过螺栓固定在车身前围上，借推杆与制动踏板连接；伺服气室由前后壳体组成，其间夹装有膜片和座，它的前腔经单向阀通真空罐，后腔膜片座中装有控制阀；空气阀与推杆固定连接，橡胶阀门与在膜片座上加工出来的阀座组成真空阀。制动踏板推动一个连杆，该连杆穿过真空助力器进入主缸，驱动主缸活塞。真空泵在真空助力器内膜片的两侧形成部分真空。踩下制动踏板时，连杆打开一个气门，使空气进入真空助力器中膜片的一侧，同时密封另一侧真空。这就增大了膜片一侧的压力，从而有助于推动连杆，继而推动主缸中的活塞。释放制动踏板时，阀将隔绝外部空气，同时重新打开真空阀。这将恢复膜片两侧的真空，从而使一切复位。

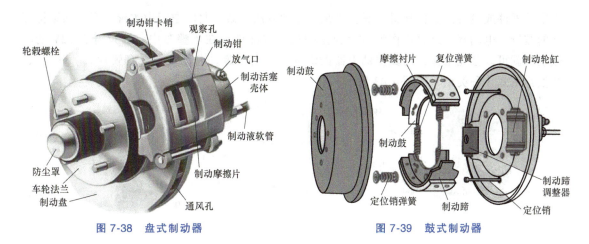

图 7-38　盘式制动器　　　　　　　　图 7-39　鼓式制动器

3. 制动踏板

制动踏板行程传感器和制动灯开关如图 7-41 所示。制动踏板行程传感器直接检测驾驶人踩下的制动踏板的程度。此传感器包括触点式可变电阻器，它用于检测制动踏板行程踩下的程度并发送信号到制动防滑控制 ECU，信号采用反向冗余设计。制动灯开关的作用与传统汽车相同，作为控制制动灯及制动踏板动作信号。

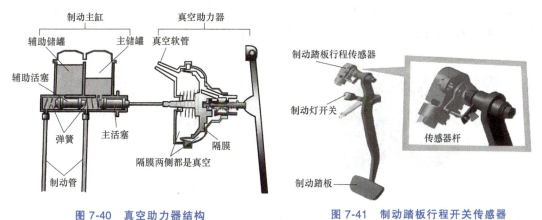

图 7-40　真空助力器结构　　　　　　图 7-41　制动踏板行程开关传感器

4. 制动压力调节装置

现代汽车所用的制动压力调节装置主要是防抱死制动系统（Antilock Brake System，ABS），它就是在汽车制动时，自动控制制动器制动力的大小，使车轮不被抱死，处于边滚边滑（滑移率在 20% 左右）的状态，以保证车轮与地面的附着力在最大值。ABS 通常由电动泵、储能泵、主控制阀、电磁控制阀和一些控制开关等组成，如图 7-42 所示。

5. 电动真空助力系统

（1）真空泵　真空泵是指利用机械、物理、化学或物理化学的方法对被抽容器进行抽气而获得

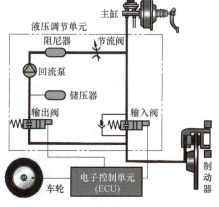

图 7-42　ABS 组成

真空的器件或设备。通俗来讲，真空泵是用各种方法在某一封闭空间中改善、产生和维持真空的装置。电动真空泵总成作为一个独立的汽车零部件存在于整车中，它只需要12V的车载电源就可以独立工作，为真空助力器提供可靠的真空源。电动真空泵有膜片式、叶片式、摇摆活塞式3种类型，如图7-43所示。

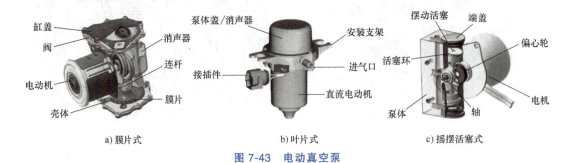

a) 膜片式　　　　　　　　　　b) 叶片式　　　　　　　　　c) 摇摆活塞式

图 7-43　电动真空泵

（2）真空罐　真空罐用于储存真空，并通过真空压力传感器感知真空度并把信号发送至真空泵控制器。当真空罐内负压不足时，真空罐上的压力开关断开，并向真空泵控制器输出信号，真空泵控制器控制真空泵电源接通，真空泵开始抽气，增大真空罐内的负压；当负压达到极限值时，真空泵控制器延时10s后断开真空泵电源，如图7-44所示。

（3）真空泵控制器　真空泵控制器是电动真空系统的核心部件。真空泵控制器根据真空罐压力传感器发送的信号控制真空泵，如图7-45所示。

图 7-44　真空罐

图 7-45　真空泵控制器

（4）北汽EV160的电动真空泵　北汽纯电动汽车EV160采用的是摇摆活塞式真空泵。摇摆活塞式泵又称为电动往复泵，从结构上分为单缸和多缸。摇摆活塞式泵工作时曲柄旋转，通过连杆带动活塞上下运动，从真空罐吸入口吸入空气，在排气行程中将吸入的气体通过排气口排出，如此往复循环运动，不断地抽吸入空气，达到产生真空的作用。图7-46所示为北汽纯电动汽车EV160电动真空泵的结构，其性能参数见表7-1。

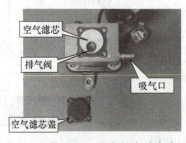

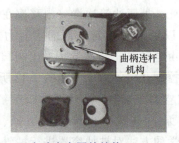

图 7-46　北汽纯电动汽车 EV160 电动真空泵的结构

表 7-1　北汽纯电动汽车 EV160 电动真空泵性能参数表

项目	参数
外形尺寸	214.5mm×95mm×114mm
重量	3.5kg
工作电流	≤15A,最大工作电流≤25A
额定电压	DC 12V
转速	1700r/min
最大真空度	>85kPa
测试容积	2L
抽至真空度 55kPa,压力形成时间	≤4s
抽至真空度 70kPa,压力形成时间	≤7s
真空度从 40kPa 抽至 85kPa,压力形成时间	≤4s
延时模块接通闭合的真空度	55kPa
延时时间	15s
使用寿命	30 万次
工作环境温度范围	−20~100℃
启动温度	−30℃
噪声	≤ 75dB

三、纯电动汽车电动制动系统的工作原理

1. 电动真空助力系统的工作过程

电动制动系统工作原理如图 7-47 所示。真空助力器安装于制动踏板和制动主缸之间，由踏板通过推杆直接操纵。助力器与踏板产生的力叠加在一起作用在制动主缸上，以提高制动主缸的输出压力。真空助力器的真空气室由带有橡胶膜片的活塞分为常压室与变压室（气阀打开时可与大气相通），一般常压室的真空度为 60~80kPa（即真空泵可以提供的真空度大小）。真空助力器所能提供助力的大小取决于其常压室与变压室气压差值的大小，真空泵所产生的真空度大小及速度关

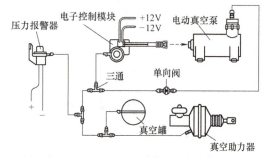

图 7-47　电动制动系统的工作原理

系到真空助力器的工作状态，真空泵的容量大小关系到真空助力器的性能，进而影响到制动系统在各种工况下能否正常工作。

当汽车起动时，12V 电源接通，电子控制系统的压力延时开关和压力报警器开始压力自检，如果真空罐内的真空度小于设定值，真空压力传感器输出相应电压至控制器，此时控制器控制电动真空泵开始工作，当真空度达到设定值后，真空压力传感器输出相应电压至控制器，此时压力延时传感器断开，真空泵停止工作。当真空罐内的真空度因制动消耗，真空度小于设定值时，电动真空泵再次开始工作，如此循环，即每次驾驶人有制动动作时，压力延

时开关都会自检，从而判断电动真空泵是否应该工作。如果真空罐内的真空度低于一定值时，则真空助力器不能提供有效的真空助力，此时压力报警器将会发出信号，提醒驾驶人注意行车速度。

2. 电动真空泵的工作原理

图 7-48 所示为某车型电动真空泵的控制电路。真空泵控制系统主要由真空泵供电、真空泵系统两部分组成，其中真空泵系统又由电动真空泵及真空压力传感器组成。电动真空泵主要由整车控制器（Vehicle Control Unit，VCU）控制。VCU 通过采集压力传感器的信号的电压值，并与参考电压进行比较，判断真空泵中压力的大小。若真空泵中压力小于设定值，则通过真空泵控制线起动真空泵，增大真空泵内压力。到设定值后，压力传感器传递信号给 VCU，VCU 切断控制电路，维持泵内压力。

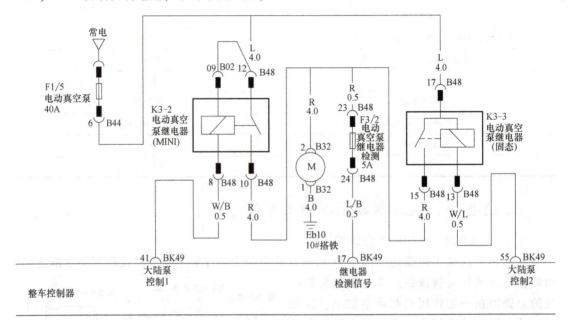

图 7-48　某车型电动真空泵的控制电路

四、电动汽车再生制动系统

汽车在行驶过程中，频繁的制动所消耗的能量通常占到整个汽车总能量的 20%～30%，如果能把这部分能量重新反馈汽车的动力蓄电池，将大大提升电动汽车的续驶里程。传统车辆的制动是通过摩擦将车辆的动能转化成热能，从而达到降低车速的目的，这样能量就被浪费掉了，而电动汽车可以在制动过程中将驱动电机作为发电机，依靠车轮的反向拖动产生电能和车轮制动力矩，从而在减缓车速的同时将部分动能转化为电能以备再利用，即再生制动。再生制动系统能够提高能量利用效率，有效地降低车辆的排放并提高经济性和车辆的续驶里程。

再生制动是电动汽车所独有的，图 7-49 所示为再生制动系统能量回收原理图。在减速制动（制动或者下坡）时将车辆的部分动能转化为电能，转化的电能储存在动力蓄电池中，从而可实现节约制动能量、回收部分制动动能，最终增加电动汽车的续驶里程。如果储能器已经被完全充满，再生制动就不能实现，所需的制动力就只能由常规的液压制动系统来提供。

在制动过程中，除去空气阻力和行驶阻力消耗掉的能量，一般希望能最大限度地回收所有能量。然而，并不是所有的制动能量都可以回收。在电动汽车上，只有驱动轮的制动能量可以沿着与之相连接的驱动轴传送到能量存储系统，另一部分制动能量将由车轮上的摩擦制动以热的形式散失掉。同时，在制

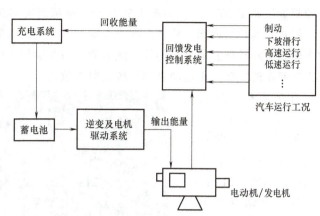

图 7-49　再生制动系统能量回收原理图

动能量回收过程中，能量传递环节和能量存储系统的各部件也会造成能量损失。另外一个影响制动能量回收的因素是，在再生制动时，制动能量通过电机转化为电能，而电机吸收制动能量的能力取决于电机的转速，在其额定转速范围内制动时，可再生的能量与车速基本上成正比。当所需要的制动能量超出能量回收系统的范围时，电机可以吸收的能量保持不变，超出的这部分能量就要被摩擦制动系统所吸收。从另一个角度，该点还表明，在驱动电机额定转速内再生制动可以提供较大的制动转矩，当转速进一步上升，则电动汽车再生制动所能提供的制动力就会受电机弱磁恒功率工作区特点限制而减小。电动汽车的再生制动力矩通常不能像传统燃油车中的制动系统一样提供足够的制动减速度，所以，在电动汽车中，再生制动和液压制动系统通常共同存在。不过应该注意，只有当再生制动已经达到了最大制动能力而且还不能满足制动要求时，液压制动才起作用。

电动汽车制动可分为以下 3 种模式，不同模式应辅以不同的控制策略。

1）紧急制动。紧急制动对应于制动减速度大于 $2m/s^2$ 的过程，出于安全性方面的考虑应以机械摩擦制动为主，电气制动仅起辅助作用。在紧急制动时，可根据初始速度的不同，由车上 ABS 控制提供相应的机械摩擦制动力。

2）一般制动。一般制动对应于汽车在正常工况下的制动过程，如遇红灯或者靠站停车等，可分为减速过程与停止过程。电气制动负责减速过程，停止过程由机械摩擦制动完成。

3）汽车长下坡时的制动。电动汽车长下坡一般发生在盘山公路下缓坡时，在制动力要求不大时，可完全工作于纯再生制动模式。

【操作技能】

五、电动制动系统的故障诊断与修复

1. 确认故障及初检

汽车机电维修技师通过实车验证，当点火开关打到"ON"时，车辆正常上电、"OK"指示灯正常点亮，"⑪"制动故障警告灯、"⚠"主警告指示灯亮起，组合仪表出现"请检查制动系统"的报警信息，而且车内有持续的"叮、叮、叮"的声音报警提示；车辆前部持续传来噪声，噪声初步判断为电动真空泵工作的声音；

电动真空泵一直工作故障检测与排除

车速只能加速至 10km/h，如图 7-50 所示，故障真实存在。

通过对客户的询问，从客户那里获取故障产生的时间、地点等信息并参考维修手册中导致车辆无法起动的故障可疑部位，然后通过对车辆初步的检查以及诊断、分析，基本确定该车无法起动的故障是由电动制动系统故障导致的。

对制动系统的电路连接器及部件进行连接性、外观检查，发现动力网-整车控制器存在一个故障，如图 7-51 所示。

检查制动真空泵与软管、制动真空罐与软管的气管连接处是否有

图 7-50　仪表显示状态

破损或泄漏；制动软管是否存在扭曲，在最大转向角度时制动软管不得接触到其他汽车零部件；是否存在泄漏或损坏的情况，可能导致制动效果不明显，甚至制动失效。所以务必认真仔细检查。经检查未发现异常现象。

MaxiSys	车辆诊断报告	AUTEL®

车辆信息

比亚迪　　E5出行版

VIN：

诊断时间：2020/07/19 09:26　　　　　　　行驶里程：

诊断路径：手动选择车型 > E5 > E5出行版 > 诊断 > 自动扫描 >

自动扫描

1	动力网-整车控制器	故障 |1
2	动力网-电池管理系统_400	通过 | 无故障
3	ESC网-车轮防抱死系统	通过 | 无故障
4	舒适网-安全气囊	通过 | 无故障
5	舒适网-组合仪表	通过 | 无故障
6	ESC网-(萨克)电子驻车系统	通过 | 无故障
7	启动网-车身控制器	通过 | 无故障
8	启动网-转向轴锁	-|-

图 7-51　车辆扫描结果

2. 读取车辆故障码及数据

在诊断之前先对相关进行外观检查和连接性检查，如图 7-52 所示。

图 7-52　部件外观及连接性检查

再利用诊断仪读取车辆故障，发现相关系统当前存在有关制动助力系统的故障码，故障代码为 P1D9A00，如图 7-53 所示。

比亚迪 V7.00	⋔	🏛	⚙	🖨	❓	💾	💬		
			故障码				VCI	🔋143TV	
P1D9A00		当前故障			真空压力传感器故障				

图 7-53　故障码

调取整车控制器的数据流，查看相关数据。发现故障时有 3 个数据有明显异常，分别是真空泵状态—在使能与关断之间不停切换，在切换时听到真空泵工作的声音；真空压力报警—真空压力严重报警；真空压力保持—始终保持在"50"不变，而且随着真空泵的工作，其数据也保持不变，如图 7-54 所示。

20	无级风扇请求状态		10	0	20	%
21	真空泵状态		真空泵关断			
22	EPB状态					
23	坡道坡度					
24	冷却液温度 值					℃
25	真空压力值		50			℃
26	水温报警					
27	真空压力报警		真空压力严重报警			
28	真空泵工作时间					分钟

图 7-54　数据流

正常状态真空泵的工作应随着真空压力值的变化来进行的，图 7-55 所示为正常状态下的数据流，此时，真空压力值为 32，真空泵处于关断状态。

比亚迪 V7.00	🏠	🏛	⚙	🖨	❓	💾	💬	Q 搜索
□ OK灯状态 ◉			点亮					
□ 无级风扇请求状态 ◉			10				%	
□ 真空泵状态 ◉			真空泵关断					
□ EPB状态 ◉			锁止					
□ 坡道坡度 ◉			1					
□ 冷却液温度 值 ◉			29	-40...160			℃	
□ 真空压力值 ◉			32	-40...160			℃	
□ 冷却液温度 报警 ◉			水温正常					
□ 真空压力报警 ◉			正常					

图 7-55　正常时候数据流

3. 故障分析

结合电控制动系统的工作原理，对故障车辆进行分析，有可能是由于真空系统某部件出现了故障，故障现象的分类如图 7-56 所示。可以通过诊断仪读取故障码来确认故障并排除故障。

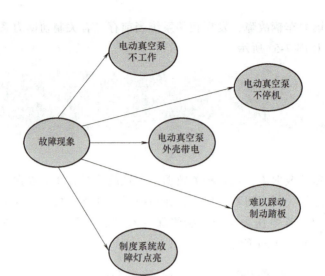

图 7-56　电控制动系统故障现象分类

电动真空泵只有在压力传感器检测到系统压力（真空度不足）达到一定的阈值时，控制单元才会让其工作，建立足够的真空。该车辆的故障现象为真空泵出现间断性不停地工作，而真空连接管道又没有异常破损现象，那可能是由于真空压力传感器本身、控制单元或者电路出现故障，导致上述的故障现象。

4．故障排除

查看真空压力传感器与 VCU 的电路，找到相应的连接器，如图 7-57 所示。

起动车辆，利用万用表测量压力传感器的端子电压，测量压力传感器的供电电压，如图 7-58 所示。测得电压值为 0V，异常，正常情况压力传感器的供电电压为 5V。

测量压力传感器的信号电压，如图 7-59 所示，测得电压值为 0.77V，且无变化，异常。正常情况下其电压值会随着

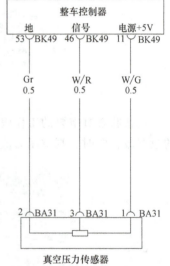

图 7-57　真空压力传感器电路图

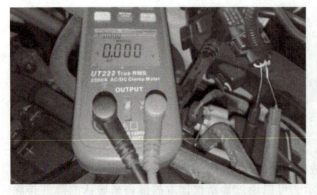

图 7-58　测量 BA31/1 的电压

图 7-59　测量 BA31/3 电压

电动真空泵的工作而产生电压波动，其波动范围为 1.1~3.7V。

以上测量可初步推测压力传感器的供电可能存在故障。

关闭点火开关，断开蓄电池负极，断开整车控制器和压力传感器连接器，利用万用表测量 BA31/1 与 BK49/11 端子之间电路导通性，如图 7-60 所示，其电阻值为无穷大，该电路存在断路现象。

图 7-60　检测电路导通性

根据以上检查结果，说明真空压力传感器 3 号信号端子与整车控制器 11 号端子之间断路。对该段电路进行修复后故障排除。

根据该车型的控制原理，由于真空压力传感器的电路出现故障，给 VCU 传递错误的真空压力信号，VCU 无法判断真空罐真实的压力情况，为保证真空制动系统助力效果，驱动电动真空泵持续工作产生真空，所以车辆前部持续传来噪声，同时在组合仪表上显示电控制动系统故障并点亮故障灯。

在进行故障排除时应从故障现象、故障码、数据流及冻结帧数据入手，对故障进行确认、分析，缩小故障范围，再根据故障诊断流程对故障涉及的电路、部件进行逐一检查，确定导致故障产生的原因并排除故障。在没有故障码的情况下，应从系统的工作原理入手分析，再进行故障排除。

注意：以下为北汽 EV160 车型出现压力传感器故障时产生的故障码。

故障代码为：C002192 制动助力系统低真空度故障和 C00217A 制动助力系统泄露，如图 7-61 所示。

北汽新能源 >>车辆选择>>EV180/EV200系列>>EV160-2016款>>系统选择>整车控制器（VCU）>>故障码>>读取数据流		
故障码	描述	状态
C002192	制动助力系统低真空度故障	当前的&历史的
C00217A	制动助力系统泄露	当前的&历史的

图 7-61　故障代码

在进行故障排除时应从故障现象、故障码、数据流及冻结帧数据入手，对故障进行确认、分析，缩小故障范围，再根据故障诊断流程对故障涉及的电路、部件进行逐一检查，确定导致故障产生的原因并排除故障。

学习任务工单

<table>
<tr><td colspan="4" align="center">实训：电动真空泵一直工作故障诊断与排除</td></tr>
<tr><td>专业</td><td></td><td>班级</td><td></td></tr>
<tr><td>姓名</td><td></td><td>学号</td><td></td></tr>
<tr><td colspan="4">一、接收任务</td></tr>
<tr><td colspan="4">

比亚迪纯电动汽车 4S 店维修一辆制动系统故障的车辆，车主反映该车仪表上显示相关制动系统的故障，而且发动机舱持续传出"嗡嗡"的声音。机修组长带领新员工小王对该车进行故障诊断。

</td></tr>
<tr><td colspan="2">二、收集信息（25 分）</td><td colspan="2">成绩：</td></tr>
<tr><td colspan="4">

1）汽车制动系统的作用是使行驶中的汽车按照驾驶人的要求进行适时的_____、停车或驻车，保持汽车_____行驶的稳定速度。

2）比亚迪 e5 电动汽车真空助力系统主要由_____提供。

3）电动汽车电动制动系统主要由_____、_____、真空罐、_____、ECU 控制器等组成。

4）制动器分为_____制动器和_____制动器。

5）现代汽车所用的制动压力调节装置主要是_____。

6）真空泵有_____式、_____式、_____式 3 种类型。

7）真空泵控制器控制真空泵电源接通，真空泵开始抽气，增大真空罐内的_____；当_____达到极限值时，真空泵控制器延时 10s 后断开真空泵电源。

8）真空助力器安装于_____和_____之间，由制动踏板通过推杆直接操纵。

9）真空助力器的真空气室的常压室的真空度为_____kPa。

10）比亚迪的电动真空泵是由_____进行控制。

11）真空泵是指利用_____、_____或_____的方法对被抽容器进行抽气而获得真空的器件或设备。

12）车辆防抱死系统的工作过程分为建压过程、_____、_____、和_____。

</td></tr>
</table>

三、制定计划（计划 10 分、分工 5 分、准备 5 分）　　成绩：

1）根据高压安全流程规范和要求，制定真空泵一直工作故障检修实训计划

实训计划

序号	计划项目	操作要点

计划审核：	审核意见： 时间：　　　　签字：

2）任务分工

操作员		记录员	
监护员		展示员	

作业注意事项

①着装统一、整洁规范。
②思想集中，正确使用安全器具。
③选择合适的个人防护用具。
④点火钥匙要有专人保管。
⑤操作完毕后,应清洁物品,放置原位。
⑥维修人员禁止带有手表、金属笔等金属物品。

四、实施计划（45 分）　　成绩：

1. 故障确认和数据读取(15 分) 　1)故障现象,记录真空泵一直工作时的故障现象。 　2)读取故障码和数据流。	操作记录： 故障现象：＿＿＿＿＿＿＿＿＿＿ ＿＿＿＿＿＿＿＿＿＿＿＿＿＿＿＿ ＿＿＿＿＿＿＿＿＿＿＿＿＿＿＿＿ 故障码：＿＿＿＿＿＿＿＿＿＿＿＿ 真空泵状态：＿＿＿＿＿＿＿＿＿＿ 真空压力值：＿＿＿＿＿＿＿＿＿＿

(续)

3)故障分析。	真空泵压力报警：＿＿＿＿＿＿＿＿＿＿ 真空泵工作时间：＿＿＿＿＿＿＿＿＿ 故障原因：＿＿＿＿＿＿＿＿＿＿＿ ＿＿＿＿＿＿＿＿＿＿＿＿＿＿＿＿ ＿＿＿＿＿＿＿＿＿＿＿＿＿＿＿＿ ＿＿＿＿＿＿＿＿＿＿＿＿＿＿＿＿ 是否进行安全防护：□是　　□否 是否进行高压断电：□是　　□否 是否存在松动：□是　　□否 是否存在锈蚀：□是　　□否 G21(A)-20-B13-1：＿＿＿＿＿＿＿ G21(C)-6-B13-3：＿＿＿＿＿＿＿＿ G16-2-车身地电阻：＿＿＿＿＿＿＿ 故障是否清除：□是　　□否 低压侧：＿＿＿＿＿＿＿＿＿＿＿＿ 低压侧：＿＿＿＿＿＿＿＿＿＿＿＿ 故障位置：＿＿＿＿＿＿＿＿＿＿＿
2. 故障诊断与排除(30分) 1)检查真空软管。 2)检查制动软管。 3)检查连接器是否松动和脱落。 4)检查真空压力传感器信号电路。 测量真空压力传感器电源电压。 测量真空压力传感器信号电压。 测量真空压力传感器搭铁电压。 5)检查线束和连接器，断开真空压力传感器和VCU控制线束连接器。 6)故障确认。	是否存在破损：□是　　□否 是否存在泄漏：□是　　□否 是否存在扭曲：□是　　□否 电动真空泵插接器是否正常：□是　□否 真空压力传感器连接器是否正常：□是□否 1-对搭铁电压：＿＿＿＿＿＿＿＿ 3-对搭铁电压：＿＿＿＿＿＿＿＿ 2-对搭铁电压：＿＿＿＿＿＿＿＿ 点火开关位置： 1(传感器)-11(VCU)电阻：＿＿＿＿ 2(传感器)-53(VCU)电阻：＿＿＿＿ 3(传感器)-46(VCU)电阻：＿＿＿＿ 故障位置：＿＿＿＿＿＿＿＿＿＿＿ ＿＿＿＿＿＿＿＿＿＿＿＿＿＿＿＿ ＿＿＿＿＿＿＿＿＿＿＿＿＿＿＿＿

五、检查与点评(教师点评)

＿＿＿＿＿＿＿＿＿＿＿＿＿＿＿＿＿＿＿＿＿＿＿＿＿＿＿＿＿＿＿＿＿＿＿＿＿＿

＿＿＿＿＿＿＿＿＿＿＿＿＿＿＿＿＿＿＿＿＿＿＿＿＿＿＿＿＿＿＿＿＿＿＿＿＿＿

六、反思与评价(10分)	成绩：
自我反思： 自我评价：	

【课后思考】

1. 传统汽车的真空是从哪里产生的？

2. 如何检查真空助力器的工作性能？

学习任务三　纯电动汽车转向系统的原理与检修

【学习目标】

1. 掌握纯电动汽车电动转向系统的作用和类型。
2. 掌握纯电动汽车电动助力转向系统的结构。
3. 能够正确描述纯电动汽车电动助力转向系统的工作原理。
4. 能独立完成纯电动汽车电动转向系统简单故障的诊断与排除。

【任务导入】

某比亚迪 4S 店有一辆比亚迪 e5 进厂维修，客户反映最近在行车过程中出现转向沉重，无助力的现象。

【知识准备】

一、转向系统概述

1. 汽车转向系统的作用

根据 GB/T 35360—2017《汽车转向系统术语和定义》中的描述，转向系统（Steering System）是用来改变或保持汽车行驶方向的系统。

2. 电动助力转向系统与传统助力转向系统的区别

根据 GB/T 35360—2017《汽车转向系统术语和定义》中的描述，电动助力转向（Electrical Power Steering，EPS）系统是指借助电动机动力，通过电子控制操纵的转向系统。电动助力转向系统没有液压助力系统的液压泵、液压管路、转向管柱阀体等结构，结构非常简单，通过减速器以纯机械方式将电动机产生的助力传递到转向系统上。该系统有以下几种：

1）转向轴式电动助力转向（Column type Electrical Power Steering，C-EPS）系统，如图 7-62 所示，其特点是将电动机及其传动机构固定在转向轴一侧，驱动转向轴来改变手力，可以实现稳定的运行和高速碰撞时的安全，结构紧凑、质量轻、摩擦小、噪声低。

图 7-62　转向轴式电动助力转向系统

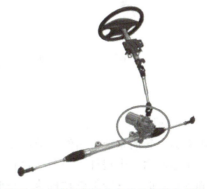

图 7-63　转向齿轮式电动助力转向系统

2）转向齿轮式电动助力转向系统（Pinion type Electrical Power Steering system，P-EPS），如图 7-63 所示，其特点是将电机及其传动机构与转向齿轮相连，并处于前舱室内，驱动转向齿轮来改变手力，其静音效果相对转向轴式的更佳。

3）转向齿条式电动助力转向系统（Rack type Electrical Power Steering system，R-EPS），如图 7-64 所示，其特点是将电机及其传动机构与转向齿条相连，驱动转向齿条改变手力，其助力效果直接，并具有出色的节能效果，降低了减速齿轮损失和提高了机械效率，并且有效地抑制了惯性力。

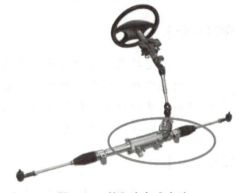

图 7-64　转向齿条式电动助力转向系统

二、电动助力转向（EPS）系统的组成

EPS 系统是在机械转向系统的基础上，将最新的电子技术和高性能的电机控制技术应用于汽车转向系统。EPS 系统在原有汽车转向系统的基础上，改造并且增加了以下几个部分：EPS 电子控制单元、转矩及转角传感器、EPS 电动机等。系统的传动机构采用电动机驱动，取代了传统机械液压机构，它能够在各种环境下给驾驶人提供实时转向助力。图 7-65 所示为转向齿条式电动助力转向系统的结构图。

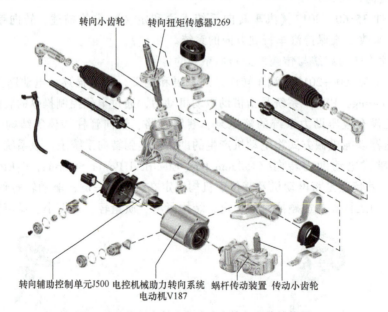

转向小齿轮　转向扭矩传感器J269

转向辅助控制单元J500　电控机械助力转向系统电动机V187　蜗杆传动装置　传动小齿轮

图 7-65　转向齿条式电动助力转向系统结构图

1. 电动机总成的结构

电动助力转向系统使用的电动机分为两种：有刷电动机和无刷电动机。安装在转向器上的电动机总成由一个蜗杆、一个蜗轮和一个直流电动机组成。当蜗杆与安装在转向器输出轴上的蜗轮啮合时，它降低电动机速度并把电动机输出扭矩传递到输出轴，当伺服电动机失灵时，车辆仍可以通过机械传动进行转向。图 7-66 示为电动助力转向系统直流电动机的结构

组成。

电动助力转向系统常采用永磁式直流电动机，额定电压为12V。较简单的电动机正反向和转矩控制电路如图7-67所示。图中 a_1、a_2 为触发信号输入端，触发信号由计算机根据转向信号提供。当 a_1 端得到高电位触发信号时，晶体管 VT_3 导通，同时 VT_2 得到基极电流导通，电流经 VT_2、电机M和 VT_3 形成回路，使电动机正转。同理当 a_2 端得到触发信号时，将使电动机反转。计算机控制触发信号电流的大小即可控制通过电动机的电流大小及助力扭矩的大小。在需要最大转向助力时，晶体管将工作在饱和导通状态；当需要较小转向助力时，晶体管将工作在饱和导通状态；当需要较小转向助力时，晶体管将处于非饱和导通状态。

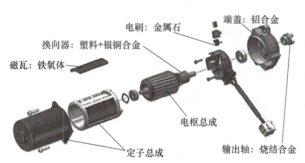

图 7-66　电动助力转向系统直流电动机的结构组成

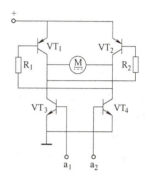

图 7-67　较简单的电动机正反向和转矩控制电路

2. 蜗轮蜗杆减速机构

蜗杆传动由蜗杆和蜗轮组成，用于传递空间两交错轴之间的运动和动力，通常两轴交错角为90°。一般用作减速传动，广泛应用于各种机械设备和仪表中。按蜗杆的形状不同，蜗杆传动可分为圆柱蜗杆传动、圆弧面蜗杆传动和锥面蜗杆传动。蜗轮蜗杆减速机构起到传递转矩和减速的作用。蜗轮蜗杆减速机构如图7-68所示。

蜗轮蜗杆减速机构的特点如下：

1）传动比大，结构紧凑。单级蜗杆传动比 $i=5\sim80$，若只传递运动，其传动比 i 可达1000。

2）传动平稳，噪声小。由于蜗杆齿呈连续的螺旋状，它与蜗轮齿的啮合是连续不断地进行的，同时啮合的齿数较多，故传动平稳，噪声小。

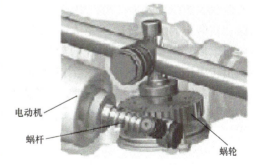

图 7-68　蜗轮蜗杆减速机构

3）可制成具有自锁性的蜗杆。当蜗杆的螺旋升角小于啮合面的当量摩擦角时，蜗杆传动更具有自锁性。

4）传动效率低。因蜗杆传动齿面间存在较大的相对滑动，摩擦损耗大，效率较低。一般为 $0.7\sim0.8$，具有自锁性的蜗杆传动，效率小于0.5。

5）蜗轮的造价较高。为减轻齿面的磨损及防止胶合，蜗轮一般要采用价格较贵的有色金属制造，因此造价较高。

3. 电子转向管柱锁

电子转向管柱锁的结构主要包括以下部分：锁舌、传动轴、传动齿轮、电动机以及控制单元模块。电子转向管柱锁的控制模块有 3 大功能：

1）双防盗——非法侵入时车辆失去转向、起动功能；

2）双核——采用两块处理器，避免因控制器本身故障而产生的问题；

3）双监控——利用 CAN 网络（Controller Area Network）和硬线（Hard wire）对输入信号采取两路检测确认，具有高可靠的安全性和高智能化。

4. 转向盘转角传感器

图 7-69 所示为光电式转向盘转角传感器，安装在转向柱上。当驾驶人转动转向盘时，转向柱带动转向盘转角传感器的转子随转向盘一起转动，光源就会通过转子缝隙照在传感器的感光元件上产生信号电压。由于转子缝隙间隔大小不同，故产生的信号电压变化也不同。

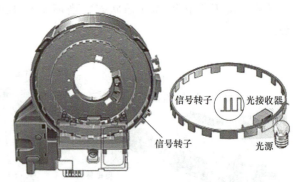

图 7-69　光电式转向盘转角传感器

5. 转向扭矩传感器

转向扭矩传感器为磁阻式传感器，其磁性转子和转向柱连接块为一体，磁阻传感元件和转向小齿轮连接块为一体。当转动转向盘时，转向柱连接块和转向小齿轮连接块反向运动，即磁性转子和磁阻传感元件反向运动，因此转向扭矩的大小可以被测量出来并传递给控制单元，其工作原理如图 7-70 所示。

根据不同工作状况的需要，驾驶人作用于转向盘上的扭矩大小不同，由该扭矩产生的驱动转向小齿轮旋转的扭矩大小也不同。转向扭矩传感器根据小齿轮杆的旋转情况，检测出转向扭矩的大小并输送至控制单元，同时转向盘转角传感器将检测到的驾驶人转

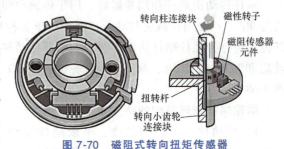

图 7-70　磁阻式转向扭矩传感器

动转向盘的角度也输送给控制单元，转子传感器将转动速度输送至控制单元，控制单元计算出合适的扭矩，控制电动机工作。

三、电动助力转向（EPS）系统的功能和工作原理

1. EPS 系统的功能

EPS 系统由 EPS 电动机提供助力，助力大小由 EPS 电子控制单元实时调节与控制，根据车速的不同提供不同的助力，改善汽车的转向特性，减轻停车泊位和低速行驶时的操纵力，提高高速行驶时的转向操纵稳定性，进而提高了汽车的主动安全性。图 7-71 为 EPS 的控制流程图。

车辆起动后系统开始工作，当车速小于一定速度（如 80km/h），控制模块依据转向盘的扭

扭矩传感器
工作原理

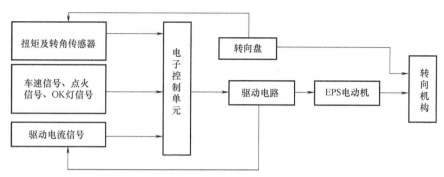

图 7-71　EPS 系统控制流程图

矩、转动方向和车速等数据向伺服电动机发出控制指令，使伺服电动机输出相应大小及方向的扭矩以产生助动力；在直行驾驶而无须操作转向盘时，将不会消耗任何动力源的能量。

转向助力与车速成反比，当车速在一定速度（如 80km/h）或以上时，伺服电动机的电流也趋向于零，所以车速越高助力越小。因此，无论在高速、低速行驶操作过程中汽车具有更高的稳定性，驾驶人自身保持均衡不变的转向力度。

随速助力转向，也叫动力随速转向，如图 7-72 所示，就是在动力助力转向的基础上增加一些系统。在转向柱上增加了调整转向角度电动机。这种助力转向的优点是，在低速行驶时助力大，比如在停车入位时，转向盘比较轻，操作灵活；而在高速行驶时助力小，转向盘感觉比较重，提高车辆的驾驶稳定性。

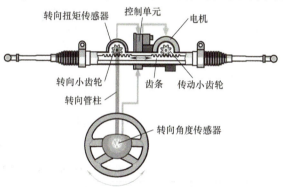

图 7-72　随速助力转向系统

2. EPS 系统的控制原理

比亚迪 e5 电动助力转向系统的转向系统部件、线束端子、电路图如图 7-73~图 7-75 所示，端子定义见表 7-2。

EPS 系统原理

图 7-73　转向系统部件

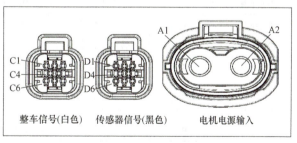

图 7-74　EPS 线束端子

1）当点火开关处于 ON 档时，ON 档继电器吸合后 EPS 开始工作。

2）电动助力转向系统根据接收来自整车控制器的车速信号、唤醒信号及来自扭矩传感器的扭矩信号等进行综合判断，以控制助力电动机的扭矩、转速和方向。

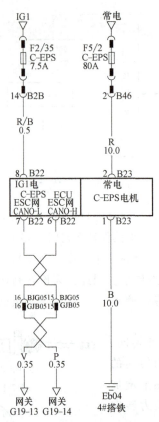

图 7-75　EPS 系统的电路图

表 7-2　EPS 电子控制单元板端引脚定义

测试端子	配线颜色	端子说明	测试条件	标准值
D1-车身	G	搭铁	ON 档电	和车身之间阻抗小于 1Ω
D2-车身	B/G	搭铁	ON 档电	和车身之间阻抗小于 1Ω
D3-车身	W	转矩主信号	ON 档电	PWM 占空比：12.5%~87.5%
D4-车身	B/R	电源正	ON 档电	5V
D5-车身	R	电源正	ON 档电	5V
D6-车身	V	转角 S 信号	ON 档电	PWM 占空比：12.5%~87.5%
D7-车身	BL	转角 P 信号	ON 档电	PWM 占空比：12.5%~87.5%
D8-车身	B	转矩辅信号	ON 档电	PWM 占空比：12.5%~87.5%
C4-车身	R/G	IG1 电源	ON 档电	9-16V
C5-车身	R/G	IG1 电源	ON 档电	9-16V
C7-车身	P	CAN_H	ON 档电	1.5V 或 3.5V
C8-车身	V	CAN_L	ON 档电	2.5V 或 3.5V
C(其余)	—	—	—	预留
A1-车身	B	搭铁	始终	和车身之间阻抗小于 1Ω
A2-车身	R	电源正极	始终	9-16V

3）转向控制器在供电 200ms 内完成自检，供电 200ms 后可以与 CAN 总线交换信息，供电 300ms 后输出 470 帧（转向故障和转向状态上报帧）。

4）当电动助力转向系统检测到故障时，通过 CAN 总线或硬线向整车控制器发送故障信息，并采取相应的处理措施。

【操作技能】

四、电动助力转向（EPS）系统故障诊断与检修

1. 常见故障

（1）转向沉重　让行驶的汽车转弯时，转动转向盘，感到沉重吃力。其原因是：蜗杆的上下轴调整得过紧或轴承损坏；蜗轮和蜗杆啮合过紧；转向器的转向摇臂轴与衬套无间隙；转向轴弯曲或管柱凹瘪，互相刮碰；转向盘碰、磨管柱；转向节上的推力轴承缺油或损坏；转向节主销与衬套装配过紧或缺润滑油；转向节拉杆螺塞旋得太紧，或拉杆接头缺油；横拉杆球头调整过紧，或拉头缺油；轮胎气压不足；前轴或车架弯曲，前轮定位失准。

（2）方向跑偏　在行驶中感到汽车自动偏向一边，必须把转向盘用劲把住，才能保持正直的行驶方向。其原因是：左右轮胎气压不等；前轮定位失准；扭矩传感器性能不良；转向器总成损坏。

（3）异常噪声　在执行转向时，转向机构有异常噪声。其原因是：减速机构磨损；转向节磨损；电动助力转向管柱总成有故障。

2. 故障检测流程

排除电动助力转向系统故障，要遵循一定的故障检测流程，如图 7-76 所示。

3. 转向扭矩传感器的检测与标定

（1）转向扭矩传感器的检测　参考表 7-3 的检测步骤对转向扭矩传感器信号进行检测。打开点火开关转动转向盘在直行状态，主、辅信号电压约为 2.5V；左转信号电压升高，辅信号电压降低，主、辅电压之和等于 5V；右转信号电压降低，辅信号电压升高，主、辅电压之和等于 5V。

表 7-3　故障检测步骤

步骤	操作	是	否
1	主熔丝和电路熔丝是否完好	进入第 2 步	主熔丝和电路熔丝断开
2	打开点火开关，检查终端"A2"和控制器搭铁端子的电压是否为辅助蓄电池电压	进入第 3 步	整车信号电断路或短路
3	检查终端"C4"和控制器搭铁端子的电压是否为辅助蓄电池电压	进入第 4 步	整车电源电断路或短路
4	整车无助力转向功能	进入第 5 步	CAN 通信不正常
5	插头与电动助力转向系统控制器之间连接是否连接紧固	如果上述各项都完好，更换一个正常的电动助力转向系统控制器，并重新检查	搭铁不良

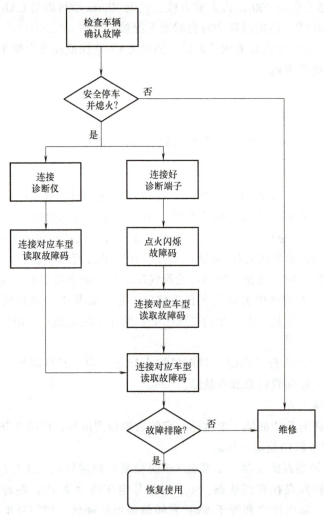

图 7-76　故障检测流程

（2）转向扭矩传感器的标定　电动助力转向系统带有主动回正控制功能及遥控驾驶功能，转向系统（齿轮齿条式电动助力转向器总成等）经过拆换后，需重新进行车辆四轮定位，并标定扭矩转角信号，同时标定 ESP 转角信号，标定流程如图 7-77 所示。转角信号标定前，禁止进行遥控驾驶操作，否则可能会引起严重损坏故障；用诊断仪进行标定操作时，把手离开转向盘，转向盘不能受外在力的影响，否则可能会引起严重损坏故障。

标定扭矩、转角以后，车辆重新上 ON 档电源清除残留故障码，清除流程如图 7-78 所示。

4. 转向盘自由间隙的检查

通过横纵两个方向移动转向盘，检查转向盘是否松动或发生"吱吱"声。如果发现缺陷，进行维修或更换。在车辆停止，车辆固定在地面朝前方向的状态下检查转向盘的自由间隙，向左或向右轻轻转动转向盘，检查转向盘的自由行程。如图 7-79 所示，转向盘最大自由行程不大于 30mm。如果自由行程超过最大值，需检查转向系统。

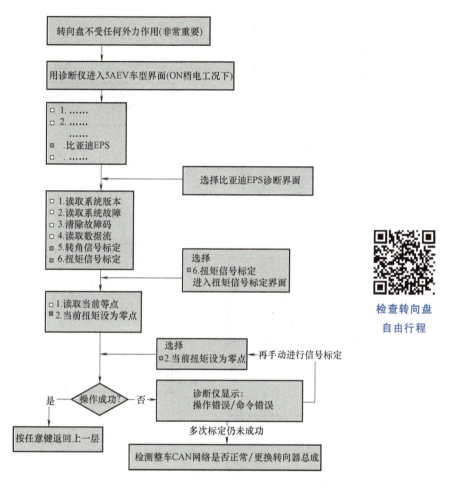

图7-77　扭矩信号标定流程

　　如果转向盘移动在规定自由间隙的范围内，按如下步骤进行检查，如果发现缺陷，进行更换：

1）检查转向横拉杆球头是否磨损；

2）检查下部球头是否磨损；

3）检查转向轴接头是否磨损；

4）检查转向小齿轮或齿轮齿条是否磨损或破裂；

5）检查其他部件是否松动。

5. 转向力的检查

1）汽车停在水平路面上，转向盘放置在平直向前位置；

2）检查轮胎充气压力是否符合指定要求；

3）起动车辆；

4）将点火开关置于ON档时，通过相切方向钩住转向盘上的弹簧秤测量转向力；

5）转向力至少35N（3.5kgf）。

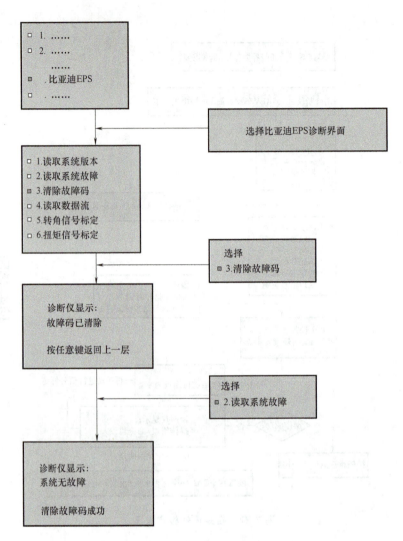

图 7-78 故障码消除流程

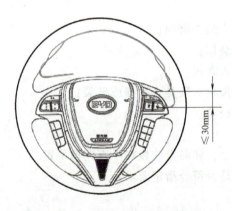

图 7-79 转向盘自由行程示意图

学习任务工单

<table>
<tr><td colspan="4" align="center">实训：电动转向系统转向沉重故障诊断与排除</td></tr>
<tr><td>专业</td><td></td><td>班级</td><td></td></tr>
<tr><td>姓名</td><td></td><td>学号</td><td></td></tr>
</table>

一、接收任务

比亚迪纯电动汽车 4S 店维修一辆制动系统故障的车辆，车主反映该车仪表上显示相关转向系统的故障，而且车辆转弯时转向沉重。机修组长带领新员工小王对该车进行故障诊断。

二、收集信息（25 分）　　　　　　成绩：

1）电动助力转向系统是指借助_____通过_____操纵的转向系统，通过____以纯机械方式将电动机产生的助力传递到转向系统上。

2）电动助力转向系统有 3 类：_____、_____、_____。

3）EPS 系统在原有汽车转向系统的基础上，改造并且增加了以下几个部分：____、____、_____等。

4）电子转向管柱锁的控制模块有 3 大功能：_____、_____、_____。

5）当驾驶人转动转向盘时，转向柱带动转向盘转角传感器的_____随转向盘一起转动，_____就会通过_____照在传感器的_____上产生_____。

6）转向扭矩传感器为_____，当转动转向盘时，_____连接块和_____连接块反向运动，即_____和_____反向运动，因此转向扭矩的大小可以被测量出来并传递给控制单元。

7）随速助力转向，也叫_____转向，在动力助力转向的基础上增加一些系统。在转向柱上增加了调整_____电动机，在低速行驶时助力____，转向盘比较____，在高速行驶时助力____，转向盘感觉比较____，提高车辆的驾驶稳定性。

三、制定计划（计划 10 分、分工 5 分、准备 5 分）　　成绩：

1）根据高压安全流程规范和要求，制定电动转向系统转向沉重故障检修实训计划

<table>
<tr><td colspan="3" align="center">实训计划</td></tr>
<tr><td>序号</td><td>计划项目</td><td>操作要点</td></tr>
<tr><td></td><td></td><td></td></tr>
<tr><td></td><td></td><td></td></tr>
<tr><td></td><td></td><td></td></tr>
<tr><td></td><td></td><td></td></tr>
<tr><td></td><td></td><td></td></tr>
</table>

计划审核：　　　　　　审核意见：

　　　　　　　　　　　时间：　　　签字：

2）任务分工

操作员		记录员	
监护员		展示员	
作业注意事项			

①着装统一、整洁规范。

②思想集中,正确使用安全器具。

③选择合适的个人防护用具。

④点火钥匙要有专人保管。

⑤操作完毕后,应清洁物品,放置原位。

⑥维修人员禁止带有手表、金属笔等金属物品。

四、实施计划（45分）	成绩：

1. 故障确认和数据读取(15分)

  1)故障现象,记录电动转向系统转向沉重的故障现象。

  2)读取故障码和数据流。

  3)故障分析。

操作记录：

车辆是否已上 OK 电：□是 　□否

故障现象：_____

_____

_____

故障码：_____

底盘部件状态：_____

熔丝状态：_____

电源与搭铁端电压值：_____

CAN 通信状态：_____

故障原因：_____

_____

_____

是否进行安全防护：□是 　□否

是否进行高压下电：□是 　□否

轮胎气压不足：□是 　□否

转向系统部件损坏：□是 　□否

故障是否清除：□是 　□否

IG1-B22-8：_____

常电-B23-2：_____

B22-8-车身搭铁电压：_____

B23-2-车身搭铁电压：_____

故障是否清除：□是 　□否

CAN-L-车身搭铁电阻：_____

CAN-H-车身搭铁电阻：_____

CAN-L-CAN-H 终端电阻：_____

故障位置：_____

(续)

2. 故障诊断与排除(30分)	是否存在破损:□是　　□否
1)检查胎压。	是否存在泄漏:□是　　□否
2)检查转向系部件。	是否存在扭曲:□是　　□否
3)检查连接器是否松动和脱落。	C-EPS 插接器是否正常:□是　□否
	EPS 电子控制单元板连接器是否正常:
4)测量转矩主信号电压。	□是　　　□否
测量转矩辅信号电压。	
测量转角 S 信号电压。	D3-车身电压:_____
测量转角 P 信号电压。	D8-车身电压:_____
测量 CAN-H 信号电压。	D6-车身电压:_____
测量 CAN-L 信号电压	D7-车身电压:_____
5)检查线束和连接器。	C7-车身电压:_____
	C8-车身电压:_____
6)故障确认。	故障位置:_____

五、检查与点评(教师点评)

_____

六、反思与评价(10 分)	成绩:
自我反思:	
自我评价:	

【课后思考】

1. 电动助力转向与液压助力转向有什么区别?

2. 车辆四轮定位是否会影响到转向系统故障?

3. 电动汽车故障诊断一般流程有哪些?

4. 如何正确排除电动汽车常见故障?

参 考 文 献

[1] 敖东光，宫英伟，陈荣梅. 电动汽车结构原理与检修 [M]. 北京：机械工业出版社，2017.

[2] 缑庆伟，李卓. 新能源汽车原理与检修 [M]. 北京：机械工业出版社，2017.

[3] 刘仁鑫，蔡兴旺. 汽车构造与原理（中册 底盘、车身）[M]. 4版. 北京：机械工业出版社，2019.

[4] 郭栋. 电动汽车的电池管理系统（上）[J]. 汽车维修与保养，2015，(10)：94-95.

[5] 郭栋. 电动汽车的电池管理系统（下）[J]. 汽车维修与保养，2015，(10)：96-98.

[6] 吴兴敏，于运涛，刘映凯. 新能源汽车 [M]. 北京：北京理工大学出版社，2015.

[7] 王刚. 新能源汽车 [M]. 北京：清华大学出版社，2015.

[8] 王海林，蔡兴旺. 汽车构造与原理（上册 发动机）[M]. 4版. 北京：机械工业出版社，2018.

[9] 蔡兴旺，康晓清. 新能源汽车结构与维修 [M]. 2版. 北京：机械工业出版社，2018.

[10] 陶银鹏. 纯电动汽车分布式电池管理系统的设计与实现 [J]. 汽车技术，2013，(11)：59-62.

[11] 朱军. 新能源汽车动力系统控制原理及应用 [M]. 上海：上海科学技术出版社，2013.

[12] 张金柱. 混合动力汽车结构、原理与维修 [M]. 3版. 北京：化学工业出版社，2013.

[13] 陈社会. 混合动力汽车构造与维修 [M]. 北京：中国劳动社会保障出版社，2013.

[14] 曹宝健，谢先宇. 电动汽车锂电池管理系统故障诊断研究 [J]. 上海汽车，2012，(12)：8-12.

[15] 黄宝磊，商高高，等. SRM 应用于混合动力汽车再生制动系统的可行性分析 [J]. 机械设计与制造，2012，1 (1)：46-48.

[16] 田方. 二甲醚汽车发展现状研究及前景分析 [J]. 新能源汽车，2012，(9)：84-87.

[17] 符晓玲，等. 电动汽车电池管理系统研究现状及发展趋势 [J]. 电力电子技术，2011，(12)：27-31.

[18] 崔心存. 醇燃料与灵活燃料汽车 [M]. 北京：化学工业出版社，2010.